A invenção da brasilidade

JEFFREY LESSER

A invenção da brasilidade
Identidade nacional, etnicidade e políticas de imigração

Tradução
Patricia de Queiroz Carvalho Zimbres

editora
unesp

© 2014 Editora Unesp

Título original: *Immigration, Ethnicity and National Identity in Brazil: 1808 to the present*

Esta publicação contou com o apoio do Emory College of Arts and Science and Laney Graduate School, Emory University

Direitos de publicação reservados à:
Fundação Editora da Unesp (FEU)
Praça da Sé, 108
01001-900 – São Paulo – SP
Tel.: (0xx11) 3242-7171
Fax: (0xx11) 3242-7172
www.editoraunesp.com.br
www.livrariaunesp.com.br
feu@editora.unesp.br

CIP-Brasil. Catalogação na publicação
Sindicato Nacional dos Editores de Livros, RJ

Lesser, Jeffrey

A invenção da brasilidade: identidade nacional, etnicidade e políticas de imigração / Jeffrey Lesser; tradução Patricia de Queiroz Carvalho Zimbres. – 1.ed. – São Paulo: Editora Unesp, 2015.

Tradução de: *Immigration, ethnicity and national identity in Brazil*
ISBN 978-85-393-0612-1

1. Migração interna – Brasil. 2. Desenvolvimento social – Brasil. 3. Mudança social – Brasil. 4. Desenvolvimento econômico – Aspectos sociais – Brasil. 5. Política pública – Brasil. I. Zimbres, Patricia de Queiroz Carvalho. II. Título.

15-26791	CDD: 304.809
	CDU: 314.15-026.48

Editora afiliada:

Asociación de Editoriales Universitarias de América Latina y el Caribe

Associação Brasileira de Editoras Universitárias

Em memória de meus pais,
William Morris Lesser e Irma Friedlander Lesser ז״ל

de meus sogros,
Michael Shavitt e Silvana Levi Shavitt ז״ל

e de meu mentor,
Warren Dean

Sumário

Agradecimentos

A ideia para este livro nasceu durante um jantar. Stuart Schwartz, editor-geral da série New Approaches to the Americas, da Cambridge University Press, sugeriu que eu escrevesse um volume sobre imigração, mas eu me fiz de rogado. Jerry Dávila, que também estava presente à mesa, puxou-me de lado e disse que, mais uma vez, eu havia tomado a decisão errada. A ele e a Stuart vão meus agradecimentos por terem me incentivado a embarcar no que acabou por ser um projeto emocionante.

Muitas instituições e pessoas me apoiaram enquanto eu trabalhava neste volume. A maior parte do manuscrito foi redigido durante o ano que passei no Bill and Carol Fox Center for Humanistic Inquiry da Emory University. Meus agradecimentos a Martine Brownley, Keith Anthony, Colette Barlow e Amy Erbil por seu apoio e generosidade. O manuscrito foi finalizado no Raymond and Mortimer Sackler Institute for Advanced Studies da Universidade de Tel Aviv, onde o professor Abraham Nitzan e a sra. Ronit Nevo providenciaram-me o tempo e os recursos necessários para que eu me concentrasse no trabalho. Quero agradecer particularmente a Raanan Rein, que, ao longo de muitos anos, vem sendo como um irmão em pesquisas e publicações.

Na Universidade de Tel Aviv, tive a oportunidade de apresentar um esboço dos capítulos iniciais perante o Seminário de Estudos Latino-Americanos coordenado por Rosalie Sitman. Ela e os participantes do Seminário ofereceram sugestões que foram de importância crítica para que eu reformulasse a orientação do livro. Tive também a oportunidade de apresentar alguns capítulos frente ao Immigration Workshop da Universidade de Chicago, e agradeço a Marianna Staroselsky, Dain Borges e seus colegas por suas sugestões. Versões posteriores receberam comentários extraordinários dos participantes do Toronto Brazilian Studies Workshop, organizado por Gillian McGillivray. Uma versão quase final da introdução foi apresentada na Interdisciplinary Workshop in Colonial and Post-Colonial Studies, da Emory University.

A maior parte das fotografias mostradas no livro veio dos arquivos do Ibero-Amerikanisches Institut Preussischer Kulturbesitz de Berlim e do Arquivo Histórico Judaico Brasileiro de São Paulo. Meus agradecimentos vão para Ricarda Musser e Gudrun Schumacher, do primeiro, e para Roney Cytrynowicz, Eliane Klein e o sr. Arnaldo, do segundo. Koji Sasaki generosamente me cedeu fotos e informações sobre os migrantes brasileiros no Japão, e Anna Toss fez o mesmo com uma foto de brasileiros de ascendência japonesa. Nelson Bohrer, da Fundação D. João VI de Nova Friburgo, generosamente me forneceu imagens da vida imigrante no Brasil. Aron Lesser negociou com os guardas de segurança da rua 25 de Março para tirar as fotos do monumento discutido no Capítulo 5.

Capítulos isolados deste livro foram imensamente melhorados graças aos comentários de Ben Bryce, Clifton Crais, Roney Cytrynowicz, Jerry Dávila, Iris Kochen, Max Pendergraph, Fabricio Prado, Raanan Rein, Lena Suk, Cari Williams Maes e Geneviève Zubrzycki. Nate Hofer e Andrea Scionti ajudaram com traduções do árabe e do italiano, respectivamente. Grant Mannion trabalhou nas tabelas e nas notas de rodapé. Patrick Allitt leu uma versão preliminar do manuscrito completo e Glen Goodman, Thomas Rogers e David Sheinin leram versões posteriores. Em todos casos, seus comentários melhoraram em muito o livro.

A Emory University College of Arts and Sciences e a Laney Graduate School concederam bolsas para incentivar esta edição do livro. A versão brasileira melhorou muito com as sugestões da Eliana Shavitt Lesser e de Roney Cytrynowicz. Quero agradecer o Instituto de Estudos Avançados da Universidade de São Paulo pelo apoio enquanto terminei a edição brasileira deste livro.

O diretor da Editora Unesp, Jézio Hernani Bomfim Gutierre, deu seu total apoio a este projeto – trabalhar com ele neste e em outros livros foi sempre um prazer. Na Editora Unesp, gostaria também de agradecer a Thais de Oliveira, Renato Martins Lauro e, especialmente, a Rosa Maria Capabianco, por sua gentileza e profissionalismo. Agradeço também a Patricia Zimbres, tradutora extraordinária. Seu trabalho neste volume foi tão fantástico quanto já havia sido nos meus dois outros livros publicados no Brasil.

Como acontece com quase tudo que escrevo, os toques finais foram dados na minha querida cidade de São Paulo, onde família e amigos sempre tornam a vida mais emocionante e interessante. Por fim, este livro é dedicado a Eliana, Gabriel e Aron, todos eles cheios de amor, bom humor e senso de aventura.

Lista de figuras, tabelas e documentos

Figuras

Tabelas

Documentos

Prefácio à edição brasileira

O Clube Desportivo Chivas USA é um time de futebol de primeira divisão de Los Angeles, a maior cidade do estado da Califórnia, nos Estados Unidos. Subsidiário do Clube Desportivo Guadalajara, do México, o time foi fundado em 2004 pelos empresários mexicanos Jorge Vergara Madrigal (o bilionário diretor e proprietário de uma grande empresa que fabrica suplementos dietéticos) e Antonio Cué, com a estratégia de marketing de oferecer à "comunidade latina" de Los Angeles um time de futebol que se distinguisse claramente do clube "anglo" Los Angelinos.[1] O logotipo do Chivas USA é o mesmo do clube de Guadalajara, seus executivos falam em atrair a população de língua espanhola (latino-americanos e hispânicos), e jornalistas de esportes da HBO chegaram a falar de uma suposta discriminação contra não latinos por parte do clube.[2]

Embora o time não seja um sucesso em termos de venda de ingressos ou de vitórias, suas duas torcidas organizadas oferecem um fascinante exemplo das relações entre imigração, etnicidade e identidade nacional. Os Union Ultras escolheram seu nome "para homenagear [...] o CHIVAS GUADALAJARA, o time mais amado e popular do México", e embora seu regimento interno use a linguagem não discriminatória exigida pela lei dos Estados Unidos, ele se dirige claramente aos mexicanos e *chicanos* (americanos de ascendência mexicana), para quem o clube de Guadalajara tem importância

---

1 Disponível em: http://www.cdchivasusa.com/club/history. Acesso em: 13 dez. 2013.
2 Disponível em http://www.hbo.com/real-sports-with-bryant-gumbel#. Acesso em: 13 dez. 2013.

real ou imaginada.[3] A segunda torcida tem uma atitude bem diferente. O nome da torcida, The Black Army 1850 [O Exército Negro 1850], homenageia o ano em que os Estados Unidos anexaram a Califórnia, antes parte do México. Essa definição fundadora é uma resposta agressiva à afirmação, muito ouvida nos Estados Unidos, de que a Califórnia continua sendo um estado "mexicano". Um dos gritos de ordem do The Black Army 1850 rejeita agressivamente a latinidade, ao sugerir de forma nada sutil que a verdadeira minoria americana é de descendência africana, e não latina: ALLEZ ALLEZ CHIVAS NEGRO NEGRO! ALLEZ ALLEZ USA! CHIVAS USA![4]

A fluidez dos conceitos de etnicidade e identidade nacional observada entre as torcidas rivais do Chivas USA ressalta a forma controversa e fluida com que esses temas se entrelaçam com a questão da imigração por toda a América, seja no Brasil ou nos Estados Unidos. Tanto entre os torcedores imigrantes e descendentes de imigrantes do Chivas USA, como entre os muitos torcedores do futebol brasileiro que se definem como parte de uma raça (lembre-se o comentário de Nelson Rodrigues sobre os quatro gols marcados em um único jogo por Pelé, então com 17 anos, que o tornavam "racialmente perfeito"), veremos que imigração, etnicidade e identidade nacional estão interligadas a ponto de serem indistinguíveis.[5]

Este livro foi originalmente escrito como parte da série Novas Abordagens das Américas, editada pela Cambridge University Press e coordenada pelo historiador Stuart Schwarz, professor da Yale University e autor de livros clássicos sobre a história do Brasil. A série foi concebida com o objetivo de atingir um público mais amplo que o restrito grupo de leitores especializados de monografias acadêmicas, e enfoca os grandes temas da história da América Latina, da época colonial até o presente.

Os livros da série, na qual este se inclui, são escritos, portanto, tendo em mente um público amplo, não necessariamente familiarizado com leituras

---

3 Disponível em http://www.unionultras.com/join.html.

4 Disponível em: http://www.ba1850.com.

5 Rodrigues, A realeza do Pelé, *Manchete Esportiva*, 8 mar. 1958. Republicado em Rodrigues, *O melhor do romance, contos e crônicas*, p.117-9. Para uma discussão ampla do crescimento do esporte, e sua relação com o pensamento social-darwinista, ver Sevcenko, *Orfeu extático na metrópole: São Paulo, sociedade e cultura nos frementes anos 20*, p.42-72.

de História, fornecendo, dessa forma, informações, interpretações e abordagens que propiciam discussões sobre questões fundamentais, tais como colonialismo, revolução ou escravatura e, no presente caso, imigração, etnicidade, raça e identidade nacional.

Cada livro da série procura trabalhar com uma historiografia acessível. Nesta linha, ao preparar a edição em português, incluí as traduções brasileiras de livros publicados originalmente em inglês, francês ou alemão. Também escrevi, por sugestão da Editora Unesp, um novo ensaio historiográfico baseado em livros produzidos originalmente no Brasil, a fim de dar ao leitor uma ideia das diferenças e semelhanças entre a produção de culturas acadêmicas distintas.

Este livro é também o resultado de uma experiência pessoal e acadêmica no Brasil, nos Estados Unidos e em outros países nos quais realizei pesquisas e onde passei temporadas dedicadas a cursos, seminários e orientação de alunos. Nos longos e felizes períodos que venho passando no Brasil, aprendi a apreciar e valorizar as diferentes formas culturais, tanto de elite quanto populares, de pensar os temas da imigração e da identidade nacional, o que vem sendo muito proveitoso para o meu trabalho, tanto nos Estados Unidos como no Brasil. Entendo que o trabalho do historiador deva sempre atravessar fronteiras, a começar pelas nacionais, o que lhe permite comparar e matizar as suas interpretações.

Ao associar imigração, etnicidade e identidade nacional, este livro amplia as imagens mais comuns sobre o passado do Brasil. Ele pede aos leitores que considerem as implicações de uma cultura popular na qual brasileiros de ascendência imigrante muitas vezes são vistos como estrangeiros permanentes (pensemos, por exemplo, na palavra "japonês", que serve para descrever cidadãos do Japão e também muitos cidadãos brasileiros). Essa ótica de ver todos os cidadãos brasileiros como a norma, mesmo quando hifenizados (teuto-brasileiros, nipo-brasileiros, árabe-brasileiros) situa o Brasil no contexto das Américas de maneira diferente da proposta pela posição "excepcionalista". Em outras palavras, este livro difere das concepções de História em que o Brasil (ou qualquer outro país) é apresentado como tão singular a ponto de ser incomparável. De fato, quando examinamos tópicos como a política de imigração e a construção de identidades nacionais entre os descendentes de imigrantes, vemos claramente que os padrões se repetem por todas as Américas.

Este livro também diverge de muitas outras histórias do Brasil em razão de sua concepção não regionalista da história brasileira. A imigração é um tema que permite discutir o Brasil como "nação" (em termos de etnicidade e identidade nacional), paralelamente à postura mais tradicional, mas igualmente produtiva, de falar de "os Brasis". Como demonstro ao longo deste volume, a imigração e seus efeitos são bem semelhantes, quer no caso da migração em massa para São Paulo ou da migração mínima para a Bahia.

Este trabalho trata mais das semelhanças que das diferenças, seja ao falar da legislação de imigração, dos discursos das elites sobre a construção de identidades nacionais brasileiras entre indivíduos, grupos ou nas chamadas comunidades, e ainda ao tratar das respostas e estratégias étnicas dos próprios grupos imigrantes ante a sociedade, o Estado e outros imigrantes. Ao assumir essa postura, espero ampliar e aprofundar as contribuições das muitas obras que tratam os diferentes grupos imigrantes como inteiramente singulares, posição que comecei a desenvolver em *A negociação da identidade nacional: imigrantes, minorias e a luta pela etnicidade no Brasil*, publicado pela Editora Unesp, em 2001. Ao comparar e contrastar diferentes grupos imigrantes e seus descendentes em diversas regiões de uma única nação, argumento que a formação das identidades é condicionada pelo novo Estado nacional que recebe os imigrantes, e não apenas pela antiga nação que os envia. Em outras palavras, imigrantes de lugares tão diferentes quanto Japão, Império Otomano e Europa Central se relacionam com o Brasil de maneiras semelhantes, a despeito de suas diferentes origens.

Este livro se insere em um movimento acadêmico altamente antiessencialista que vem sendo chamado de "Novos Estudos Étnicos".[6] Essas novas metodologias e abordagens localizam o Brasil como parte das Américas, situam as diferentes experiências regionais brasileiras em um diálogo nacional, e perguntam como os imigrantes e seus descendentes negociaram suas identidades públicas como brasileiros. Segundo esta visão, a identidade e

---

6 Lesser e Rein, Laços finais: novas abordagens sobre etnicidade e diáspora na América Latina no século XX, *Projeto História*, v.94, n.42, jun. 2011, p.73-94.

a etnicidade são sempre construções históricas, e não heranças recebidas como parte de algum tipo de essência cultural ou biológica.

O uso de diversos tipos de fontes (arquivos, cultura visual, instituições, testemunhos pessoais) deixa claras as continuidades das experiências e de que forma o Brasil se encaixa em padrões mais amplos. Essa abordagem sugere haver muitas semelhanças entre o movimento Mucker, no século XIX (tradicionalmente associado aos desiludidos alemães e teuto-brasileiros do Rio Grande do Sul), a ação armada da Shindo Renmei no século XX (tradicionalmente associada aos desiludidos japoneses e nipo-brasileiros de São Paulo e do Paraná) e movimentos milenaristas não imigrantes, como o de Canudos (tradicionalmente associado a um desiludido Antônio Conselheiro).

Nesse sentido, pode-se dizer que este livro representa a articulação acadêmica, mas também dirigida ao público em geral, das ideias expressas, por exemplo, em uma telenovela da Rede Bandeirantes, de 1981, chamada *Os imigrantes*, que dizia "Portugueses, Japoneses, Espanhóis, Italianos, Árabes – Não perca a mais brasileira das telenovelas".[7] Assim, os leitores começarão a compreender por que as lanchonetes brasileiras de todo o país servem quibe, por que coreano-brasileiros frequentam escolas judaicas para conseguir ingressar nas melhores universidades brasileiras e por que a maior parte dos "japoneses" do Brasil são monolíngues em português, apesar das reportagens sensacionalistas e das suposições populares associadas a elas.

Este trabalho emprega uma série de termos acadêmicos, sendo que a maioria, na verdade, faz parte da linguagem comum e é usada em determinadas circunstâncias e locais. Esses termos nem sempre aparecem nos arquivos públicos nacionais ou estaduais ou municipais, que tendem a descrever as posições da elite, mas são comuns nos arquivos de instituições e grupos étnicos. Comecemos com as palavras do título, "imigração", "etnicidade" e "identidade nacional". Embora a definição tradicional de imigração seja o

---

7 *Jornal do Imigrante*, São Paulo, v.IV, n.422, set. 1981, p.2. O *Jornal do Imigrante* era um pequeno jornal semanal direcionado aos descendentes de imigrantes europeus, que geralmente trazia reportagens sobre eventos relacionados à manutenção da cultura pré-migratória ou que celebravam a cultura imigrante no Brasil.

processo pelo qual as pessoas se transferem em caráter permanente de um Estado-nação para outro, meu uso da palavra é mais amplo, uma vez que, no Brasil, muitos cidadãos são definidos popularmente por termos que sugerem sua condição de estrangeiro (alemão, árabe, japonês, polaco), mesmo que sua família esteja no Brasil há gerações. Em outras palavras, neste livro, trato a imigração como uma mobilidade que é tanto física quanto de identidade nacional.

A segunda palavra no título é "etnicidade". Essa palavra tem uma longa história no Brasil, tendo sido usada já no início do século XIX por intelectuais e políticos para descrever possíveis imigrantes vindos de diferentes regiões da China. Ao final do século XIX, pessoas de ascendência imigrante também já empregavam o termo e, como demonstrei em outras ocasiões, as identidades brasileiras hifenizadas não são um fenômeno dos anos 1960, e sim dos 1890. É claro que certos aspectos do significado da palavra "etnicidade" se alteraram com o tempo. No século XVII, seu uso geralmente sugeria uma combinação de "raça" e "nação" e de todas as suposições que as acompanhavam. Já no século XX, o termo etnicidade era usado para descrever brasileiros que tinham interesse em preservar suas origens culturais por meio da língua, da comida, da organização comunitária ou mesmo da religião. O termo etnicidade era também usado, e seu conceito debatido, por intelectuais, empresários e políticos que entendiam, como defende Zygmunt Bauman, que os imigrantes e seus descendentes eram "importantes, fossem eles [...] amigos ou inimigos".[8] Para as elites, as etnicidades imigrante e brasileira eram muitas vezes "diferentes", no sentido de transpor as fronteiras entre o aceitável e o inaceitável. Esse discurso era ambíguo e, desse modo, os imigrantes e seus descendentes transformaram a construção étnica do Brasil, tornando-se rapidamente parte integral da nação moderna, ao mesmo tempo que contestavam as formas de imaginar e conceber essa nação.[9]

---

8 Bauman, *Modernity and Ambivalence*, p.59. Traduzido para o português como *Modernidade e ambivalência*.

9 Hobsbawm, Peasants and Politics, *Journal of Peasant Studies*, v.1, n.1, 1973, p.4. Corrigan e Sayer, *The Great Arch: English State Formation as Cultural Revolution*, p.4-5. Sobre a criação de novas culturas transnacionais, ver Babha, *The Location of Culture*, p.86-9. Traduzido para o português como *O local da cultura*.

No Brasil, essa interação entre imigração e etnicidade nos leva ao terceiro termo do título, "identidade nacional". Ao empregar esse termo, não adoto a postura de que os países possuam uma identidade nacional única e estática, da qual os residentes e cidadãos participam ou não participam de forma absoluta. Pelo contrário, os imigrantes e seus descendentes se beneficiaram muito ao abraçar tanto a imagem de uma nacionalidade brasileira uniforme quanto suas novas etnicidades pós-migratórias. Com isso, eles puderam se utilizar de símbolos nacionais múltiplos, mutáveis e muitas vezes contraditórios.

Ao estabelecer um diálogo entre imigração, etnicidade e identidade nacional ao longo do tempo, do espaço e entre grupos, este livro indaga de que forma a "brasilidade" é construída. Como ficará claro, a partir do século XIX as discussões acerca desta e de outras questões correlatas foram muitas vezes arbitrárias, criando espaço para que os recém-chegados inserissem, ou mesmo modificassem, os paradigmas da identidade nacional. Nunca houve uma identidade nacional única ou estática: a própria fluidez do conceito faz com que ele esteja aberto a intervenções vindas de um ou de outro lado. Embora existisse um discurso elitista relativamente coerente, que via a etnicidade como algo traiçoeiro e pretendia constranger e coagir os novos residentes a aceitarem uma identidade nacional europeizada, branca e homogênea, essa postura não era a única. De fato, não se deve pensar que os discursos "anti" (expressos pelas elites na forma de nativismo, racismo, preconceito, discriminação etc.) refletissem a única percepção da elite ou da população em geral quanto aos imigrantes e seus descendentes. A verdade é que os recém-chegados desenvolveram formas sofisticadas e bem-sucedidas de se tornarem brasileiros, alterando a ideia de nação proposta por muitos dos que ocupavam posições dominantes. A tese de que os conceitos de identidade nacional adotados pela elite eram fundados na diluição das distinções étnicas deve, portanto, ser modificada para incluir a incorporação progressiva da multietnicidade no conceito de brasilidade.[10]

Entre as elites, esse entrelaçamento dos conceitos de imigração, etnicidade e identidade nacional se expressava em um discurso que via como

---

10 Schwarz, Nacional por subtração. In: _____, *Que horas são*, p.29-48.

desejáveis certos grupos de imigrantes. Mesmo assim, esse discurso era pouco consistente, já que essas elites eram facilmente convencidas a mudar de ideia quanto a quais grupos eram mais "desejáveis" e "embranquece-riam" o país.[11] A princípio, políticas influenciadas pela eugenia favorece-ram a entrada de trabalhadores alemães, portugueses, espanhóis e italianos como "braços para a lavoura". Mas o medo da militância social e trabalhista, e também as dúvidas sobre se os imigrantes da Europa Central seriam ou não assimilados (como o famoso ataque de Sílvio Romero contra os "peri-gos do alemanismo", de 1906) fez a atenção se voltar para grupos não europeus.[12] Foi necessário, para tal, modificar a linguagem que associava o desejável à condição de europeu. A ideia de branquidão se tornou assim um componente importante para a inclusão na "raça" brasileira, mas o sig-nificado de branco mudou radicalmente entre 1850 e 1950, como vere-mos nas experiências de imigrantes do Oriente Médio, do Leste Europeu e da Ásia e também de seus descendentes. A transformação da branquidão em uma categoria cultural é, portanto, uma das principais áreas de análise deste livro, estendendo-se por todos os capítulos, seja em discussões sobre as ideias da família real de Habsburgo ou sobre os brasileiros que, no Car-naval, celebram a memória da imigração japonesa em carros alegóricos que imitam os navios que trouxeram os imigrantes ao Brasil.

Como os leitores irão perceber a cada página, este livro refuta o essen-cialismo. Os imigrantes e seus descendentes tinham identidades brasileiras fortes, embora sempre mutáveis, mas a genética (no sentido científico, e não discursivo) nunca foi um fator importante, embora o discurso contivesse a palavra "sangue". Além disso, este livro não se concentra apenas na primeira geração de imigrantes, para quem a relação entre o "país que envia" e o "país que recebe" era muito diferente do que é para seus descendentes nascidos no Brasil. Como deixo claro, a geração imigrante geralmente se compunha de múltiplas identidades: havia muitos okinawanos entre os "imigrantes japo-neses", e muitos vênetos e lombardos entre os "imigrantes italianos".

---

11 Frota-Pessoa, Raça e eugenia. In: Moritz Schwarz e Silva Queiroz (orgs.), *Raça e diversidade*, p.29-46.

12 Romero, *O allemanismo no sul do Brasil, seus perigos e meios de os conjurar.*

Os personagens deste livro construíram e se utilizaram de múltiplas identidades que operavam em planos paralelos ou intersectados. A assimilação (em que a cultura pré-migratória de um indivíduo desaparece completamente) foi um fenômeno raro, ao passo que a aculturação (a modificação de uma cultura como resultado do contato com outra) foi constante. Imigrantes e seus descendentes se tornaram brasileiros ao incorporar muitos elementos da cultura majoritária, ao mesmo tempo que permaneciam como grupos distintos. Os leitores verão a regularidade, novamente através do tempo, do espaço e entre grupos, com que membros da elite brasileira negociaram com os imigrantes as relações entre etnicidade e identidade nacional. Muitos tinham critérios geográficos para definir quais imigrantes eram desejáveis, e defendiam a promoção da imigração europeia e a proibição da vinda de imigrantes da Ásia ou do Oriente Médio. Outros entendiam que conceder a todos os imigrantes plenos direitos de cidadania, em termos legais e sociais, era um preço razoável a ser pago pelo crescimento econômico. Outros hesitavam, perguntando-se se o Estado brasileiro poderia insistir no desaparecimento das etnicidades imigrantes e, ao mesmo tempo, desfrutar dos benefícios da força de trabalho imigrante. Nesse sentido, todos os brasileiros são "mestiços", mas não apenas no sentido tradicional. Ao olharmos a mestiçagem através da ótica dos imigrantes, veremos a criação de uma multiplicidade de identidades brasileiras, ao invés de uma única, uniforme. As tensões entre essas posições mutáveis e simultâneas muitas vezes se manifestaram na forma de preconceito ou racismo, inclusive por parte dos próprios imigrantes. A meu ver, tratava-se de uma negociação em que as posições eram testadas e em seguida revisadas de acordo com as respostas dos diferentes públicos. Nenhum dos "lados" saía ileso dessas barganhas culturais, econômicas e políticas, mantendo a sociedade majoritária brasileira e as identidades pós-migratórias em constante estado de fluxo. Ao final, o Brasil não se tornou nacional ou culturalmente homogêneo, mas ser brasileiro se tornou algo distinto.

* * *

Desde meados do século XIX, o mundo da imigração, da etnicidade e da identidade nacional pode ser visto em cidades grandes e pequenas de todo o Brasil, de Porto Alegre, no Sul, até Belém, na foz do Amazonas. Pode ser visto nas colônias agrícolas de São Paulo, do Paraná e do Rio Grande do Sul. Pode ser visto nos sertões de Goiás, da Bahia e de Minas Gerais. Nossa história começa no século XVIII, quando a Coroa portuguesa tentava militarizar as fronteiras de sua colônia brasileira e, ao mesmo tempo, buscava mão de obra para expandir sua economia. Logo em seguida, trabalhadores europeus vindos do que hoje é a Suíça, na época a Prússia, atraíram a imaginação dos membros da família real. Mesmo antes da independência do Brasil, a imigração foi de importância crucial para a construção do Estado, no momento em que este surgia como realidade nacional.

Criando brasileiros: imigração e identidade nacional

*Minha mãe é japonesa, meu pai é taiwanês e minha mulher, coreana —
sou o melhor brasileiro de todos.*

William Woo, político paulista, em uma entrevista com o
autor, em 2001.

Introdução

Figura 1.1. "Correntes migratórias", selo de 1974 comemorando a imigração para o Brasil.

Os rostos contam a história oficial. Denominado "Correntes migratórias", o selo retrata a identidade brasileira como sinônima aos imigrantes que vieram formar a nação. O mapa ao fundo, com linhas representando os fluxos humanos vindos da Europa, Ásia, Oriente Médio e Américas, coloca o Brasil no centro do mundo.

A imigração é tão importante para a identidade nacional brasileira que até mesmo pessoas não nascidas no exterior muitas vezes são definidas como "imigrantes". Em meados da década de 1940, quando o ingresso de estrangeiros atingia seu nível mais baixo em um século devido ao fechamento das rotas marítimas durante a Segunda Guerra Mundial, o dr. Cleto Seabra Veloso, do Departamento Nacional da Criança, refletiu que os recém-nascidos eram "nosso melhor imigrante. Não nos esqueçamos dessa profunda verdade e acumulemos tão precioso capital capaz de, no futuro, tornar o Brasil maior, mais forte e respeitado".[1] Trinta anos mais tarde, uma nova super-rodovia ligando a costa atlântica à cidade de São Paulo recebeu o nome de Rodovia dos Imigrantes. Seu percurso transforma os motoristas em imigrantes metafóricos, que repetem a jornada dos milhões de europeus, asiáticos e pessoas vindas do Oriente Médio que chegaram nos séculos XIX e XX.

Diversos países das Américas, do Canadá à Argentina, descrevem a si mesmos como "países de imigrantes", da mesma forma que o fez, em 2011, o secretário do Ministério da Justiça do Brasil, usando exatamente essas palavras.[2] Nos Estados Unidos, o mito da "terra prometida" sugere que, devido à grandeza intrínseca da nação, os estrangeiros só têm a ganhar ao lá chegarem. No Brasil, entretanto, a relação entre imigração e identidade nacional é outra. Intelectuais, políticos, assim como lideranças culturais e econômicas, viam (e ainda veem) os imigrantes como agentes do aperfeiçoamento de uma nação imperfeita, conspurcada pela história do colonialismo português e pela escravidão africana. Como resultado, os imigrantes muitas vezes foram saudados como salvadores que trouxeram mudanças e melhorias ao Brasil, e não por terem melhorado graças ao Brasil. Como veremos a seguir, essas melhorias ocorreram da maneira mais tipicamente brasileira – absorção e miscigenação, e também com o uso de categorias raciais e étnicas de flexibilidade cada vez maior.

---

1 Dr. Cleto Seabra Veloso, Construindo gerações, *Boletim Trimensal do Departamento Nacional da Criança*, v.4, n.19, dez. 1944, p.41. Meus agradecimentos a Cari Williams Maes por me indicar esse texto.

2 Paulo Abrão, Secretário Nacional de Justiça, citado em "Brasil vira meca para mão de obra imigrante: Regularização de estrangeiros salta de 961 mil em 2010 para 1,466 milhão até junho", *O Estado de S. Paulo*, 19 nov. 2011.

A maioria dos brasileiros vê os imigrantes e a imigração de maneira igualmente maleável, contradizendo os que sugerem que a única definição de imigrante seria "uma pessoa que, por livre escolha, se transfere de um país a outro". No Brasil, as pessoas representam a si mesmas e são rotuladas de imigrantes de forma situacional. Muitos brasileiros entendem o termo "imigrante" como uma condição ancestral ou herdada, que permanece mesmo entre os nascidos no país após várias gerações. No Brasil, portanto, ser "imigrante" não se limita ao fato de se ter nascido em outro país. As pessoas de ascendência imigrante raramente usam categorias hifenizadas (como nipo-brasileiro ou ítalo-brasileiro), enfatizando, ao contrário, o local de origem de seus ancestrais, chamando-se (ou sendo chamados) de japoneses ou italianos. A chamada da Rede Bandeirantes para *Os imigrantes*, telenovela que foi ao ar em horário nobre e alcançou grande sucesso em 1981 (333 capítulos ao longo de quatorze meses), coloca a questão de outra maneira: "Portugueses, japoneses, espanhóis, italianos, árabes – Não perca a mais brasileira das telenovelas".[3]

Imigrantes e imigração, como esses exemplos sugerem, abrangem tanto a chegada de estrangeiros como a crença de que seus descendentes continuam a aperfeiçoar a identidade nacional. A *ideia* de imigração, portanto, ajudou as elites brasileiras (formadas por proprietários de terras, políticos, intelectuais e industriais) a imaginarem um futuro diferente e melhor que o presente. Não é de surpreender que, de modo geral, os imigrantes e seus descendentes concordassem com as elites. E o que é mais significativo, a população em geral tendia à mesma opinião, mesmo os que não tinham contato direto com imigrantes ou com seus descendentes. Quando os brasileiros afirmam, o que fazem com frequência, que vivem no "país do futuro", eles sugerem que a identidade nacional do país vem mudando para melhor. A imigração foi um dos principais fatores dessa melhoria e, portanto, a experiência finita da transferência física não terminou com a chegada dos estrangeiros. A imigração representava, como ainda representa, a criação de um futuro superior para o Brasil.

---

3 *Jornal do Imigrante*, v.4, n.422, set. 1981, p.2.

Em 2003, Luís Inácio Lula da Silva, um migrante nordestino que veio para São Paulo e, começando como operário metalúrgico, chegou a líder trabalhista e político, foi eleito presidente da República. Embora sua história pessoal seja atípica em um país onde, historicamente, a política sempre foi elitista, não democrática e muitas vezes repressiva, suas ideias sobre imigração como fonte de força e progresso para o país seguiam o padrão tradicional. O presidente Lula e seus aliados insistiam em apresentar o Brasil como um país multicultural, e o slogan "Brasil – um país de todos" não se referia apenas à classe social. As representações visuais desse lema costumavam trazer fotografias de brasileiros de diferentes origens étnicas.

As comemorações do passado imigrante foram dignas de nota durante o governo Lula, com o investimento de montantes consideráveis de dinheiro público, como ocorreu em 2008, por ocasião do centenário da chegada dos primeiros japoneses. Boa parte do discurso institucional produzido para essa comemoração insistia em que os brasileiros de ascendência japonesa eram imigrantes permanentes, que pouca diferença havia entre o *status* elevado de seus bisavós nascidos no Japão e sua própria cidadania brasileira. A ascensão de uma outra figura política que alcançou proeminência ao final do governo Lula reforçou a ideia de que os imigrantes haviam criado um "Brasil melhor". Petar Stefanov Rusev fugiu da perseguição política na Bulgária, chegou ao Brasil nos anos 1930 e veio a se tornar um empresário de sucesso. Em 2011, sua filha Dilma Rousseff foi eleita presidente.

Uma caminhada por qualquer rua principal de uma cidade brasileira, seja uma grande metrópole ou uma cidade pequena, mostra a importância da imigração para a identidade nacional. Uma comida de bar muito comum no Brasil é o quibe, muito embora a maioria dos consumidores não descenda das centenas de milhares de imigrantes do Oriente Médio que chegaram nos séculos XIX e XX. Desde a década de 1960, os mangás (um tipo de revista de história em quadrinhos japonesa) se tornaram a obsessão entre muitos jovens da classe média brasileira, enquanto os brasileiros mais velhos comem sushi e praticam as "novas religiões japonesas" em números significativos. A maioria deles não é de ascendência japonesa, mas vive no país com a maior população de imigrantes e filhos de imigrantes japoneses de todo o mundo. A Brastemp, a grande marca de eletrodomésticos brasileira, promove seus produtos com slogans como: "Um árabe casado com uma japonesa – o que pode ser mais brasileiro?". É comum que sushi seja servido nos eventos dos rituais do judaísmo ortodoxo. Na maior cidade brasileira, São Paulo, costuma-se dizer que uma paulistana típica é uma "japonesa que fala português com sotaque italiano enquanto come uma esfiha".

Uma perspectiva hemisférica

Nos dias de hoje, a América Latina tende a ser vista como uma região de imigrantes. A imprensa e os políticos norte-americanos costumam sugerir que os problemas "latino-americanos", como criminalidade e pobreza, estão na origem das levas que cruzam o Rio Grande em direção ao norte, a pé ou de avião. Essa imagem contemporânea, entretanto, é nova. A partir do século XVI até meados do século XIX, europeus chegaram em grandes números à América Latina. Milhões de escravos africanos foram trazidos à força, ao mesmo tempo que grupos menos numerosos de colonos livres se estabeleciam no Brasil.

Em inícios do século XIX, em meio aos descendentes dos colonizadores e de seus escravos, todo o tipo de novas e fluidas identidades latino-americanas já estavam em processo de formação, com aspirações que levaram à criação de novas nações. As novas elites nacionais, quer argentinas, brasileiras ou hondurenhas, geralmente viam com desdém a população nativa, africana e mestiça, que constituía a maioria. Em meio às classes dominantes, eram muitos os que pretendiam reconstituir as populações de seus países e, para tal, lançaram os olhos aos povos brancos da Europa. Em meados do século XIX, as Américas do Norte e do Sul haviam se convertido em destino de imigrantes, a maioria deles se dirigindo aos Estados Unidos, Canadá, Argentina e Brasil.

A estatística de maior importância, entretanto, não é o número absoluto de ingressos. Em países com pequenas populações nativas, como a Argentina e o Uruguai, o impacto da imigração no crescimento populacional foi significativamente maior que nos Estados Unidos. Os estrangeiros recém-chegados, fossem eles escravos ou imigrantes livres, foram também de importância crucial, em termos demográficos, para o crescimento do Brasil, de Cuba e do Chile. Mesmo no Peru e no México, onde os imigrantes tiveram menor importância relativa em razão das grandes populações indígenas, a imigração estava fortemente presente nas mentes dos formuladores de políticas públicas e também da população em geral.

Entre 1870 e 1930, cerca de 4 milhões de imigrantes se estabeleceram na Argentina; entre 2 e 3 milhões no Brasil; talvez 1 milhão em Cuba e 400 mil no Uruguai. Na América do Norte, o Canadá recebeu mais de 1,3 milhões de novos habitantes, enquanto aos Estados Unidos chegaram mais de 20 milhões. Embora a maioria dos imigrantes que chegavam às Américas viesse da Europa, um número significativo deles veio do Oriente Médio e da Ásia. Esses números desmentem os atuais estereótipos – tanto acadêmicos quanto leigos – presentes em diversos países da Europa e nos Estados Unidos, de que a América Latina é povoada quase que exclusivamente por povos indígenas, descendentes de africanos e populações mestiças.[4] Essas múltiplas origens nos fazem lembrar que os imigrantes provenientes da Ásia, do Oriente Médio e da Europa (e mais recentemente, no Brasil, de locais como Bolívia, Argentina, África de língua portuguesa e Nigéria) tiveram papéis de importância crucial na formação da identidade nacional. A presença e as posturas dos povos livres e escravos foram igualmente importantes para a criação de uma identidade nacional nas demais nações multiculturais da América Latina.

Por toda a América Latina os imigrantes sempre foram e ainda são parte da discussão sobre identidade nacional. Nos Andes e na Mesoamérica, os discursos sobre identidade nacional sempre louvaram o passado inca e asteca, embora ignorando-o na prática. No Peru, México e Brasil, algumas lideranças imigrantes de origem japonesa, chinesa, libanesa e polonesa chegaram a afirmar que os índios, na verdade, eram uma tribo perdida de suas nações, e que, portanto, o novo grupo imigrante era, na verdade, nativo. Alberto Fujimori, ex-presidente do Peru (1990-2000), por exemplo, vestia-se tanto de inca como de samurai como parte do *marketing* político de sua ascendência japonesa.

Afirmar ter um passado indígena não significava abster-se de tirar partido de políticas públicas que muitas vezes tinham como objetivo manter os povos indígenas nos escalões mais inferiores da hierarquia política, social e

---

4 Wade, *Race and Ethnicity in Latin America*.

econômica. Para muitos imigrantes, esse incentivo significou que, em meados do século XX, os que eram descritos ou descreviam a si mesmos como descendentes de imigrantes do Oriente Médio, Ásia ou Europa passaram a desempenhar papéis importantes em todos os setores da sociedade. Políticos de ascendência árabe são comuns na Argentina, na Bolívia e no Equador. Nesses países, assim como no Brasil, a grande maioria dos imigrantes do Oriente Médio e seus descendentes é cristã. Alguns dos mais poderosos magnatas mexicanos são filhos de imigrantes alemães e libaneses. A elite hondurenha é, em boa parte, de origem palestino-cristã.

Na América caribenha e portuguesa, onde, na época colonial, a maioria da população era formada por escravos africanos e seus descendentes, os imigrantes livres desempenharam um papel igualmente importante. Nessas regiões, os estrangeiros tornaram-se parte da discussão sobre negritude e branquidão (a valorização da condição de ser branco presente nas sociedades das Américas, onde a estrutura social favorece as pessoas brancas, mesmo que essa valorização não seja uma política deliberada do Estado), categorias essas que continuam a dominar os discursos tanto populares quanto da elite. Os países do Cone Sul, Chile, Uruguai e Argentina, também tinham populações indígenas e de escravos africanos, mas os líderes da independência acharam conveniente esquecer-se deles, ao proporem o assentamento de imigrantes em "território despovoado".

De que forma a imigração brasileira se compara à dos demais países da América? Em vários sentidos, o Brasil é um caso único. Seu território é maior que o dos Estados Unidos continental, tendo hoje a quinta maior população do mundo, que é, de longe, a maior da América Latina. Diferentemente dos países mais populosos – China, Índia e Indonésia –, contudo, a população brasileira é formada por descendentes de migrantes, que chegaram ou involuntariamente como escravos, no caso dos africanos, ou voluntariamente como imigrantes livres. No entanto, o Brasil é importante não apenas por seu tamanho. Seus 300 anos de existência como colônia portuguesa (de 1500 a 1822), quando era habitado principalmente por escravos africanos, lhe confere características singulares em tudo, da língua à comida.

No Brasil, muitos integrantes da elite acreditavam na grandeza mítica dos povos indígenas da Amazônia. Embora essa crença ecoe alguns aspectos dos ideais nacionais mexicanos e peruanos de uma "raça cósmica", onde se mesclariam passados indígenas e europeus, a inovação brasileira foi adicionar a África. No entanto, apesar do "mito das três raças" (segundo o qual africanos, índios e europeus teriam supostamente se fundido para formar uma única e singular "raça brasileira"), grande parte da discussão sobre a imigração baseou-se no modelo do Cone Sul, de recém-chegados povoando terras virgens. As elites muitas vezes viam os imigrantes (e também a si próprias) como substituindo a população local com algo melhor. Os recém-chegados ajudaram a formar outro mito da nacionalidade brasileira, o do "país do futuro",[5] no qual a branquidão iria eclipsar a negritude.

O Brasil, entretanto, também faz lembrar muitas outras repúblicas americanas. Tanto nos Estados Unidos como na Argentina, imigrantes da Europa Central começaram a chegar em inícios do século XIX, sendo seguidos por grandes levas de europeus do sul, principalmente italianos. O Brasil, da mesma forma que Peru, Canadá, Cuba e Estados Unidos, passou por várias décadas de intensa imigração asiática. No Cone Sul e na América Central, imigrantes do Oriente Médio chegaram em grandes números em fins do século XIX e início do século XX.

O Brasil também se assemelha a outros países da América, onde os imigrantes ingressaram em um contexto escravocrata, embora a abolição, no Brasil, só tenha ocorrido em 1888. Os imigrantes não eram escravos, embora com frequência fossem maltratados. Muitos imigrantes se segregaram, muitas vezes de forma agressiva, dos escravos ou de pessoas livres de ascendência africana. Essa separação foi constante e dinâmica. Enquanto parte dos imigrantes "embranqueceu" ao se distanciar dos negros e dos indígenas, outros tomaram a direção contrária, ou se casando com uma pessoa não branca ou não atendendo a determinadas expectativas culturais, sociais e ocupacionais. Os que não se submetiam às regras da branquidão, recusando a autossegregação, muitas vezes perdiam as vantagens de ser visto como um "imigrante". Nas Américas, as novas identidades étnicas que surgiram em meio aos descendentes de imigrantes devem ser entendidas em

---

5 Zweig, *Brasil, um país do futuro*, prefácio de Alberto Dines.

relação a posturas mais amplas, tratando da criação de uma separação racial, social e política entre eles próprios e os descendentes de africanos.[6]

As sementes da imigração em massa

No século XVII e inícios do século XVIII, a Coroa portuguesa obrigou populações que via como pouco desejáveis a ocuparem as fronteiras que separavam o Brasil das colônias espanholas que viriam a se tornar a Argentina, o Paraguai e o Uruguai. Como resultado, a população brasileira passou a incluir alguns povos indígenas, muitos colonos portugueses e seus descendentes e um número ainda maior de escravos que trabalhavam na economia de grandes propriedades agrícolas. As lideranças políticas, confrontadas com um vasto território e acreditando que a população deveria ser menos "negra" e mais "branca", passaram, cada vez mais, a procurar imigrantes europeus. O tipo de imigrante desejado por essas elites – laboriosos, empreendedores, de pele clara mas capazes de se adaptar bem ao clima brasileiro estranho a eles – não era fácil de atrair. As pessoas com maiores probabilidades de virem a se interessar – refugiados, exilados políticos e religiosos, presidiários e pobres – eram correspondentemente menos bem-vindos.

Em meados do século XVIII, entretanto, novas ideias começaram a surgir. O príncipe regente português, D. João V, centralizou a política de "colonização" de todo o vasto império que se estendia da América do Sul ao sul da Ásia. Seu objetivo era convencer não portugueses a se estabelecerem no Brasil e, em 1748, apenas dois anos antes de sua morte, ele empregou um agente incumbido de trazer milhares de açorianos daquelas superlotadas ilhas do Atlântico para o extremo sul do Brasil e para o Pará, na foz do Rio Amazonas, ao norte.[7] Esses planos alcançaram apenas um modesto sucesso, mas lançaram a base para os futuros planos de colonização patrocinados pelo Estado.

---

6 Goldstein, *The Price of Whiteness: Jews, Race, And American Identity*; Roediger, *Working Toward Whiteness. How America's Immigrants Became White: The Strange Journey from Ellis Island to the Suburbs*.

7 Oberacker, *A contribuição teuta à formação da nação brasileira*, p.207.

Quando Napoleão e seu exército invadiram Portugal, em 1807, os Bragança, a família real portuguesa, agora encabeçada por D. João VI, fugiu para o outro lado do Atlântico. Quando os navios aportaram na Baía de Guanabara, no Rio de Janeiro, em 28 de janeiro de 1808, o centro do Império português viu-se transferido para o Brasil e o Rio de Janeiro se tornou a capital. Os membros da corte portuguesa ficaram chocados com as grandes diferenças entre a elite europeia e a sociedade brasileira, e passaram a se perguntar se o incentivo à imigração europeia ajudaria a recriar o mundo que haviam deixado para trás. A primeira medida tomada por D. João foi abrir a economia e a cultura brasileiras. Ele decretou que navios não portugueses teriam permissão para atracar em portos brasileiros, e cidadãos de outras nacionalidades que não a portuguesa conquistaram o direito à propriedade de terras. Para muitas das autoridades portuguesas agora no exílio, o Brasil estava a caminho de se tornar uma nação autônoma. Quando o gênio da independência saiu da lâmpada, foi para nunca mais voltar.

A independência foi alimentada por ideias iluministas. A literatura abolicionista vinda da Inglaterra inspirou alguns integrantes das elites brasileiras a especular sobre a abolição da escravatura como passo em direção à nacionalidade. O primeiro-ministro português no exílio (1817-1821), Tomás Antonio de Vila-Nova, passou a se preocupar com o opressivo sistema de trabalho em termos que, uma década antes, seriam vistos como heréticos. Para o ministro, a escravatura tornava o Brasil "intrinsecamente fraco", impedindo o crescimento de "um povo" imbuído de "espírito nacional". Quando a Corte residia em Portugal, todos os estrangeiros eram "categoricamente suspeitos de atividades subversivas".[8] Com sua transferência para o Brasil, os não portugueses tornaram-se bem-vindos como residentes e como brasileiros em potencial.

Novas ideias políticas e culturais sobre estrangeiros como imigrantes, e não como espiões, contribuíram para reacender o debate sobre a escravatura. Na opinião da maioria das elites, o sistema era necessário para a

---

8 Schultz, *Tropical Versailles: Empire, Monarchy, and the Portuguese Royal court in Rio de Janeiro, 1808-1821*, p. 111. Publicado em português como *Versalhes tropical: império, monarquia e a corte real portuguesa no Rio de Janeiro, 1808-1821*.

prosperidade de curto prazo, mesmo que, assim como os próprios escravos, criasse barreiras às aspirações nacionais. Ao mesmo tempo, a pressão britânica pelo fim do tráfico de escravos era intensa, embora não totalmente eficaz. As elites políticas e econômicas, desejando resolver as duas questões, olhavam para o norte, para os Estados Unidos, que visto de longe parecia estar se tornando mais branco, mais europeu e mais produtivo. Como observou Kirsten Schultz, a imigração

> significava que, no novo e próspero império, pelo menos na visão oficial relativa a seu futuro político e econômico, a branquidão e o ideal da produtividade, tal como corporificados no pequeno agricultor, conseguiriam se contrapor ao ideal de unidade linguística, histórica e cultural, e à homogeneidade religiosa de uma nacionalidade portuguesa heroica, evocadas tanto pelos exilados quanto pelos brasileiros natos ao explicar a transferência da Corte.[9]

Na Corte portuguesa, eram muitos os que entendiam que as pessoas que eles mais queriam como imigrantes eram as que, provavelmente, menos interesse teriam em vir. Em inícios do século XIX, a vagarosa resposta à intenção brasileira de trazer imigrantes europeus fez com que as lideranças políticas e empresariais passassem a reavaliar suas estratégias. Uma opção era atrair imigrantes potenciais da França, da Inglaterra e dos Estados Unidos, promovendo o Brasil como um país neoeuropeu, com abundantes terras vazias, onde imigrantes brancos conquistariam de imediato um *status* social elevado em uma sociedade escravocrata. No entanto, a economia florescente e os sistemas políticos desses três países faziam com que franceses, ingleses e americanos não estivessem dispostos a emigrar. As elites, então, alteraram suas táticas. Uma delas foi usar a propaganda de boca em boca, principalmente convidando naturalistas e pintores que talvez voltassem à Europa com impressões positivas, criando uma aura de possibilidades para os emigrantes em potencial. Esses viajantes, entretanto, raramente se deixavam convencer. Seus relatos davam ênfase à africanidade do Brasil, ao senso

---

9 Schultz, *Tropical Versailles*, p.111, 210.

de privilégio de suas elites e à pobreza dos poucos imigrantes que residiam no país. Outras táticas seriam necessárias.

A criação de um Brasil multiétnico

À medida que o Brasil passava de colônia de Portugal (1500-1822) a império independente (1822-1889), para em seguida se tornar república (de 1889 até o presente), uma série de processos levaram à criação de uma sociedade pluralista, com uma hierarquia racial que colocava a branquidão no topo e a negritude na base. A fluidez desses termos e de seus significados, entretanto, fizeram com que o Brasil se tornasse uma nação multicultural, embora seus cidadãos geralmente vissem a si próprios e a seu país como se tornando progressivamente mais brancos. Termos como *branco*, *negro*, *europeu*, *índio* e *asiático* (entre outros) não tinham significado fixo no contexto brasileiro. Pessoas e grupos entravam e saíam dessas categorias sempre mutáveis, e a identidade nacional brasileira era, em geral, simultaneamente rígida (a branquidão era consistentemente valorizada) e flexível (o significado de branquidão era maleável).

A partir da chegada dos europeus, em inícios do século XVI, o Brasil passou a receber um número cada vez maior de migrantes de todo o Império português e da África, que então entraram em contato com as populações indígenas. Os recém-chegados não eram imigrantes na acepção clássica do termo: poucos vinham por vontade própria, a maioria sendo forçada a tal. Os súditos portugueses chegavam como integrantes de quatro categorias distintas: os menos numerosos eram membros do clero ou vinham para ocupar cargos políticos, geralmente optando por vir para o Brasil na crença de estarem prestando serviços temporários ao rei. A grande maioria, entretanto, era formada de *degredados* (exilados) e soldados. Os degredados eram criminosos mandados para o Brasil para povoar as regiões de fronteira em troca de liberdade. Os soldados, assim como os degredados, eram obrigados a ir para qualquer lugar do império para onde fossem mandados, não tendo direito de escolha. A quarta categoria, a de mulheres portuguesas, era pouco numerosa: elas vinham ou acompanhando seus maridos degredados ou como órfãs enviadas pelas ordens religiosas para se casarem com os homens brancos das colônias. Os dados sobre o ingresso nos séculos que se seguiram a 1500 são incompletos, mas estima-se que cerca de 700 mil súditos portugueses tenham sido mandados para o Brasil entre 1500 e 1760.[10]

Quando, em 1693, foi encontrado ouro em terras brasileiras, o número de ingressos aumentou sensivelmente. Na década de 1720, quando diamantes foram descobertos, esse número explodiu. Cerca de um milhão de súditos portugueses se estabeleceram no Brasil durante o século XVIII, muitos deles prospectores de minérios e artesãos. Antônio Gomes Freire de Andrada, governador das províncias do Sul (que incluíam parte do que hoje é o Uruguai e a Argentina) e mais tarde vice-rei do Brasil, usou os recém-chegados para fortificar as fronteiras brasileiras contra os espanhóis. A partir da década de 1730, ele fundou uma série de fortes, "presídios" (uma espécie de forte primitivo) e guarnições militares destinadas a se tornarem a semente de novas cidades ao longo das fronteiras. Os fortes e guarnições eram ocupados por soldados, e os presídios (termo que atualmente significa penitenciária) eram ocupados por jovens portugueses, a maioria deles degredados, que também eram responsáveis pelas obras públicas.

Os séculos decorridos entre a chegada dos portugueses em 1500 e a criação, em 1822, de uma nação independente, o império brasileiro, assistiram também à chegada ao Brasil de outra imensa leva de migrantes involuntários: os escravos africanos. Mais de 4,8 milhões de escravos, cerca de 45% de todos os africanos trazidos pelo tráfico atlântico, foram forçados a se estabelecer no Brasil. Cerca de 2/3 deles eram de sexo masculino e mandados para trabalhar nas minas, nas fazendas açucareiras e nas áreas urbanas. As mulheres, em geral, trabalhavam nos serviços domésticos das casas dos proprietários de escravos e de suas famílias.

Embora o primeiro-ministro português, o Marquês de Pombal, tenha abolido a escravatura no Portugal continental em 1791, o regime continuou vigorando no Brasil até 1888. Os escravos brasileiros, é claro, opunham resistência a seu cativeiro. Era comum que eles formassem comunidades de

---

10 Instituto Brasileiro de Geografia e Estatística, disponível em: http://www.ibge.gov.br/brasil500/index2.html.

escravos fugidos e, ao longo do tempo, os proprietários tiveram de libertar grandes números de filhos e netos de escravos. Os africanos e seus descendentes, tanto escravos quanto livres, sempre tiveram contato com os imigrantes, sendo, portanto, uma parte essencial de nossa história. Entretanto, este livro não tem como foco os migrantes involuntários. Além disso, muitos portugueses e africanos chegaram no tempo em que o Brasil era apenas uma das inúmeras colônias portuguesas, sendo, portanto, uma terra sem um claro senso de identidade nacional.

Branqueamento

Quando, em 1822, o Brasil proclamou sua independência, libertando-se de Portugal, a imigração e a identidade nacional assumiram um novo significado. Esperava-se que os estrangeiros se tornassem habitantes que tornariam o país forte em todos os aspectos, das políticas públicas à cultura. No entanto, muitas das antigas atitudes permaneceram, principalmente a fusão de nacionalidade e biologia e a certeza de que existia uma hierarquia racial, na qual os europeus brancos ocupavam o ápice.

O elo entre sangue e nação talvez tenha origem no século XVI, com a Inquisição, que tentou assegurar a pureza do sangue dos católicos. No século XIX, as hierarquias humanas já estavam assimiladas à cultura mais ampla das elites euro-americanas, e as diferentes instituições contribuíam para naturalizar e formalizar as diferenças raciais. Nos Estados Unidos, a segregação legalizou a separação entre brancos e negros, e a miscigenação tornou-se objeto de terror. Na Argentina, a miscigenação e o racismo levaram a que a visibilidade das pessoas de ascendência africana entrasse em nítido declínio. No século XX, boa parte da elite e das classes médias argentinas acreditavam que os negros haviam desaparecido, e que o país era branco e europeu, e não multicultural.[11]

No Brasil, contudo, a miscigenação teve outras consequências. As elites sempre tentaram distinguir quem era branco e quem era negro, quem não era nem um nem outro, e quem era ambos. Os imigrantes fizeram o mesmo,

---

11 Andrews, *The Afro-Argentines of Buenos Aires, 1800–1900.*

percebendo que tinham algum grau de influência sobre sua própria situação na hierarquia racial (e, portanto, social e econômica). Parte da elite brasileira do século XIX, portanto, adotou uma nova filosofia política e cultural no que dizia respeito à "raça". O *branqueamento*, como eles diziam, significava que a população poderia ser fisicamente transformada, passando de negra a branca por meio da combinação de casamentos mistos e políticas de imigração. O "sangue" branco "forte" passaria a sobrepujar o dos não brancos "fracos", e a lei impediria a entrada de raças "fracas". Era comum que os imigrantes aceitassem e utilizassem essas categoriais. Tornar-se "branco" era tão importante para os recém-chegados quanto o era para a elite nacional.

A ideologia do branqueamento foi de importância crucial na formulação da política de imigração brasileira moderna. Quase dois milhões de imigrantes europeus ingressaram no Brasil entre 1820 e 1920, embora uma parcela deles tenha retornado a seus países. Os recém-chegados não se distribuíram de maneira uniforme pelo território nacional. Os imigrantes, na verdade, foram atraídos às regiões do centro-sul brasileiro. Essa concentração populacional resultou de uma grande virada na economia brasileira que, no início do período colonial, era mais forte nos setores canavieiro e minerador do norte, transferindo-se posteriormente para o centro do país com a descoberta dos diamantes, já em meados dos tempos coloniais. A maioria dos imigrantes começou a chegar no final do século IX, quando o setor cafeeiro estava em expansão.

Após 1888, os europeus chegaram em uma posição superior à dos ex--escravos que, por gerações a fio, foram privados de educação formal, e cujo trabalho era em geral sub-remunerado. A alta racialização das esferas sociais e econômicas do país foi reforçada pelas estatísticas pouco confiáveis, características dos Estados "científicos" do século XIX. Os números mostravam que os afro-brasileiros acusavam níveis mais altos de analfabetismo, subnutrição e criminalidade do que a população como um todo.[12]

---

12 Dean, *Rio Claro: A Brazilian Plantation system, 1820-1920*, p.173-4. Publicado em português como *Rio Claro: um sistema de grande lavoura*.

Estatísticas desse tipo contribuíram para o argumento usado na formulação das políticas públicas, de que os brancos eram melhores do que os negros.

Boa parte das ideias sobre raça que vigoraram no Brasil de fins do século XIX a início do século XX tinham origem em uma pseudociência europeia sobre raça e diferenças humanas, formulada em épocas ainda anteriores. Por exemplo, uma teoria amplamente aceita entre as classes educadas brasileiras era a escala craniométrica criada pelo médico alemão Johann Friedrich Blumenbach, em 1776, que postulava um contínuo de excelência racial que colocava os europeus na posição mais elevada, os asiáticos (a quem Blumenbach chamava de mongoloides) na posição média, e os negros africanos no extremo inferior.[13] No século XIX, boa parte das elites brasileiras se encantou com as ideias de Jean-Baptiste Lamarck, um naturalista francês que propunha a teoria de que os traços de personalidade e cultura seriam adquiridos a partir dos ambientes humanos e climáticos. Segundo Lamarck, uma "raça nacional" única era biologicamente possível, ideia essa que forneceu o arcabouço científico para a criação das políticas brasileiras de imigração, segundo as quais "não era inevitável que a miscigenação produzisse 'degenerados', podendo resultar também na criação de uma população mestiça saudável, que se tornaria cada vez mais branca, tanto cultural quanto fisicamente".[14]

Os intelectuais e os políticos muitas vezes se viam como biólogos ou químicos sociais que usavam o Brasil como um "laboratório racial" de embranquecimento. A metáfora biológica nos faz lembrar que as elites viam a população como uma base à qual "reagentes" humanos poderiam ser acrescentados ou subtraídos. Em outras palavras, os responsáveis pela formulação de políticas usavam a eugenia para criar uma correlação entre o ingresso de imigrantes e a mudança racial. Um livro sobre colonização que alcançou grande influência no século XIX, originalmente redigido como

---

13 Blumenbach, *On the Natural Varieties of Mankind: De generis humani varietate nativa*, p.273.

14 Skidmore, *Black into White: Race and Nationality in Brazilian Thought*, p.65. Publicado em português como *Preto no branco – raça e nacionalidade no pensamento brasileiro (1870-1930)*. Ver também Stepan, *The Hour of Eugenics: Race, Gender and Nation in Latin America*. Publicado em português como *A hora da eugenia: raça, gênero e nação na América Latina*.

um relatório oficial encaminhado ao ministro da Agricultura brasileiro, é um excelente exemplo. *Theses sobre colonização do Brasil: projeto de solução para as questões sociais, que se prendem a este difícil problema*, de João Cardozo de Menezes e Souza, propunha que o Brasil era um "embrião" singular, que deveria ser rejuvenescido a fim de extinguir a herança africana do país. Os imigrantes seriam a "semente" da qual brotaria a "poderosa força de homogeneidade e coesão para agregar e assimilar" a população como um todo.[15]

As migrações em massa

Mais de 5 milhões de imigrantes chegaram ao Brasil entre 1872 e 1972, embora as estatísticas sobre imigração nem sempre sejam confiáveis, uma vez que muitos retornaram ou seguiram viagem para outros países. Por exemplo, durante as primeiras décadas do século XX, qualquer pessoa que chegasse de navio sem uma passagem de primeira classe era considerada "imigrante", mesmo que pretendesse ficar no Brasil por pouco tempo. Muitos estrangeiros migraram temporariamente, mas o governo brasileiro registrava as informações sobre chegadas e, geralmente, ignorava as partidas. Em um período para o qual temos informações sobre chegadas e partidas, de 1908 a 1936, o número de partidas do porto de Santos (o principal porto de chegada do país) representa mais de 50% do total de entradas (1.221.282 contra 667.080), segundo os registros do Departamento de Terras, Colonização e Imigração do Estado de São Paulo.

As tabelas a seguir mostram os altos números de imigrantes europeus que chegaram no Brasil. Mesmo assim, a coluna "Japoneses" também se destaca. De que forma os imigrantes japoneses se enquadram no paradigma do embranquecimento brasileiro é uma questão importante que iremos examinar no Capítulo 6. A outra coluna surpreendente dessas tabelas é designada como "Outros". Quem era representado nessa categoria na qual as autoridades brasileiras (e também os acadêmicos) costumavam colocar imigrantes sem discriminar seus locais de origem? Muitos eram provenientes

---

15 Menezes e Souza, *Theses sobre colonização do Brasil: projeto de solução para as questões sociais, que se prendem a este difícil problema*, p.403, 426.

do Oriente Médio e do Leste Europeu, cuja classificação nacional muitas vezes se alterava (de turco a sírio, de alemão a polonês e vice-versa) e que, conjuntamente, representavam uma grande parcela dos fluxos imigratórios. Como veremos no Capítulo 5, houve momentos em que quase 20% dos judeus que deixavam a Europa vieram para o Brasil, e outros períodos em que cristãos do que hoje são a Síria e o Líbano representavam percentagens significativas do total de ingressos. Esses "Outros" fazem com que a maior metrópole brasileira, São Paulo, seja uma das maiores cidades "italianas", japonesas" e "libanesas" de todo o mundo.

Tabela 1.1. Imigração para o Brasil, por nacionalidade

	Nacionalidade						
	Portugueses	Italianos	Espanhóis	Alemães	Japoneses	Outros	Total
1872-1879	55.027	45.467	3.392	14.325	—	58.126	176.337
1880-1889	104.690	277.124	30.066	18.901	—	17.841	448.622
1890-1899	219.353	690.365	164.293	17.084	—	107.232	1.198.327
1900-1909	195.586	221.394	113.232	13.848	861	77.486	622.407
1910-1919	318.481	138.168	181.651	25.902	27.432	123.819	815.453
1920-1929	301.915	106.835	81.931	75.801	58.284	221.881	846.647
1930-1939	102.743	22.170	12.746	27.497	99.222	63.390	327.768
1940-1949	45.604	15.819	4.702	6.807	2.828	38.325	114.085
1950-1959	241.579	91.931	94.693	16.643	33.593	104.629	583.068
1960-1969	74.129	12.414	28.397	5.659	25.092	51.896	197.587
1970-1972	3.073	804	949	1.050	695	9.017	15.588
1870-1972	1.662.180	1.622.491	716.052	223.517	248.007	873.642	5.345.889

Fonte: Maria Stella Ferreira Levy, O papel da migração internacional na evolução da população brasileira (1872-1972), *Revista de Saúde Pública*, suplemento 8, 1974, p.71-3.

As colunas "Japoneses" e "Outros" alteram uma história muito contada sobre o Brasil, que se concentra nos imigrantes católicos da Itália, de Portugal e da Espanha. As centenas de milhares de ingressos não europeus muitas vezes levaram a reações fortes, geralmente expressas em termos muito diretos. O racismo indisfarçado dirigido contra os imigrantes e também partindo destes diz muito sobre a identidade nacional brasileira. Também são importantes as histórias dos imigrantes, sejam eles os do Sul da Europa, numericamente dominantes, ou os asiáticos, árabes e judeus que receberam atenção desproporcional por parte da imprensa, das autoridades políticas e dos intelectuais. Os "Outros" imigrantes foram tão importantes para a criação da identidade nacional brasileira quanto os portugueses e italianos.

As Tabelas 1.1 e 1.2 mostram as mudanças significativas ocorridas ao longo do tempo nos países de emigração. As políticas do século XIX, influenciadas pela eugenia, apoiavam a entrada de trabalhadores alemães, portugueses, espanhóis e italianos como "braços para a lavoura". No entanto, o medo da militância social e trabalhista, bem como preocupações quanto à assimilação, sugeria que outros grupos não europeus fossem considerados como possibilidades. Os mais importantes foram os imigrantes japoneses, vistos como modernos, laboriosos e dóceis. Essas ideias brasileiras foram reforçadas pelo crescente poderio internacional e industrial do Japão. Intelectuais e políticos japoneses muitas vezes se autopromoveram como sendo cidadãos da única nação "branca" da Ásia, o que soava atraente a setores das classes dominantes brasileiras. O desejo das elites brasileiras de atrair imigrantes brancos, independente de sua raça biológica ostensiva, se harmonizou com a esperança dos imigrantes de serem incluídos na categoria desejável.

Tabela 1.2. Imigração para o Brasil, por nacionalidade, como percentagem do total

	Nacionalidade						
	Portugueses	Italianos	Espanhóis	Alemães	Japoneses	Outros	Total
1872-1879	31,2	25,8	1,9	8,1	–	33,0	100
1880-1889	23,3	61,8	6,7	4,2	–	4,0	100
1890-1899	18,3	57,6	13,7	1,4	–	8,9	100
1900-1909	31,4	35,6	18,2	2,2	0,1	12,5	100
1910-1919	39,1	16,9	22,3	3,2	3,4	15,1	100
1920-1929	35,7	12,6	9,7	8,9	6,9	26,2	100
1930-1939	30,9	6,7	3,8	8,3	29,8	20,5	100
1940-1949	40,0	13,9	4,1	6,0	2,5	33,6	100
1950-1959	41,4	15,8	16,2	2,9	5,8	17,9	100
1960-1969	37,5	6,3	14,4	2,9	12,7	26,3	100
1970-1972	19,7	5,2	6,1	6,7	4,5	57,8	100
1870-1972	31,1	30,3	13,4	4,2	4,6	16,4	100

Fonte: Maria Stella Ferreira Levy, O papel da migração internacional na evolução da população brasileira (1872-1972), *Revista de Saúde Pública*, suplemento 8, 1974, p.71-3.

As mudanças que observamos na nacionalidade dos imigrantes, contudo, não devem sugerir que o conceito de branqueamento tenha se tornado menos importante. Ao contrário, o significado de ser branco sofreu uma nítida transformação no decorrer do século XX. O deputado federal Acylino de Leão o resumiu com clareza em 1935, quando a Câmara dos Deputados votou a favor da concessão de subsídios aos imigrantes japoneses, mas não aos portugueses: "Os colonos japoneses [...] são ainda mais brancos que os portugueses", declarou ele.[16]

Visões do outro

Os imigrantes não resolvem simplesmente se mudar e deixar para trás seus países de origem. Os que pensam na possibilidade de emigrar costumam avaliar o mercado de trabalho internacional, a economia e a cultura do país de destino com toda a informação a eles disponível. As ideias que o século XX faz dos diferentes países geralmente se baseiam em imagens visuais, música e propaganda. O século XIX não era muito diferente, e quando D. João VI, em 1818, tentou "promover e dilatar a civilização do vasto Reino do Brasil" com colonos europeus, a propaganda internacional foi de importância central.[17] O Brasil enviou agentes de imigração à Europa com a incumbência de promover o país, muitas vezes levando brochuras elaboradas pelo governo e redigidas em muitas línguas.

De inícios do século XIX até meados do século XX, os brasileiros favoráveis à imigração pretendiam povoar regiões do país que viam como vazias. Embora essas áreas muitas vezes abrigassem populações indígenas, o fato foi minimizado ou simplesmente ignorado pelas autoridades políticas desejosas em atrair novos imigrantes europeus. A mais notável das primeiras tentativas de vender a imagem do Brasil a imigrantes começou em uma pequena cidade suíça e terminou nas montanhas da província do Rio de Janeiro. Essa tentativa incluiu engodo, doenças e disputas religiosas,

---

16 Discurso de Acylino de Leão, 18 set. 1935. República dos Estados Unidos do Brasil, *Annaes da Camara dos Deputados: Sessões de 16 a 24 de setembro de 1935*, v.17, p.432.

17 Nicoulin, *A gênese de Nova Friburgo: emigração e colonização suíça no Brasil (1817-1827)*.

armando o cenário para a imigração em massa para o Brasil que teria início em fins do século.

A colônia de Nova Friburgo tirou seu nome de uma cidade da Suíça. O local, situado na província do Rio de Janeiro, foi escolhido por políticos brasileiros em grande parte porque seu clima parecia se assemelhar à ideia que faziam do clima suíço.[18] Na Suíça, dificuldades econômicas haviam levado a desemprego e falta de alimentos. Ao mesmo tempo que os políticos suíços passavam a incentivar a emigração com o objetivo de reduzir a população, os políticos brasileiros divisaram a excelente oportunidade de conseguir imigrantes brancos. D. João VI e seus conselheiros estavam dispostos a fazer o investimento econômico e a assumir o compromisso político. Eles confiavam que os imigrantes suíços saltariam do navio e transformariam a área despovoada em uma cidade europeia de agricultores e artesãos.

O plano era criar uma colônia a partir do zero. D. João ofereceria passagens, terra, moradia e apoio logístico para sustentar cem famílias católicas, além de pagar por sua volta à Suíça caso as coisas não fossem bem. Sua esperança era que a maioria dos imigrantes se convertesse em pequenos proprietários dedicados à lavoura. D. João acreditava que alguns artesãos e outros profissionais acabariam por se estabelecer e ensinariam a outros seu ofício. No entanto, nada funcionou como planejado. Muitos dos colonos eram protestantes que haviam se convertido ao catolicismo para emigrar. Uma epidemia de malária atingiu o ponto de embarque, ainda na Europa, gerando um desastre humano. Dos 2.018 emigrantes que deixaram a Suíça, apenas 1.631 chegaram ao Brasil, uma taxa de mortalidade próxima a 20%.

As condições em Nova Friburgo (ilustrada na Figura 1.2) não eram muito melhores que as do navio. Os recém-chegados não estavam preparados para os trópicos, e as taxas de mortalidade continuaram altas. D. João VI ficou sabendo que muitos dos imigrantes eram protestantes, e não os católicos que constavam no contrato. Essa descoberta precipitou uma pequena crise com o papa, que era contrário ao assentamento de não católicos no Brasil, que se acreditava ser um país exclusivamente católico. Mesmo assim, D. João se decidiu por repudiar a crítica papal e abrir as

---

18 Mörner e Sims, *Adventurers and Proletarians: The Story of Migrants in Latin America*, p.41.

Figura 1.2. *Vila de Nova Friburgo* (1820). Pintura de Jean-Baptiste Debret. Cortesia dos Arquivos do Centro de Documentação D. João VI, Nova Friburgo, Rio de Janeiro.

portas do país. Quando um pastor protestante foi contratado, em 1819, a maioria dos colonos se reconverteu ao protestantismo.[19] A decisão de apoiar a entrada de protestantes não se baseava em um compromisso com a liberdade religiosa. Ao contrário, D. João e seus aliados acreditavam que a ordem e o progresso (não coincidentemente, o lema da bandeira brasileira moderna) seriam implantados no Brasil por intermédio dos protestantes do norte europeu, vistos como singularmente laboriosos e irrefutavelmente brancos. O inverso era aplicado aos católicos, que boa parte da Corte via como retrógrados e pouco modernos.

Nova Friburgo, apesar dos investimentos humanos, econômicos e políticos, foi um fracasso. As altas taxas de mortalidade criaram um problema demográfico e psicológico para os colonos, que não estavam acostumados ao clima. Muitos dos colonos voltaram para a Suíça ou reemigraram internamente no Brasil. D. João logo perdeu interesse na colônia suíça, que, entretanto, não desapareceu. Nova Friburgo é uma cidade de 175 mil habitantes, e o primeiro local onde a tolerância religiosa passou a fazer parte da política brasileira de imigração. A decisão de D. João de desafiar o

---

19 Dreher, Imigração e religião no Rio Grande do Sul do século XIX. In: Giron; Radünz (eds.), *Imigração e cultura*.

papa abriu caminho para as levas de imigrantes vindos de todo o globo, que começaram a chegar na segunda metade do século XIX.

Quem vai fazer o trabalho pesado?

D. João VI e muitos de seus partidários sonhavam em refazer o Brasil à imagem da Europa Central. Nova Friburgo, apesar de ter fracassado, contribuiu para que as elites imaginassem o Brasil como um ímã para imigrantes que transformariam o país em termos raciais, econômicos e culturais. O fracasso do experimento deixou claro que seria necessário um engajamento político centralizado, visando assegurar que o recrutamento de imigrantes fosse bem organizado e que eles fossem tratados com alguma medida de respeito que os capacitasse a se tornarem autossuficientes. O êxito da colonização exigia políticas concretas que tivessem como objetivo povoar o território com imigrantes "ideais".

A colonização do Brasil com imigrantes europeus brancos deixava sem resposta duas questões importantes: quem faria o trabalho pesado e como a lavoura poderia continuar funcionando sem a mão de obra dos escravos africanos? Uma das respostas que ocorreram às elites foi que os camponeses do nordeste brasileiro poderiam vir a se tornar trabalhadores mansos, dóceis e laboriosos, de fato, verdadeiros escravos-cidadãos.[20] Uma outra solução implicava firmar contratos temporários com trabalhadores chineses como uma ponte entre o trabalho escravo e o trabalho livre. As autoridades políticas se perguntavam se e como os trabalhadores chineses se encaixariam na sociedade brasileira. As análises dos traços culturais e físicos do "tipo mongólico", presentes em numerosos tratados intelectuais e políticos do século XIX, discordavam com relação à utilidade do trabalho chinês. Os debates sobre essa possibilidade ocorriam regularmente, tanto no nível das províncias quanto do império, sendo alvo dos elogios e da zombaria da imprensa.

Esses debates mostraram o outro lado da moeda da imigração – parte da elite acreditava que o fracasso de Nova Friburgo significava que o Brasil

---

20 Blake, *The Vigorous Core of our Nationality: Race and Regional Identity in Northeastern Brazil.*

deveria redobrar esforços nesse sentido, enquanto outros grupos temiam que a imigração chinesa seria perigosa caso desse certo. Embora poucos chineses tenham imigrado para o Brasil antes de meados do século XX, as elites brasileiras conheciam bem a China e seu povo. Portugal foi a primeira potência marítima europeia a estabelecer relações diretas com o Império Chinês, em 1511. No século XIX, Portugal tinha fortes interesses na Ásia, em razão de suas colônias portuárias de Goa e Macau. A relação entre os dois impérios era patente até mesmo na língua. A palavra *mandarim*, que tem suas raízes etimológicas no termo português *mandar*, foi adotada para designar os membros das elites chinesas, e a palavra chinesa *chá* continua sendo usada no Brasil.[21]

As elites brasileiras não eram as únicas a considerar a possibilidade de utilizar mão de obra chinesa. Por todas as Américas, surgiram debates quanto a se os trabalhadores chineses viriam a enriquecer os países ou a causar danos à cultura nacional. Essas discussões entremeavam-se com as questões da escravatura e da abolição. Muitos intelectuais eram da opinião equivocada de que os trabalhadores chineses não ficariam no Brasil permanentemente por terem um vínculo indissolúvel com sua terra. Impermanência e servilismo faziam com que os chineses se comportassem como escravos sem o ser.

Com a migração da Corte portuguesa para o Brasil, em 1807, o ministro das Relações Exteriores no exílio no Rio de Janeiro, o conde de Linhares, examinou a possibilidade de trazer 2 milhões de trabalhadores chineses para o Brasil. Sua ideia visava tanto contornar a proibição do tráfico de escravos decretada pela Inglaterra quanto satisfazer o desejo de D. João de transformar o chá em um grande produto de exportação. O plano foi implementado em pequena escala em 1810: cerca de 750 plantadores de chá chineses seriam contratados para trabalhar no Jardim Botânico Imperial, no Rio de Janeiro. O economista e membro da alta corte de Salvador, Bahia, o juiz João Rodrigues de Brito, incentivou a entrada dos trabalhadores

---

21 Elias, Introdução ao estudo da imigração chinesa, *Anais do Museu Paulista*, v.24, p.57-100; dado citado p.60.

chineses, observando que eles eram "não só braços laboriosos, mas ativos, industriosos e peritos na prática das artes e da agricultura".[22]

O cultivo de chá por chineses, da mesma forma que a colônia suíça de Nova Friburgo, foi um fracasso. Wilhelm L. von Eschwege, um alemão que passou onze anos no Brasil a partir de 1810 como coronel no Real Corpo de Engenharia e intendente-geral das minas, observou a infelicidade dos trabalhadores chineses, frustrados "porque todas as suas tentativas de trazer mulheres foram em vão".[23] John Luccock, um mercador britânico que passou uma década no Brasil a partir de 1808, culpou os chineses com outros argumentos. Ele afirmava que eles recebiam salários excessivos e que eram "diligentes, meticulosos demais e lentos [demais] em seus modos culturais", embora "possuíssem uma rapidez de compreensão que ultrapassava tudo o que já observei a esse respeito em qualquer outra raça".[24] Anos mais tarde, em 1832, Charles Darwin visitou o Jardim Botânico Real e criticou os 68 hectares de "insignificantes moitinhas [de chá] [...] que mal possuíam o sabor do chá verdadeiro".[25]

Não há dúvida de que os trabalhadores chineses não estavam satisfeitos com a vida no Brasil. O diretor do Jardim Botânico tratava os chineses com aspereza, suspeitando que eles, propositalmente, se recusassem a revelar suas técnicas mais sofisticadas de processamento do chá. Quando um pequeno grupo fugiu, o diretor os caçou com cavalos e cães. Os que conseguiram escapar se estabeleceram na cidade do Rio de Janeiro, onde passaram a trabalhar como mascates e cozinheiros. Os que permaneceram continuaram a se queixar de maus-tratos. Em 1819, eles reivindicaram que um dos trabalhadores que falava chinês e português fosse designado intérprete oficial, recebendo um salário especial. Quando o viajante alemão Johann Moritz Rugendas chegou na propriedade real em 1835, apenas trezentos chineses ainda lá trabalhavam.

---

22 Rodrigues de Brito, *Cartas econômico-politicas sobre a agricultura, e commercio da Bahia*, p.35.

23 Von Eschwege, *Pluto Brasiliensis*, II, p.267.

24 Luccock, *Notas sobre o Rio de Janeiro e partes meridionais do Brasil: tomadas durante uma estada de dez anos nesse país, de 1808 a 1818*.

25 Darwin, *Charles Darwin's Beagle Diary*, p.67-8.

Profundas divergências quanto à relação entre imigração e identidade nacional embutiam-se na polêmica sobre a mão de obra chinesa travada em meio às elites brasileiras. Os favoráveis à imigração insistiam no aumento da produção econômica, enquanto seus oponentes temiam a "poluição" social. Ambos os lados contavam com intelectuais, grandes fazendeiros e políticos de grande influência, entre eles Quintino Bocaiúva, futuro presidente do poderoso Partido Republicano do Rio de Janeiro; o senador Alfredo d'Escragnolle Taunay (mais tarde, dirigente da Sociedade Central de Imigração); o empreendedor e industrial progressista Irineu Evangelista de Sousa (o Barão de Mauá); o político liberal e presidente da Província do Rio de Janeiro João Lins Vieira Cansação de Sinimbu (mais tarde nomeado primeiro-ministro); e os políticos abolicionistas André Rebouças e Joaquim Nabuco, para citar apenas alguns. O grupo "contrário" reunia nacionalistas/racistas fervorosos, que afirmavam que os chineses eram biologicamente degenerados; abolicionistas que temiam que os trabalhadores chineses viriam a se converter em uma classe de neoescravos, e alguns grandes proprietários de terras que acreditavam firmemente que apenas os africanos eram biologicamente adequados ao trabalho estafante da grande lavoura. O lado "favorável" incluía latifundiários que queriam substituir os escravos africanos por um grupo mais barato e mais dócil; outros que acreditavam que, mais que os africanos, os chineses eram adequados ao trabalho agrícola e tornariam o Brasil mais competitivo no mercado internacional; e abolicionistas que confiavam em que a mão de obra chinesa contratada representaria um passo adiante no caminho para um regime plenamente assalariado. Nenhum dos lados prevaleceu e, ao longo do século XIX, a polêmica sobre a imigração continuou.

Conclusão

As posturas firmadas no debate sobre a imigração chinesa ganharam ressonância com o fim da influência napoleônica em Portugal, em 1815. No entanto, nem a Coroa nem seus subordinados tinham qualquer intenção de voltar para o centro metropolitano estagnado de Lisboa. No que certamente foi a revolução mais tediosa de todos os tempos, a independência brasileira foi proclamada em 1822. O filho mais velho e herdeiro de D. João VI de Portugal era agora Pedro I, imperador do Brasil. Tanto ele quanto seu filho, que viria a se tornar o imperador D. Pedro II, viam como problemática a composição racial e étnica (ambos os termos eram usados na época) de sua nova nação. Em sua opinião, como na de muitos outros integrantes da florescente elite brasileira, escravos, povos indígenas, negros libertos e mestiços, muitas vezes chamados de pardos, nunca viriam a constituir um país moderno. Os africanos, trazidos à força para o Brasil para viver no cativeiro, representavam quase 30% da população. O explorador alemão Alexander von Humbolt forneceu estatísticas deprimentes em suas estimativas demográficas datadas de 1825: o Brasil, segundo seus cálculos, contava com 1.960.000 negros, 1.120.000 pardos e índios e apenas 920.000 brancos.

Os dois Pedros foram imperadores de um imenso território. Seus quase 8,5 milhões de quilômetros quadrados abrigavam apenas 4 milhões de habitantes, fazendo o país parecer praticamente desabitado. Colonizar as áreas de fronteira com imigrantes, na opinião dos governantes, garantiria a estabilidade territorial, evitando que a Argentina e o Uruguai, países com os quais o Brasil mantinha relações belicosas, tentassem se apossar de território brasileiro. Tal como seu pai, Pedro I acreditava que um regime de pequenas propriedades cultivadas por imigrantes transformaria o país em termos culturais e econômicos, diminuindo o impacto do que pareciam ser latifúndios improdutivos. Em sua opinião, e também na de muitas lideranças políticas e econômicas dos 150 anos que se seguiram, o Brasil tinha que se recriar como uma nação assemelhada à Europa.

O primeiro passo foi a abertura dos portos brasileiros, em 1808, que trouxe um grande número de estrangeiros às cidades costeiras e às áreas rurais a elas vinculadas. As razões que trouxeram os recém-chegados ao Brasil não eram as esperadas e, como observou Roderick Barman:

Se alguns vieram em busca de fortuna, muitos italianos e franceses eram radicais políticos que abandonaram sua terra natal para escapar ao castigo das monarquias restauradas. Interagindo com seus pares brasileiros em todos os níveis da sociedade urbana, da gente comum aos altos funcionários, os imigrantes estrangeiros agiram tanto como porta-vozes de novas ideias quanto como fornecedores da literatura mais atual, tanto cultural quanto política.[26]

Embora a imigração e a colonização fossem as maiores prioridades, os dirigentes do império fizeram do catolicismo romano a religião oficial. No entanto, muitos dos imigrantes em potencial eram protestantes e viam com preocupação a possibilidade de se estabelecerem em um país onde a prática pública de sua religião era ilegal. A existência de uma religião oficial, entretanto, não significava que o império exigisse o catolicismo como condição para o ingresso. D. João providenciou um pastor protestante para os colonos de Nova Friburgo e, em 1824 o governo imperial passou a subsidiar a entrada de imigrantes protestantes da Europa Central, a maioria deles camponeses pobres e soldados fugindo das consequências das guerras napoleônicas. Embora tendo que praticar sua religião privadamente, muitos camponeses protestantes se estabeleceram no sul do Brasil. No tempo do império, as preocupações quanto à religião dos imigrantes se limitavam a uma simples distinção bipartida entre cristãos católicos e cristãos não católicos. A chegada de muçulmanos, budistas, hindus, confucianos ou judeus raramente era levada em conta. Para grande parte da elite brasileira, os imigrantes não católicos eram protestantes e, antes da década de 1880, eles, de modo geral, tinham razão.

À medida que o século XIX avançava, a postura das elites quanto à imigração mostrava uma área consensual e duas áreas polêmicas. Todos concordavam que o Brasil teria que alterar a composição racial de sua população, de mais negra para mais branca, ideia essa às vezes expressa como uma guinada da África à Europa. As diferenças se referiam a como definir branquidão e como a mão de obra imigrante seria integrada ao contexto da escravidão. Os grandes proprietários de terras e seus aliados políticos temiam que grandes números de pequenos agricultores viessem a gerar competição. De modo geral, eles eram de opinião de que os imigrantes deveriam substituir os escravos apenas nominalmente. Para boa parte da elite, o branqueamento era uma maneira de pintar a população brasileira de

---

26 Barman, *Brazil: The Forging of a Nation, 1798-1852*, p.56.

uma cor diferente sem alterar as hierarquias de poder. Havia, entretanto, liberais, tanto na Corte quanto, posteriormente, no Brasil independente, que eram de outra opinião. Eles viam as grandes propriedades agrícolas como um problema. Os imigrantes estabeleceriam pequenas propriedades independentes, diminuindo assim o poder dos latifundiários. Para esses liberais, a branquidão estava ligada ao capitalismo e ao progresso. Foi a tensão entre essas posturas opostas que recriou o Brasil como uma "nação de imigrantes".

2.
Escravatura, independência e planos de imigração da Europa Central e da Ásia

Figura 2.1. Selo de 1974 comemorando a chegada dos imigrantes alemães.

ALEMÃO: "Um indivíduo muito branco e corado".
ALEMOA: "Mulher muito branca e corada, mas sem charme".
PORTUGUÊS: "Diz-se do indivíduo imbecil, estúpido, burro".

Felisbelo Silva (investigador de polícia), *Dicionário de gíria:
gíria policial, gíria humorística, gíria dos marginais*
(São Paulo: Editora Prelúdio, 1974, p.16, 92)

A nova política do império

Em 1821, D. João VI voltou para Portugal. Não demorou muito para que ele viesse a exigir que o Brasil retornasse à sua posição subserviente de colônia. Os nacionalistas brasileiros se recusaram com o apoio de um importante aliado, Pedro, filho de D. João, que havia permanecido no Brasil como regente. A princesa Maria Leopoldina, nascida na Áustria, filha do imperador Habsburgo Franz II e mulher de D. Pedro, incentivou seu marido. "O fruto está maduro, é hora de colher", ela teria dito a D. Pedro, encorajando-o a declarar o Brasil independente de Portugal. O grito de "Independência ou Morte" lançado por Pedro às margens do rio Ipiranga, no estado de São Paulo, acompanhado por seu gesto de arrancar de sua farda o escudo azul e branco de Portugal, transformou-se no momento fundador da nacionalidade brasileira. Se o "Grito do Ipiranga" de 7 de setembro de fato aconteceu é uma questão aberta a debate. Não há dúvida, entretanto, que em 1º de dezembro de 1822 Pedro I foi coroado imperador do Brasil.

Pedro I via a si próprio como um chefe de Estado modernizador. Ele e seus aliados políticos acreditavam que o Brasil deveria ter uma legislatura eleita pelo povo, encabeçada por um imperador investido de poderes executivos. Os grandes proprietários de terras interessados em manter a hierarquia social e política frequentemente se opuseram a ele. No novo império, o debate sobre a imigração serpenteou por um emaranhado de discussões travadas pelas elites, que discutiam se o Brasil deveria ter uma economia exportadora moderna, se a escravatura deveria continuar e se o regime de propriedade da terra deveria privilegiar a grande ou a pequena escala.

Havia áreas de consenso em meio às elites brasileiras. Uma delas relacionava-se à segurança. Os 4 milhões de habitantes do país dispersavam-se por um imenso território, a maioria deles concentrada ao longo da costa atlântica. Menos de 30% da população era de ascendência europeia, enquanto mais de 30% eram escravos africanos. A recém-consolidada República Argentina tentava crescer justamente à época em que ocorria a expansão brasileira. Em ambos os países, embates violentos com as comunidades indígenas eram frequentes, e, à medida que as fronteiras eram estabelecidas e alargadas, Brasil e Argentina muitas vezes entraram em conflito. A criação de um exército poderoso parecia necessária ao Brasil recém-independente.

Uma outra área de concordância entre as elites era que a economia brasileira deveria ser voltada para as exportações. O novo império não tinha colônias para explorar, mas precisava de dinheiro. A tributação não parecia uma opção viável, uma vez que a maioria dos súditos era pobre e as elites não tinham interesse em tributar a si próprias. Produtos de exportação tais como açúcar, café e algodão, todos eles intensivos em mão de obra, pareciam apresentar o maior potencial para uma geração rápida de riquezas. Como acreditavam os dirigentes brasileiros, uma economia exportadora próspera criaria uma nação moderna, preparada para se sentar à mesa de negociações na qualidade de potência mundial. As hierarquias tradicionais de raça e de classe, entretanto, permaneceriam inalteradas.

A florescente economia agrícola das províncias do Rio de Janeiro, de São Paulo e de Minas Gerais exigiam mão de obra. Os trabalhadores, em sua maioria, eram escravos africanos, dos quais 1,1 milhões chegaram ao Brasil entre 1822 e 1850. Havia também a movimentação interna da população escrava brasileira: à medida que a economia do sul do país se expandia, escravos eram levados para essas regiões. Conforme as cidades cresciam, a demanda por mão de obra urbana era suprida por escravos ou ex-escravos, e também por imigrantes portugueses. Embora esses recém-chegados parecessem particularmente adequados ao Brasil – eles eram europeus, católicos e falavam a língua nacional –, as elites não mostravam muito entusiasmo. O que elas de fato queriam eram imigrantes dispostos a se fixar em áreas rurais, a ocupar as fronteiras do Brasil e a criar uma economia de pequenas propriedades nos moldes da Europa Central e da América do Norte.

O desejo nacional por branquidão e mudança econômica, contudo, entrava em contradição com a manutenção da escravatura. As elites liberais viam o cativeiro humano como pouco moderno, e os escravos como uma força de trabalho pouco eficiente e imodernizável. Ao abolirem o tráfico de escravos em 1808 e, em 1834, a escravatura em todas as terras de seu império, os britânicos aumentaram a pressão antiescravagista. A Inglaterra insistia em que todos os demais países seguissem seu exemplo, chegando a usar a força para alcançar seus objetivos. Embora as elites brasileiras se dessem conta de que a abolição viria a ocorrer mais cedo ou mais tarde, a maioria não acreditava que os escravos libertos pudessem se transformar em trabalhadores assalariados produtivos.[1] Os escravos, portanto, continuaram

---

1 Viotti da Costa, *The Brazilian Empire: Myths and Histories*, p.xxv.

sendo a maior parcela da força de trabalho no norte brasileiro, onde as elites permaneceram comprometidas com as hierarquias tradicionais, e onde poucos imigrantes se estabeleceram nos séculos XIX e XX. Na verdade, o interesse sistemático em substituir o trabalho escravo, que começou em inícios do século XIX no sul do Brasil e tornou-se a norma ao longo daquele século em todo o centro-sul, jamais ganhou importância no norte do país.

Apesar das diferenças regionais em termos de posturas quanto à escravatura, boa parte das elites era favorável aos imigrantes como força de trabalho. Os portugueses, contudo, costumavam ser vistos como inaceitáveis. A maioria dos que já estavam no Brasil era formada de homens jovens e pobres. A partir de fins do século XVIII, eles haviam se estabelecido em áreas urbanas como caixeiros e vendedores, enviando seus ganhos para suas famílias em Portugal. Era comum eles se casarem e formarem família com mulheres de ascendência africana. A reação negativa das classes dominantes foi semelhante à que ocorreu nos Estados Unidos de meados do século XIX, quando uniões entre irlandeses e negras tornaram-se comuns, contribuindo para a impressão de que os imigrantes irlandeses não eram brancos. As classes dominantes brasileiras (elas próprias de ascendência portuguesa) temiam que os novos imigrantes portugueses fossem incapazes de embranquecer o país e de modernizar a economia rural. Mesmo em fins do século XX, eram muitos os brasileiros que associavam os problemas do país ao fato de o Brasil ter sido colonizado por Portugal, e não por alguma outra potência europeia.

Em 30 de maio de 1823, uma longa carta favorável à substituição dos escravos por imigrantes foi publicada em *O Espelho*, um jornal carioca de grande influência. A carta era misteriosamente assinada por "O Philantropo". Um século mais tarde, o historiador Hélio Vianna descobriu que D. Pedro I havia sido o autor. O imperador argumentava que a imigração era uma maneira de pôr fim à escravatura e de modernizar e povoar as regiões rurais com pessoas que viriam a criar um Brasil melhor. "A escravatura é o cancro que rói o Brasil; posto isto, é mister extingui-la", escreveu o Philantropo. O sistema vinha causando "danos incalculáveis" e tornando os brasileiros improdutivos:

Todo o senhor de escravo, desde pequeno, começa a olhar o seu semelhante com desprezo, acostuma-se a proceder a seu alvedrio, sem lei nem roca, às duas por três julga-se por seu direito, e pelo hábito contraído, superior a todos os mais homens... não tolera nem sequer a menor admoestação, que logo seu coração, pelo hábito de vingar-se e satisfazer suas paixões, lhe não esteja dizendo: se tu foras meu escravo...[2]

Um dos mais vigorosos partidários da nova política de imigração foi José Bonifácio de Andrada e Silva, político que apoiou a independência, a abolição e a adoção do ensino público no Brasil. Ele era de opinião que os imigrantes europeus seriam mais produtivos que os escravos, contribuindo assim para apressar a abolição sem causar grandes transtornos econômicos. Andrada e Silva estava convicto de que os recém-chegados só teriam interesse em se estabelecer em áreas "despovoadas" (os povos indígenas, ao que parece, não contavam como habitantes), preenchendo assim as áreas da fronteira sul que margeavam o Rio da Prata, alvo natural da política expansionista da Argentina. Os governantes argentinos pensavam em linhas semelhantes, e o militar e político Juan Manuel de Rosas, em 1829, passou a subsidiar a imigração espanhola para essas áreas. Andrada e Silva, por outro lado, lançou os olhos à Europa Central, e não à Espanha. Ele encontrou aliados na imperatriz Leopoldina e em muitos políticos e intelectuais que acreditavam que a imigração era um caminho rápido para "civilizar" o país por meio do "branqueamento" racial, que amenizaria a negritude do *pool* genético brasileiro.

Em 1824, o Brasil promulgou uma nova Constituição que deixava claro o compromisso brasileiro com a imigração. Embora o Brasil, oficialmente, continuasse a ser um estado católico romano, determinava-se agora que todas as religiões "serão permitidas com seu culto doméstico, ou particular em casas para isso destinadas, sem forma alguma exterior do Templo". Um outro artigo da nova Constituição concedeu cidadania a todos os que haviam nascido no Brasil e, automaticamente, às mulheres que se casassem com homens brasileiros.[3] Com a legislação já em vigor, começou a busca por imigrantes.

---

2 *O Espelho*, 30 maio 1823, republicado em Vianna, *D. Pedro I, jornalista*, p.79-84; trecho citado, p.80.

3 Constituição Brasileira de 1824, Título I, artigo 5, e Título II, artigo 6.

Por que os alemães?

O fracasso da colônia suíça de Nova Friburgo só fez aumentar o desejo por novos imigrantes brancos. A imperatriz Leopoldina, ela mesma austríaca, insistia em que os povos da Europa Central possuíam qualidades culturais inerentes que contribuiriam para aperfeiçoar o novo império. Entre essas qualidades, uma excepcional habilidade na agricultura e um senso de orgulho nacional que logo transformaria os imigrantes em dedicados súditos brasileiros.[4] Os novos planos tomaram como alvo os povos de língua alemã que viviam nos muitos principados europeus. Um desses planos referia-se ao desenvolvimento de uma Legião Estrangeira Brasileira com milhares de soldados originários da Europa Central.[5] Um outro foi decretar um sistema de propriedade da terra que tirasse partido da inclinação "natural" dos germânicos à lavoura de pequena escala. Cada imigrante, para começar, receberia uma *picada*, um lote de terra longo e estreito. Graças ao que era percebido como a característica alemã de autossuficiência e autonomia, a terra passaria a ser produtiva em termos agrícolas. Entre outras promessas, foram oferecidas passagens gratuitas, naturalização imediata, liberdade religiosa, gado, subsídios em dinheiro durante dois anos e isenção de impostos por dez anos.[6]

O sistema de picada transformava os imigrantes em potenciais concorrentes dos grandes proprietários de terras e escravos. Quando os latifundiários opuseram resistência aos planos de D. Pedro, ele propôs um período de carência de dois anos, durante os quais a escravatura seria substituída por um sistema misto de trabalho livre e escravo, com os imigrantes europeus trabalhando como assalariados. Esse plano de transição nunca foi posto em prática. O imperador brasileiro só pôs fim à sua participação no tráfico

---

4 Dreher, *Igreja e germanidade: estudo crítico da história de Igreja Evangélica de Confissão Luterana no Brasil*, p.29.

5 Macaulay, *D. Pedro: The Struggle for Liberty in Brazil and Portugal, 1798-1834*, p.178. Publicado em português como *Dom Pedro I: a luta pela liberdade no Brasil e em Portugal*.

6 Roche, *La colonisation allemande et le Rio Grande do Sul*, p.78, 428. Publicado em português como *A colonização alemã e o Rio Grande do Sul*.

atlântico de escravos em 1850, e ainda foram necessários quase quarenta anos para que a escravatura fosse abolida por completo.

Os novos planos de imigração adotados pelo Brasil tiraram partido de uma explosão populacional na Europa, que havia aumentado a pressão sobre as terras e tornado a fome uma realidade cada vez mais grave. Centenas de milhares de europeus, pensando em seu próprio futuro, agora lançavam os olhos ao exterior. Visões refratadas do Brasil e da Alemanha levaram a que o encontro dos dois imaginários nacionais criasse o ambiente certo para a emigração e a imigração. Centenas de livros sobre a imigração para o Brasil foram publicados na Alemanha entre 1825 e 1875, a maioria deles com conclusões positivas. No entanto, esses fatores de atração-repulsão geraram também um outro fenômeno tão comum nos dias de hoje quanto o era há duzentos anos: os esquemas fraudulentos.

Entre os primeiros embusteiros a atuarem no circuito Alemanha-Brasil, os mais sofisticados foram um médico de nome Cretzschmar e um soldado de nome Schäffer. O dr. Cretzschmar, de Frankfurt, gostava de escrever a estudiosos brasileiros cartas sobre ciência e natureza. Ele parece também ter tomado a si o encargo de ajudar os alemães sequiosos por terras a se mudarem para o Brasil. Na década de 1820, ele passou a difundir a história de que o Brasil estava oferecendo terras gratuitas e isentas de impostos, com a condição de que os homens prestassem serviço militar. Embora o Congresso de Viena (1814-1815) houvesse proibido a emigração de soldados na tentativa de evitar a criação de um futuro exército napoleônico, Cretzschmar ignorou as determinações legais. Autonomeando-se agente encarregado da imigração, ele recebeu dinheiro de pretendentes à imigração ilegal, embora, ao que tudo indique, ninguém tenha de fato emigrado para o Brasil. Tantas foram as reclamações que o Senado de Frankfurt multou Cretzschmar, depois de "[e]migrantes começarem a aparecer em Bremen e Hamburgo, os portos de partida para a maioria dos imigrantes com destino às Américas, exigindo passagem gratuita para as terras gratuitas brasileiras".[7]

---

7 Walker, *Germany and the Emigration, 1816-1885*, p.39.

O major Johann Anton von Schäffer, de nacionalidade austríaca, foi um trapaceiro ainda mais sofisticado. Ele era confidente da imperatriz Leopoldina e, em inícios da década de 1820, apresentou-se na Alemanha como agente brasileiro de recrutamento de imigrantes. Ao que parece, ele chegou a nomear Cretzschmar cônsul brasileiro em Frankfurt à época em que as autoridades alemãs forçavam o bom doutor a pôr fim em suas atividades. O que é certo é que Pedro I havia pedido a Schäffer que encontrasse soldados para a já mencionada Legião Estrangeira Brasileira e recrutasse colonos na Europa de língua alemã. O gênio de Schäffer consistiu em aplicar um golpe triplo – ao que tudo indica, ele lucrou com os pagamentos feitos pelos colonos, pelos governos municipais e pelo império brasileiro por seus serviços.

Lucros à parte, o trabalho de Schäffer era complicado pelo fato de que muitos governantes europeus não permitiam a imigração para o Brasil por verem Pedro I como um monarca ilegítimo, um filho que havia traído o próprio pai. Esse repúdio, entretanto, não foi bastante para dissuadir nem Schäffer nem as populações empobrecidas da Europa Central. Da primeira leva de imigrantes alemães a se dirigir ao Brasil, 50% vinham de uma única região próxima à fronteira francesa, que há muitos anos vinha sofrendo com as guerras.[8] Pouco depois, Schäffer negociou um contrato com o grão-duque de Mecklenburg-Schwerin, pelo qual um grupo de criminosos seria posto em liberdade para se juntar ao exército brasileiro.[9] Os integrantes desse grupo, assim como quaisquer verdadeiros soldados que Schäffer tenha conseguido encontrar, eram oficialmente proibidos de emigrar, o que consistiria em uma violação do Congresso de Viena. Sem problema. Schäffer simplesmente vestiu os soldados de camponeses e os embarcou, fazendo-os passar por membros de famílias de colonos.

A primeira etapa da viagem ia de Bremen a Hamburgo, onde os imigrantes foram postos em quarentena antes da viagem a Amsterdã e, em seguida, através do tempestuoso Atlântico, a bordo do Argus. Chegando ao Rio de Janeiro em 24 de janeiro de 1824, os 284 imigrantes (150 eram soldados, e

8 Tramontini, *A organização social dos imigrantes: a colônia de São Leopoldo na fase pioneira, 1824-1850.*

9 Dreher, *Degredados de Mecklenburg-Schwerin e os primórdios da imigração alemã no Brasil.*

os demais realmente colonos) foram recebidos com grande alarde pelo imperador e pela imperatriz. Os colonos eram de diferentes religiões: havia católicos, protestantes e até mesmo um que se identificava como judeu. O primeiro pastor evangélico do Brasil também vinha a bordo. Os recém-chegados foram elogiados por terem renunciado à sua cidadania para se tornarem brasileiros. Eles, provavelmente, não se davam conta de que, daí em diante, seria impossível retornar à sua pátria por pior que fosse a situação no Brasil.

Ao longo dos seis anos seguintes, 5.350 imigrantes alemães cruzaram o Atlântico com destino ao sul brasileiro.[10] Esse número representava apenas uma fração dos que haviam sido recrutados. Muitos dos que pretendiam emigrar fugiram após ficarem sabendo das táticas brutais empregadas pelo major Schäffer para manter os emigrantes a bordo dos navios ainda atracados nos portos alemães. Em um dos navios a caminho do Brasil, eclodiu um motim que levou o capitão a executar oito homens em alto-mar. Dois outros passageiros foram espancados até a morte por tentarem assassinar o capitão.[11] Por fim, a péssima reputação do major Schäffer fez com que o governo brasileiro recusasse qualquer participação nas atividades desse militar alemão.

A maioria dos recém-chegados não permaneceu na capital do Brasil, seguindo para o Rio Grande do Sul, onde se estabeleceram em uma área chamada São Leopoldo, próxima à capital da província, Porto Alegre. Esses primeiros imigrantes passaram por grandes dificuldades, mas foram os pioneiros da imagem de um Brasil futuro, branco e moderno, criada pelas elites brasileiras, especialmente por terem se estabelecido em terras até então habitadas por populações de ascendência preponderantemente indígena e africana. A canção que, ao que se conta, era cantada pelos alemães que partiam da Europa deixa isso bem claro: "América, terra livre... a Europa só oferece escravidão". Uma ideia semelhante pode ser encontrada em um romance infantojuvenil de 1828, de autoria de Amalia Schoppe, sobre os

---

10 Roche, *La colonisation allemande et le Rio Grande do Sul*, p.77.
11 Walker, *Germany and the Emigration, 1816-1885*, p.39, 41.

imigrantes alemães no Brasil.[12] Nessa história, o irmão mais velho ajuda a pagar pelas passagens da família fazendo um trato com o capitão do navio de aceitar ser vendido como escravo no Brasil (ver Figura 2.2). O romance, entretanto, termina de forma heroica, com a família vivendo livre no Brasil e desfrutando de possibilidades de sucesso desconhecidas na Alemanha da época.

Um exemplo bem mais recente da visão heroica dos imigrantes alemães vem do romance de 1972 *A ferro e fogo I – tempo de solidão*, de Josué Marques Guimarães. O romance, que já foi leitura obrigatória nas escolas públicas do estado do Rio Grande do Sul, passa-se em 1825 e apresenta os imigrantes alemães como agricultores hiperindependentes, apanhados no meio dos conflitos entre Brasil e Argentina. Como muitos autores de romances históricos, Marques Guimarães afirma aos leitores que seu texto é mais "realidade" do que ficção, criando assim a ideia de um passado que nunca existiu para os imigrantes reais e passando por cima dos complexos fatores políticos que cercavam seu estabelecimento em terras brasileiras. A seguinte citação extraída da orelha do livro resume o enredo:

> São imigrantes alemães vivendo as suas misérias e desencantos, suas conquistas, seus momentos de ternura e saudade, seu trabalho de sol a sol, suas desavenças, rancores e ódios. É o desespero de quem se vê de uma hora para outra jogado em terras distantes. Castelhanos e índios, caudilhos e politiqueiros, soldados e prostitutas, formando o grande pano de fundo da vida dos que chegaram ao Brasil atraídos por promessas e garantias fugazes. O tempo passou com sofrimento, privações, trabalho e luta. Os imigrantes de ontem hoje estão incorporados na nacionalidade, mesclando raças e claramente influentes no processo de desenvolvimento nacional, na política, nas artes, nos esportes. Tudo isso conseguido a ferro e fogo.

> Sem datas ou minúcias históricas que o tornassem enfadonhamente didático, *A ferro e fogo – tempo de solidão* é um romance fascinante, denso, ágil, verdadeira saga da colonização do estado do Rio Grande do Sul.

---

12 Schoppe, *Die Auswanderer nach Brasilien oder die Hütte am Gigitonhonha; Nebst noch Andern Moralischen und Unterhaltenden Erzählungen für die Geliebte Jugend von 10 bis 14 Jahren.*

Figura 2.2. Ilustração de um imigrante alemão sendo vendido como escravo. Do romance de Amalia Schoppe, *Die Auswanderer nach Brasilien oder die Hütte am Gigitonhonha*. Cortesia do Instituto Íbero-Americano, Berlim.

Apesar do que contam os romances escritos em fins do século XX, a maior parte dos primeiros esquemas de imigração não foi particularmente bem-sucedida. O império não tinha condições financeiras nem políticas de ser o único fornecedor de passagens e de terra. Por volta de 1830, o governo parou de prestar apoio financeiro aos colonos e passou a exigir que os emigrantes provassem ser autossuficientes antes de serem autorizados a viajar para o Brasil. Os planos privados e as parcerias público-privadas começaram então a se firmar. Uma lei de 1834 delegou a política de colonização às províncias, mas as administrações locais eram tão pobres quanto o governo nacional. Os dirigentes locais logo passaram a recorrer ao setor privado, que tinha interesse em colonizar as vastas terras despovoadas por populações que não os povos indígenas.[13]

Em 1831, Pedro I abdicou em favor de seu filho, então com cinco anos de idade e que, após um período de regência, foi coroado imperador Pedro II em 1841. A exemplo de seu pai, Pedro II também foi um modernizador. Ele libertou seus próprios escravos e incentivou a produção de café. À medida que o açúcar declinava e o café prosperava, o eixo da economia brasileira transferiu-se do norte para o sul. Estradas de ferro, linhas telegráficas e outros indicadores oficiais de progresso material tiveram uma rápida expansão. Mesmo assim, apesar do incentivo oficial, poucos imigrantes vieram para o Brasil entre 1820 e 1875. Os 330 mil que lá chegaram equivaliam a uma fração insignificante dos cerca de 9 milhões que entraram nos Estados Unidos, o campeão incontestável da competição internacional por imigrantes.[14] A imagem do Brasil que circulava na Europa era a de uma selva infestada por doenças e pobre em oportunidades econômicas. Essa impressão era acentuada pelo racismo dos imigrantes em potencial, que temiam se estabelecer em um país repleto de escravos. Para piorar ainda mais as coisas, os que chegaram a imigrar não pareciam ter alcançado grande sucesso. Ante as informações que circulavam na Europa, o Brasil parecia uma má opção se comparado aos Estados Unidos e à Argentina. Só portugueses chegavam em grandes números, representando mais de 45% do total e geralmente se estabelecendo nas cidades, e não nas fronteiras ainda por ocupar.

Esses números preocupavam os políticos brasileiros, que promulgaram novas leis voltadas a assegurar o sucesso dos imigrantes. Em 1848, cerca de 450 km² de cada província foram reservados para que os novos imigrantes tivessem a oportunidade de serem donos de sua própria terra. Essas leis, entretanto, não conseguiram evitar que novos esquemas fraudulentos se materializassem. Os agentes brasileiros atuando na Alemanha, seguindo as

---

13 Seyferth, *A colonização alemã no Vale do Itajaí-Mirim: um estudo de desenvolvimento econômico*, p.30-2.

14 *Report of the Immigration Commission, Statistical Review of Immigration, 1820-1910*, p.4.

invenções do major Schäffer, conseguiram que "presidiários das cadeias de Potsdam fossem enviados no lugar de agricultores".[15] Juntamente com os presidiários, vieram também soldados enviados para lutar na Guerra Cisplatina de 1851, travada entre a Argentina e o Brasil, este último aliado ao Uruguai e a duas províncias separatistas argentinas. O conflito teve lugar no Rio da Prata, no Uruguai e no nordeste da Argentina, a chamada região Cisplatina. O imperador brasileiro trouxe 1.800 mercenários alemães para o combate, na esperança de que eles permaneceriam no país como membros da Legião Estrangeira. Dois terços deles, entretanto, fugiram e desapareceram nos pequenos assentamentos alemães que pontilhavam o Rio Grande do Sul. Um dos desertores foi Karl von Koseritz, um soldado jovem e relativamente educado, que viria a se naturalizar brasileiro em 1864, construindo então uma carreira que incluía a política e a edição do *Deutsche Zeitung*, jornal brasileiro em língua alemã. Mais adiante, Von Koseritz fundou a Sociedade Central de Imigração que, como iremos ver, ajudou a modernizar a política brasileira de imigração.

As ideias brasileiras sobre imigração começaram a mudar radicalmente em meados do século XIX. A emigração europeia se tornou mais comum em resultado das guerras, dos novos meios de transporte e da percepção de que as nações independentes do Novo Mundo não iriam mais retornar à condição de colônias. Em 1850, a Lei Eusébio de Queirós aboliu o tráfico de escravos em reação à intensa pressão britânica que se seguiu à entrada de cerca de 342 mil africanos cativos entre 1845 e 1850.[16] A abolição assomava no horizonte, e as elites passaram a desenvolver dois novos sistemas de trabalho para o Brasil: a parceria e o estabelecimento de pequenas propriedades. Conjuntamente, esses novos planos lançaram as bases para a chegada dos milhões de imigrantes que se dirigiriam ao Brasil nas décadas finais do século XIX.

---

15 Van Delden Laërne, *Brazil and Java. Report on Coffee-Culture in America, Asia and Africa, to H. E. the Minister of the Colonies*, p.134.

16 Informação disponível em: http://slavevoyages.org/tast/assessment/estimates.faces ?yearFrom=1501&yearTo=1866.

Sociedades Privadas de Colonização

Em meados do século XIX, embora as grandes propriedades agrícolas assumissem importância cada vez maior para o crescimento econômico brasileiro, foram muitos os políticos que se concentraram no povoamento das áreas de fronteira baseado em pequenas propriedades. Como incentivo a esse tipo de ocupação da terra, esses políticos incentivaram as Sociedades Privadas de Colonização (SPCs), a fim de trazer imigrantes para o Brasil e ajudá-los a comprar seus próprios lotes de terra. De importância central no sistema de SPCs era a expectativa de que os imigrantes alcançassem êxito, pois assim poderiam reembolsar com alguma margem de lucro o custo das passagens e dos empréstimos. Esperava-se também que os imigrantes aumentassem o valor das terras, de modo que as SPCs auferissem lucros por ocasião da venda da gleba ao agricultor. As SPCs chegaram mesmo a receber subsídios dos governos das províncias a fim de compensar a diferença nos preços das passagens para o Brasil, que eram significativamente mais caras que as para os Estados Unidos.

A colônia de Blumenau, no estado sulista de Santa Catarina, foi formada por uma típica Sociedade Privada de Colonização. Hermann Blumenau acreditava que sua colônia, fundada em 1850, só teria sucesso se diversas profissões estivessem representadas no grupo imigrante, de médicos a agricultores. A historiadora de literatura Ana-Isabel Aliaga-Buchenau escreve sobre uma romancista teuto-brasileira, cujos pais se estabeleceram em Blumenau por volta de 1880, que pintou esse retrato heroico do homem e da colônia:

> Um único homem teve a força e a coragem de fundar uma colônia alemã distante de sua pátria, em um país desconhecido. Ele havia comprado terras, recrutado de seus lares pessoas jovens e fortes que limparam a floresta virgem, construíram casas e providenciaram para que a colônia tivesse uma igreja e uma escola. E, embora sofressem muitos reveses, ele nunca perdeu a coragem.[17]

---

17 Aliaga-Buchenau, German Immigrants in Blumenau, Brazil: National Identity in Gertrud Gross-Hering's Novels, *The Latin Americanist*, v.50, n.2, mar. 2007, p.5-22; trecho citado, p.9.

O sistema de Blumenau funcionou. Seus planos de recrutamento pretendiam que, além da agricultura, a colônia se tornasse conhecida pela pequena indústria. Dois dos colonos eram irmãos, vindos de uma família de artesãos da Saxônia, no norte da Alemanha. Hermann Hering, de 43 anos, emigrou em 1878, sendo seguido, dois anos mais tarde, por seu irmão mais novo Bruno. Hermann era um empresário particularmente talentoso, que em 1879 adquiriu um tear circular, uma raridade no Brasil daquela época. No ano seguinte, ele e Bruno abriram na colônia uma pequena fábrica de têxteis de algodão que, ao longo do século seguinte, se transformaria em uma empresa que hoje emprega mais de 30 mil operários. A marca Hering, atualmente, é tão importante no Brasil quanto a Hanes e a Fruit of the Loom o são nos Estados Unidos.

Em suas cartas, Hermann Hering expressava o sonho comum de imigrantes e das elites: "Todo imigrante, sem ser doente, nem mendigo, três ou quatro anos após a sua chegada assume *status* social médio da concepção alemã".[18] Em uma carta de outubro de 1883, endereçada a um primo na Alemanha, Hermann foi ainda mais expansivo:

Lamentamos muito de não ter trazido para cá a nossa boa mãe; ela teria, é verdade, que enfrentar a viagem marítima (o mar imenso) e, nos primeiros tempos, passar por diversos outros transtornos, então, porém, a permanência no ar puro – (as janelas e portas encontram-se abertas o dia inteiro) – o calor é predominante – (neste inverno a temperatura aqui desceu somente a 3 graus) – bem como a vida entre seus semelhantes – (condes e barões, mendigos e vagabundos, não existem em nossa colônia) – lhe teria, em todo caso, sido mais agradável do que a vida na abafada e estreita Brüdergasse, onde não faz verão.[19]

Embora os Hering sejam a família mais ilustre surgida em Blumenau, outros colonos também alcançaram sucesso, principalmente à medida que

---

18 Alencastro; Hering, Caras e modos dos migrantes e imigrantes. In: Novais (ed.), *História da vida privada no Brasil*, v.II, Império: a Corte e a modernidade nacional, p.292-335; trecho citado, p.319-20.

19 Hering, *Colonização e indústria no Vale do Itajaí: o modelo catarinense de desenvolvimento*, p.92.

se davam conta de que sua "germanidade" ampliava suas possibilidades comerciais no Brasil. Hoje, Blumenau é uma cidade de 300 mil habitantes e importante como centro comercial e destino turístico. A cidade promove sua "europeidade" (segundo o censo de 2000, quase 95% dos residentes se descrevem como "brancos") em tudo, desde a arquitetura das casas e a comida servida nos restaurantes até a celebrações do passado alemão (ver Figura 2.3). Uma das consequências é que a palavra *gaúcho*, usada hoje no Brasil para descrever os naturais do Rio Grande do Sul, passa uma imagem totalmente diferente da acepção argentina do termo, que faz pensar em um homem montado a cavalo. No Brasil, *gaúcho*, muitas vezes, significa germanidade e branquidão, e é um apelido comum para pessoas de cabelos louros, que muitas vezes também são chamadas da forma mais direta, *alemão*.

A germanidade do sul do Brasil também teve seu papel no sucesso da empresa Hering. O logotipo da empresa mostra dois arenques, um peixe comum no Norte da Europa. Os consumidores, assim, associam a Hering à alta qualidade e à tecnologia moderna dos produtos alemães. Esse reconhecimento significa que os produtos Hering promovem sua brasilidade através de sua europeidade. Mesmo assim, os consumidores tendem a descrever a empresa como "gaúcha", imbuindo seus produtos com características culturais alemãs.

Figura 2.3. Cartão-postal dos dias de hoje, promovendo a cidade de Blumenau.

São Lourenço, uma cidade do estado do Rio Grande do Sul, também foi formada como uma Sociedade Privada de Colonização. A colônia situava-se em uma região de terras férteis e de topografia ondulada que, inicialmente, foi povoada, ainda no século XVIII, por soldados açorianos que haviam lutado contra os espanhóis e recebido terras da Coroa portuguesa. De 1800 a 1850, a população da área cresceu lentamente. Em 1850, um proprietário de terras local doou uma gleba para a criação oficial de uma cidade. Em 1857, Jakob Rheingantz, um agente prussiano, estabeleceu a colônia com 1.400 famílias da Pomerânia, uma região báltica de língua alemã, reivindicada tanto pela Polônia quanto pela Alemanha. A SPC de Rheingantz concedeu a cada colono um subsídio (bancado pelo império, mas pago ao próprio Rheingantz) calculado com base no preço da passagem.[20] Em outras palavras, os colonos poderiam optar por pagar sua própria passagem e chegar ao Brasil sem dinheiro, ou tomar emprestado o dinheiro para a passagem e investir suas economias no sucesso de seus esforços na nova terra. A maioria optou por esta última alternativa e a colônia prosperou. Hoje, a cidade tem 45 mil habitantes e promove o turismo ao longo da "Rota da Pomerânia", onde os visitantes aprendem sobre as diferenças entre São Lourenço do Sul e outras cidades turísticas teuto-brasileiras, como Blumenau.

É claro que também houve fracassos. Os mais notórios foram os planos lançados por Hugo Grüber, editor de um jornal de língua alemã no Rio de Janeiro e, mais tarde, fundador da Sociedade Central de Imigração. Seu primeiro plano, datado de 1869, de trazer para o Brasil 5 mil alemães do Volga (alemães étnicos do sul da Rússia) foi rejeitado pelas autoridades imperiais, que "já haviam aprendido por experiência que a grande maioria dos imigrantes, principalmente os do Leste Europeu, não se adaptam bem ao trabalho agrícola. E, além disso, eles já haviam sido obrigados a mandar de volta à Europa 500 ou 600 turbulentos colonos poloneses".[21] Grüber não se deu por vencido e convenceu alguns integrantes do grupo a se estabelecerem no estado do Paraná, onde "receberam terras tão imprestáveis que

---

20 Rambo, *Cem anos de germanidade no Rio Grande do Sul, 1824-1924*, p.92.
21 Laërne, *Brazil and Java*, p.129.

a maioria deles deixou o país, voltando para a Europa ou seguindo para a América do Norte ou para a República Argentina".[22] Um outro plano de Grüber, de trazer 30 mil colonos da Hungria, nem sequer saiu do papel.

Muitos dos assentamentos alemães tiveram sucesso, embora o número total dos imigrantes fosse pequeno. Em geral, as colônias situavam-se em locais remotos, sem contato com outras povoações, exceto por via fluvial. Essa realidade nem sempre ficava clara para os recém-chegados, mesmo os que haviam tido contato com outros já estabelecidos no Brasil. Os imigrantes, por exemplo, mandavam cartões-postais para a família (uma prática comum na Europa Central) mostrando imagens urbanas, as únicas então disponíveis, embora vivessem em áreas rurais. Em um caso específico, um imigrante alemão enviou a um parente de Berlim todo um conjunto de cartões-postais, com um trecho da carta em cada um. As fotografias retratavam basicamente cenas urbanas, com edifícios modernos e praças ajardinadas. Apenas uma delas, que mostrava um roceiro nativo com o braço em torno do pescoço de um jumento, com a legenda, "uma dupla de paciência", era uma representação zombeteira da vida no Brasil rural.[23]

Os imigrantes alemães viam-se relativamente isolados, em termos linguísticos e culturais, e o contato entre as diferentes colônias era feito por barco. Uma das consequências do mínimo contato com os brasileiros nativos foi o desenvolvimento de uma língua chamada Riograndenser Hunsrückisch, uma forma de alemão arcaico modificada pelo contato com o português. Hoje, a língua continua a ser ocasionalmente usada, e construções semelhantes, combinando a língua pré-imigração com o português, podem ser encontradas entre os falantes do italiano, do iídiche e do japonês no Brasil. O uso do Riograndenser Hunsrückisch declinou quando, por ocasião da entrada do Brasil na Segunda Guerra Mundial para lutar ao lado dos Aliados, em 1942, foram aprovadas leis que exigiam o uso exclusivo do português. Na década de 1980, alguns juízes tentaram cassar a cidadania brasileira de pessoas que falassem unicamente o Riograndenser

---

22 Ibid., p.133.
23 Kartenbrief aus Porto Alegre nach Berlin, *Fotos Gaelzer-Neto, VIII. Auswanderung nach Brasilien*, Instituto Íbero-Americano – Stiftung Preussischer Kulturbesitz, Berlim.

Hunsrückisch. Em tempos mais recentes, entretanto, a descendência étnica imigrante se tornou uma parte mais valorizada de um Brasil multicultural. Um dos resultados dessa mudança foi que cresceu bastante o número de jovens interessados em aprender e preservar o alemão abrasileirado de seus ancestrais.

Parceria

Se as colônias de pequenos proprietários ameaçavam as grandes propriedades agrícolas, o regime de parceria as reforçava. O sistema foi criado pelos grandes fazendeiros do centro-sul brasileiro, que pretendiam aumentar seu suprimento de mão de obra diante do declínio do número de escravos que se seguiu à aprovação da Lei Rio Branco (também conhecida como Lei do Ventre Livre), que libertava todos os recém-nascidos filhos de escravos. As grandes fazendas produziam bens de exportação com trabalho escravo, e seus proprietários viam as colônias imigrantes independentes como concorrência. O regime de parceria, por outro lado, usava os imigrantes para, de muitas maneiras, replicar o trabalho escravo.

Sem a promessa de terras e independência, os grandes proprietários tiveram grande dificuldade em convencer os imigrantes a se estabelecerem em suas fazendas, principalmente porque os salários eram maiores nos Estados Unidos e na Argentina. A parceria foi desenvolvida para compensar essas diferenças salariais. Em tese, os fazendeiros pagariam pela travessia atlântica e pelo transporte terrestre em troca de trabalho e da oportunidade de os imigrantes comercializarem com lucro parte de sua produção. Como explica o historiador Thomas Holloway:

Os fazendeiros pagavam os custos de transporte das famílias imigrantes da Europa para São Paulo e adiantavam dinheiro suficiente para sustentar os recém-chegados até que eles pudessem colher os frutos de seu trabalho nos lotes a eles designados nas terras da fazenda. Esperava-se que o trabalhador reembolsasse o fazendeiro pelas despesas, com o acréscimo de juros calculados sobre o saldo devedor. A cada imigrante era designado um certo bloco de pés de café para cultivar, e ele não tinha outra escolha senão passar a produção para o dono da terra após a colheita. O trabalhador deveria receber metade do lucro líquido da venda final do café colhido nos pés sob seu cuidado [e] o proprietário da terra deveria receber metade da produção dos lotes que excedesse as necessidades de subsistência do trabalhador.[24]

As fazendas que usavam a parceria com imigrantes espalhavam-se por todo o sul brasileiro. Em meados do século XIX, algumas fazendas de café situadas na região montanhosa do estado do Rio de Janeiro também passaram a usar o sistema, primeiramente com imigrantes portugueses. Por volta de 1855, entretanto, muitas das fazendas do estado do Rio de Janeiro usavam a mão de obra de imigrantes alemães. Da mesma forma que em outras partes do Brasil, as experiências desses imigrantes não foram uniformes. Alguns fugiram, geralmente para as colônias alemãs do sul do Brasil, onde era possível escapar ao sistema de parceria. Na colônia de Independência, por outro lado, muitos imigrantes conseguiram pagar suas dívidas com trabalho. Um artigo publicado em 1860 no jornal semanal *Allgemeine Auswanderungs-Zeitung* [Jornal Geral da Emigração] observou que, dos 330 imigrantes, apenas 10 haviam fugido, e que os demais, apesar das dificuldades iniciais, vinham prosperando.[25]

A maioria das fazendas localizava-se no estado de São Paulo, grande produtor de café, e foi lá que a maioria dos imigrantes se fixou. Em meados da década de 1880, o estado possuía sessenta fazendas funcionando em regime de parceria, e a experiência dos imigrantes mostrou que, de modo geral, a teoria desse sistema era divorciada da realidade. As fazendas de propriedade do senador Nicolau Vergueiro são um bom exemplo. Os imigrantes que se dirigiam às terras de Vergueiro eram obrigados, antes de deixar a Europa, a assinar um contrato de servidão por tempo determinado e, ao chegarem nas fazendas, eram severamente controlados. Vergueiro e outros fazendeiros acreditavam que os imigrantes sofriam de "carência de ambição, de traquejo social, de elegância, de postura corporal e de senso de oportunidade e

---

24 Holloway, *Immigrants on the Land: Coffee and Society in São Paulo, 1886-1934*, p.71. Publicado em português como *Imigrantes para o café*.

25 *Allgemeine Auswanderungs-Zeitung*, 24 fev. 1860, citado em Alves, Cartas de imigrantes como fonte para o historiador: Rio de Janeiro-Turíngia (1852-1853), *Revista Brasileira de História*, v.23, n.45, jul. 2003, p.155-84; trecho citado, p.166.

progresso, de arrojo, de perspicácia, de sagacidade. Por sua vez, 'colono' significava grossura de comportamento".[26] Ao chamar os parceiros de "colonos", os fazendeiros tinham em mente algo bem diferente do sentido do termo usado pelos proprietários das Sociedades Privadas de Colonização. No sul do Brasil, os colonos eram imigrantes laboriosos e independentes, a caminho da propriedade da terra. Para a maioria dos fazendeiros, contudo, a palavra "colono" significava servidão não escrava.

As palavras, é claro, muitas vezes mudam de significado, e a definição de Vergueiro não sobreviveu por muito tempo. Em 1934, o governo federal passou a celebrar o "Dia do Colono", ressaltando que os imigrantes europeus eram os criadores de um Brasil assalariado moderno.

Quer chamados de parceiros ou colonos, a maioria dos trabalhadores das fazendas paulistas se viam em condições precárias a partir do minuto em que decidiam emigrar. Eles arcavam com os custos do transporte do porto de Santos até a fazenda (que podia chegar à metade do custo da viagem transatlântica) e pagavam uma taxa de juros relativamente alta (6%) sobre o empréstimo destinado à aquisição das ferramentas básicas e das sementes necessárias ao sucesso de sua lavoura. Eram muitos os fazendeiros que usavam pesos e medidas questionáveis para se apoderarem ilicitamente de parte da produção do parceiro. Os imigrantes eram obrigados a pagar por praticamente todos os serviços de primeira necessidade. Na fazenda de Vergueiro, foi contratado um médico que falava alemão, e os parceiros tinham que arcar com o custo de seus honorários e também com o salário da professora local. Todo o material de consumo (até mesmo lápis e papel para a escola) tinha de ser comprado a preços inflacionados na venda da propriedade. A situação era tão má que alguns imigrantes fugiam das fazendas sem receber por meses de trabalho, mas também sem pagar suas dívidas.

As dívidas eram calculadas por unidade familiar, de modo que todos (inclusive as crianças) eram responsáveis por elas. Como observa o historiador Warren Dean, "Se o marido morresse, a viúva e os filhos eram obrigados a cumprir o prazo do contrato, da mesma forma que os órfãos, caso pai e mãe

---

26 Teixeira, *Os recados das festas: representações e poder no Brasil*, p.54.

morressem".[27] Não é de surpreender que era comum que os imigrantes se sentissem desesperançados e enraivecidos. O viajante suíço Johann Jakob von Tschudi visitou o Brasil entre 1857 e 1859, sendo nomeado embaixador da Suíça no ano seguinte. Segundo ele, muitos imigrantes sentiam-se deprimidos e letárgicos. Mesmo assim, ele, da mesma forma que os fazendeiros, considerava os imigrantes em grande parte culpados por seu fracasso no Brasil.[28] (Ver Documento 2.1. Relatório de Johann Jakob von Tschudi, 1866, no Apêndice do presente capítulo.)

O resultado desse tratamento injusto foi que os imigrantes e os proprietários das terras discordavam sobre tudo, da língua do contrato aos salários. Uma área de desacordo dizia respeito à interpretação da cláusula do contrato padrão, que dizia que os fazendeiros "forneceriam" o transporte do porto de Santos até a colônia. Os fazendeiros insistiam que fornecer significava "providenciar" e não "arcar com os custos". Os colonos entendiam "fornecer" como "arcar com os custos", e só ficaram sabendo da verdade ao chegarem à colônia.

As estruturas econômicas abusivas tinham sua contrapartida na esfera social. Os fazendeiros assumiam o papel de sistema judicial e policial em suas terras. Qualquer comentário queixoso era classificado como "político" e, portanto, sujeito a repressão. Alguns dos colonos insatisfeitos foram expulsos por serem "socialistas". A servidão por dívida, as falências e as restrições sociais geravam imensas tensões nas fazendas. As rebeliões de imigrantes eram frequentes, e muito fugiam, como os escravos de antes. Em 1856, uma revolta eclodiu nas terras do senador Vergueiro, quando um grupo de parceiros imigrantes julgou que as provocações tinham ido longe demais.

A "revolta de 1856" começou em pequena escala, quando diversas queixas apresentadas pelos trabalhadores da fazenda de Ibicaba foram simplesmente desconsideradas pelo senador. Os protestos se alastraram quando um imigrante português foi despedido após exigir receber o preço de mercado pelos grãos de café produzidos por ele. A tensão se acerbou ainda

---

27 Dean, *Rio Claro*, p.91. Publicado em português como *Rio Claro: um sistema de grande lavoura*.

28 Von Tschudi, *Viagem às províncias do Rio de Janeiro e de São Paulo*, p.146-7.

mais por ocasião de uma festa de aniversário do senador Vergueiro. Os trabalhadores haviam sido convidados para a comemoração para mostrar às autoridades locais, também presentes, que as relações de trabalho eram tranquilas na fazenda. Os trabalhadores, contudo, recusaram-se a comparecer, demonstrando exatamente o contrário. Em resposta, Vergueiro demitiu outros colonos.

Um dos líderes do protesto era Thomas Davatz. Nascido em 1815 na pequena vila suíça de Fanas, Davatz era professor e líder político local. Em 1845, ele e um grupo de sua cidade assinaram um contrato de parceria com a empresa de Vergueiro para emigrar para o Brasil, onde foram enviados para a Fazenda Ibicaba. Davatz, que havia emigrado com mulher e filhos, havia sido incumbido pelas autoridades do cantão suíço de relatar sobre as condições no Brasil. De início, Davatz recebeu tratamento preferencial por parte do senador e de seus capatazes, mas não se deixou enganar. A minuta de seu relatório, que continha severas críticas às condições de vida na fazenda, caiu em mãos do proprietário e membros da família Vergueiro ameaçaram o imigrante de morte.

Em razão de sua situação quase oficial, Davatz muitas vezes intervinha, tentando ajudar os trabalhadores em suas reclamações. Os imigrantes que participaram da rebelião de 1856 haviam redigido uma lista de reivindicações, e Davatz foi escolhido para, pessoalmente, entregar o documento ao senador Vergueiro em sua luxuosa casa-grande. Nesse encontro, a discussão se inflamou. Pessoas fluentes em português que haviam acompanhado Davatz (as outras línguas usadas foram o francês e o alemão) acreditavam ter ouvido Vergueiro ordenar que Davatz fosse morto. Quando a notícia se espalhou, trabalhadores armados marcharam contra a casa-grande. Houve ameaças. Davatz pediu calma, mas foi apenas com a intervenção das autoridades brasileiras e suíças que a paz foi restaurada.

Embora a violência tenha sido mantida em um mínimo, a revolta de Ibicaba amedrontou os fazendeiros, os trabalhadores e ambos os governos. O governo brasileiro enviou um investigador à Fazenda Ibicaba em janeiro de 1887. Logo em seguida, o cônsul suíço no Rio de Janeiro fez uma visita de três semanas à fazenda. A maior parte das queixas dos imigrantes viram-se confirmadas, embora, segundo as autoridades, pouco pudesse ser feito porque os trabalhadores haviam aberto mão de praticamente todos os seus direitos ao assinarem os contratos. Mesmo assim, um dos filhos de Vergueiro deixou a administração da fazenda, e Davatz teve suas dívidas perdoadas e sua passagem de volta à Suíça paga pelo consulado. O cônsul suíço, entretanto, deu-se conta da verdade: seu relatório observava que a intenção dos fazendeiros era simplesmente substituir os escravos negros por escravos brancos. As memórias de Davatz (ver Documento 2.2. Relatório de Thomas Davatz, 1850, no Apêndice do presente capítulo) contavam uma história semelhante:

> Em muitas colônias, a desobediência a qualquer regulamento ou ordem do diretor, por mais arbitrários que sejam, importa em multas. A simples queixa de um colono sobre uma injustiça que contra ele praticarem os chefes pode resultar em multa para o queixoso... Na mesma colônia também se pretendeu em dado momento não permitir a um pai que fosse visitar a filha, residente em outro local, e o diretor ameaçou de morte uma senhora caso realizasse o intento de procurar-me a fim de se aconselhar sobre questões de família.[29]

Notícias sobre a precariedade das condições no Brasil espalharam-se por toda a Europa e pelas Américas. Visitantes europeus, em seus diários de viagem, insistiam nos maus-tratos sofridos pelos imigrantes. Robert Avé-Lallemant (1812-1884) foi um médico e explorador alemão que se mudou para o Brasil em meados da década de 1830, acabou como diretor de um sanatório no Rio de Janeiro e, em fins da década de 1850, passou dois anos explorando o Brasil em uma expedição financiada em parte pelo imperador D. Pedro. Os comentários de Avé-Lallemant sobre a vida dos imigrantes chocaram os leitores europeus. No norte do Brasil, onde poucos imigrantes se fixaram devido à estagnação econômica e aos arraigados regimes de propriedade da terra, ele encontrou um grupo de colonos e escreveu:

> Naquela sórdida casa, encontravam-se sessenta pessoas, das quais mais da metade eram doentes. A maior parte delas trazidas pelos negociantes de carne

---

29 Davatz, *Memórias de um colono no Brasil*, p.45.

humana, na Alemanha... achavam-se, porém, enlouquecidas de corpo e alma, adoeceram e viram um terrível futuro diante de si embora, conforme o contrato, a direção tivesse que sustentá-los durante um ano.[30]

A imagem do Brasil como um inferno na terra teve efeitos importantes. Em 1859, o governo da Prússia aprovou o Édito Heydt, que proibia as atividades de recrutamento de imigrantes. Foram proibidos também a propaganda e os subsídios para compra de passagens. Em 1871, após a unificação da Alemanha, a proibição foi aplicada a todo o país, só sendo inteiramente anulada em 1896. O governo britânico adotou medidas semelhantes, fazendo publicar advertências contra o Brasil em 1875 e, novamente, um ano mais tarde: "Os emigrantes devem se lembrar também que, indo ao Brasil, estarão indo para um país onde a língua, as leis, a religião e os costumes das pessoas lhes serão estranhos, e apesar da promessa de fornecimento de uma igreja e uma escola, nenhuma existe no presente momento".[31] (Ver Documento 2.3. Advertência aos imigrantes: Conselho Governamental de Emigração, Reino Unido, 1866, no Apêndice do presente capítulo.)

Após os governos alemão e britânico terem proibido a emigração para o Brasil, começaram as novas correntes migratórias de áreas muito pobres da Europa. O exemplo mais notável foi a expansão da imigração polonesa, principalmente para a província do Paraná. Entre cerca de 1860 e 1940, cerca de 150 mil poloneses se estabeleceram no Brasil, embora, como veremos no Capítulo 4, a filiação religiosa desses imigrantes tenha passado de católica para judaica após 1920. Hoje, as características polonesas são parte importante da identidade oficial do estado do Paraná. Após o papa João Paulo II ter visitado, em 1980, Curitiba, a capital do estado, um Memorial à Imigração Polonesa foi construído, com casas de toras de madeira, carroças e imagens da Madona Negra de Czestochowa, a padroeira da Polônia.

---

30 Avé-Lallemant, *Viagem pelo Norte do Brasil no Ano de 1859*, p.179.
31 Government Emigration Board, "BRAZIL – Caution to Emigrants", 19 jun. 1875. In: Laërne, *Brazil and Java*, p.135-6.

A imigração dos confederados norte-americanos

As elites brasileiras queriam imigrantes europeus. E queriam também imigrantes dos Estados Unidos que, ao que acreditavam, seriam brancos, modernos e avançados em suas ideias. No entanto, atrair norte-americanos mostrou-se difícil. Após o fim da Guerra Civil (1861-1865), entretanto, uma oportunidade surgiu. D. Pedro II ofereceu terras e subsídios aos sulistas derrotados, na esperança de que eles trouxessem ao Brasil branquidão, conservadorismo político e cultural e métodos modernos de produção de algodão. Um número significativo de sulistas aceitou a oferta, ansiosos por viver em um país onde as hierarquias raciais eram mais claramente definidas que as que vinham surgindo nos Estados Unidos após a Reconstrução.

As informações sobre o número de sulistas que se estabeleceram no Brasil não são exatas, mas os registros sugerem que cerca de 20 mil chegaram entre 1865 e 1885. Os norte-americanos se espalharam por todo o país, concentrando-se principalmente na colônia de Americana, no estado de São Paulo, entre cujos fundadores estava um senador pelo estado do Alabama. Hoje, Americana é uma cidade com mais de 200 mil habitantes. Por um breve período, em meados do século XX, a cidade chegou a incorporar a bandeira confederada em sua própria, voltando atrás ante a indignação que a medida suscitou.

Os confederados escreviam cartas para suas famílias nos Estados Unidos, muitas vezes tentando convencê-los a migrar para o Brasil. Um deles foi o oficial naval W. Frank Shippey, que havia comandado navios confederados em 1864 e inícios de 1865. Com o fim da Guerra Civil, em abril de 1865, Shippey migrou para o Brasil, onde se estabeleceu como fazendeiro. Em uma de suas cartas (ver Documento 2.4. Carta de um imigrante do Sul dos Estados Unidos no Brasil, 1866, no Apêndice do presente capítulo), ele diz:

> Os corações de todos os verdadeiros confederados, neste lar do exílio, alegraram-se com as notícias do sucesso de seus esforços a favor de nosso povo, e sinceramente peço a Deus que vocês sejam poupados para voltar a nós, acompanhados por muitos de nossos verdadeiros amigos sulistas, a fim de que nós, seus predecessores, possamos dar as boas-vindas a nosso novo Sul àqueles que

se decidirão por abandonar as cenas de sua infância e os lares outrora felizes, para emigrar para as hospitaleiras plagas brasileiras.[32]

Os descendentes dos imigrantes norte-americanos produziram uma etnicidade brasileira conhecida hoje como *confederada*. Muitos deles praticam a religião batista, menos comum no Brasil. Americana, onde menos de 10% da população é *confederada*, realiza anualmente um festival "confederado" que celebra um passado que apagou a questão da escravatura de sua memória institucional. Linguistas dos Estados Unidos estudam o "inglês confederado" a fim de sentirem a língua e entenderem como era falada no século XIX. Hoje, a identidade confederada é uma parte charmosa do Brasil multiétnico. Mesmo assim, a migração nos faz lembrar das fortes hierarquias que foram parte tão importante de toda a experiência imigrante no país.

O Brasil se torna um pária

As mesmas imagens de distinção racial e escravatura abraçadas pelos confederados eram rejeitadas pela maior parte do mundo em meados do século XIX. A Alemanha restringiu a emigração para o Brasil, e a Inglaterra manifestou sua indignação ante a permanência da escravatura. O sistema de parcerias parecia causar mais revoltas que produção, e consistia em um obstáculo da perspectiva tanto dos imigrantes quanto dos fazendeiros.

A década de 1870 foi um divisor de águas para a imigração. Em 1871, a Lei Rio Branco (Lei do Ventre Livre) decretou que todos os filhos recém-nascidos de mulheres escravas seriam livres. Embora duas décadas ainda se passariam antes da plena abolição, a escravatura rumava para seu fim. Durante a década de 1870, novas tecnologias mudaram a estrutura de custos da agricultura, em especial o cultivo do café. O maquinário de processamento reduziu o número de trabalhadores necessários, ao mesmo tempo que aperfeiçoava a consistência do produto. As estradas de ferro aumentaram a quantidade de café colhido a chegar aos mercados. Novas ideias sobre

---

32 Dunn, *Brazil, the Home for Southerners: or, A Practical Account of what the Author, and Others, who Visited that Country, for the Same Objects, Saw and Did while in that Empire*, p.70-2.

a organização do trabalho levaram os fazendeiros a considerar a hipótese de que um melhor tratamento dado aos escravos talvez viesse a resultar em um aumento da produtividade. No estado de São Paulo, a produção de café dobrou em uma década.

Pressões internas e internacionais fizeram com que fazendeiros e políticos examinassem as causas do fracasso de suas políticas de imigração de tempos anteriores. Os imigrantes da Europa Central não haviam transformado o Brasil nem racial nem economicamente. Não tardou para que uma surpreendente panaceia para o problema da força de trabalho fosse reintroduzida: a mão de obra chinesa. Tanto os adversários quanto os partidários da escravatura se interessaram. Os chineses seriam livres, mas servis, e eram experientes em agricultura. Mas, entre as elites, era frequente a opinião de que o desejo obsessivo dos chineses de serem enterrados em sua terra natal significava que eles nunca permaneceriam no Brasil.

O interesse na imigração chinesa já existia antes da Proclamação do Império (ver Capítulo I). Comerciantes e fazendeiros brasileiros, em meados do século XIX, impressionaram-se com a expansão dos Estados Unidos, do Peru e de Cuba às custas do trabalho chinês. Esse interesse foi reforçado pela percepção de que a escravatura estava em seus dias finais. A Grã-Bretanha, a maior potência naval do mundo, havia começado, em 1834, a patrulhar os mares em busca de navios negreiros e, em 1884, promulgou a Lei Aberdeen, que permitia à marinha britânica tratar os navios negreiros como navios piratas.[33] Enquanto a questão era debatida, o Governo Imperial Brasileiro, em fins de 1854, ordenou que sua delegação em Londres recrutasse 6 mil trabalhadores chineses. Os atores e suas posturas não haviam mudado muito ao longo das décadas. Os favoráveis à imigração chinesa insistiam em um aumento da produção econômica, enquanto seus adversários temiam a "poluição" social.

O ataque mais importante à imigração chinesa veio, em 1855, de Luís Peixoto de Lacerda Werneck, um fazendeiro de café cujos frequentes editoriais publicados no *Jornal do Commercio* do Rio de Janeiro resumiam as ligações

---

33 Pinheiro, *Importação de trabalhadores chins: memória apresentada ao Ministério da Agricultura, Comércio e Obras Públicas e Imprensa por sua ordem*, p. 35, 49.

entre imigração e identidade nacional. Segundo Werneck, os protestantes alemães eram "moralizados, pacíficos e trabalhadores", enquanto os chineses eram "homens-animais" cujo "caráter é apresentado por todos os viajantes com cores desfavoráveis e terríveis... Seu torpe egoísmo, o orgulho, uma insensibilidade bárbara alimentada pela prática do abandono ou trucidamento dos filhos... que assim perecem aos milhares, são vícios gerais na China". A cultura chinesa, afirmava Werneck, iria "degenerar" a população brasileira, que já havia sofrido "a disformidade do indígena e do africano".[34]

Poderosas vozes, antiescravagistas e pró-imigração (pró-chinesas), levantaram-se em resposta. À frente estava o deputado federal Aureliano Cândido Tavares Bastos (1839-1875), um abolicionista. Ele associou o fim da escravatura ao desenvolvimento do trabalho livre, da imigração espontânea e de uma nação brasileira moderna. Uma vez que "o cruzamento das raças em todas as povoações vai fazendo surgir uma população nova... vigorosa, inteligente e apta", Tavares Bastos se perguntava se a população brasileira, que já possuía "a imaginação do africano e a reflexão do branco", não deveria incluir também os chineses.[35] Apontando o crescimento econômico dos Estados Unidos e do Caribe britânico, ele insistia em que os chineses, em resultado de sua "sobriedade, perseverança e aptidão para o comércio", eram um passo intermediário entre a mão de obra africana, pouco inteligente e depravada (embora imaginativa), e os imigrantes europeus, espertos demais para virem para o interior do Brasil.[36]

Não é de surpreender que a discussão sobre a imigração chinesa tenha sido retomada nos anos que se seguiram à promulgação da Lei do Ventre Livre. Em 1878, João Lins Vieira Cansação de Sinimbu, àquela época presidente do Conselho Imperial e ministro da Agricultura, Comércio e Obras Públicas, que logo mais seria nomeado primeiro-ministro, convocou um

---

34 Os editoriais foram coletados e publicados em um livro como Luiz Peixoto de Lacerda Werneck, *Idéas sobre colonização precedidas de uma succinta exposição dos principios geraes que regem a população*. Esses editoriais podem ser encontrados nas p.14, 28, 78 e 98.

35 Tavares Bastos, *O Valle do Amazonas: a livre navegação do Amazonas, estatística, producções, commercio, questões fiscaes do Valle do Amazonas*, Série Brasiliana, n.106, p.364.

36 Tavares Bastos, Memoria sobre immigração. In: _____, *Os males do presente e as esperanças do futuro* (Estudos Brasileiros), Série Brasiliana, n.151, p.55-127; trecho citado, p.104.

congresso de grandes proprietários de terras, onde apenas as províncias do Sul seriam representadas. Os proprietários do Norte realizaram seu próprio congresso naquele mesmo ano e também debateram a imigração. No entanto, as duas regiões tinham preocupações bem diferentes. Enquanto os do Norte discutiam maneiras de atrair imigrantes, os do Sul usaram a discussão como um referendo da elite sobre a mão de obra chinesa. Em seu discurso de abertura, Sinimbu colocou que os imigrantes europeus estavam mais interessados em se tornarem proprietários de terras do que em trabalhar como mão de obra assalariada, e que o sucesso das colônias inglesas, francesas e espanholas calcava-se no trabalho chinês. Apesar de sua "notória inferioridade... [os chineses] contentam-se com uma pequena remuneração que não bastaria para satisfazer as necessidades mais básicas de um europeu". Para justificar sua posição sobre a imigração chinesa, Sinimbu citou exemplos estrangeiros: até mesmo os Estados Unidos estavam repletos de trabalhadores chineses, apesar de os norte-americanos serem "tão ciosos da pureza de seu sangue saxônico".[37]

A vigorosa argumentação de Sinimbu não conduziu logo a um consenso.[38] Um representante temia que o Brasil estivesse "inoculando em suas veias um sangue pobre e degenerado, tóxico e nocivo às grandes leis do cruzamento das raças", e retratava um país fraco, cambaleando às beiras do colapso da identidade nacional.[39] João José Carneiro da Silva, representante da Província do Rio de Janeiro, discordou. Ele postulou que "se a raça branca produziu tantos mulatos de distinção, por que não será também útil o chinês, raça incontestavelmente superior à africana"?[40] Essas discordâncias fizeram com que Sinimbu conseguisse apenas convencer os fazendeiros a aprovar uma fraca resolução incentivando "a aquisição de trabalhadores de outros povos, de raça ou civilização inferior à nossa", incluindo africanos

---

37 Discurso do ministro Sinimbu, 8 jul. 1878, Congresso Agrícola, *Colecção de Documentos*, p.128-9.

38 Paes Leme, A nossa lavoura, 17 out. 1877, republicado no *Diário Oficial*, Rio de Janeiro, ano 17, n.165, p.6, 11 jul. 1878.

39 Congresso Agrícola, *Colecção de Documentos*, p.38-9.

40 Congresso Agrícola, *Colecção de Documentos*, p.65.

livres e também *"coolies* bem escolhidos e não aqueles que vivem sobre as águas ou como que em formigueiros nas grandes cidades da China".[41]

Os debates continuaram e, em 1882, a Companhia de Comércio e Imigração Chinesa (CCIC) foi fundada para trazer 21 mil trabalhadores ao Brasil. No ano seguinte, o governo chinês enviou dois representantes para visitar o país. Tong King-sing era um rico empresário cantonês que dirigia uma empresa de transportes marítimos de propriedade de um dos chefes militares mais poderosos da China. Seu assistente executivo, G. C. Butler, era um americano que vivia na China. Os dois causaram uma comoção pública quando deram uma entrevista à imprensa no Grand Hotel, em São Paulo, vestidos com trajes tradicionais chineses e cumprimentando o Brasil e seu povo em inglês. Tong, sem dúvida, era o primeiro chinês que os repórteres e a maioria dos fazendeiros já haviam visto. Um artigo publicado no *Correio Paulistano* observou que "ele conserva, apesar de suas afinidades europeias, o cômodo costume nacional, a cauda tradicional, a túnica de seda com botõezinhos de ouro, os sapatos de sola de lã e o barrete preto com um topo vermelho, insígnia da classe letrada".[42] O secretário-executivo Butler, um afro-americano, também deixou perplexos os observadores por ser "inteligente", e ter "todos os requintes da elegância parisiense".[43] Karl von Koseritz, então editor do *Deutsche Zeitung* e ardentemente contrário à imigração chinesa, desqualificou Tong como um mercador de "carne mongol", mas impressionou-se com o "negro da Califórnia, resplandecente de diamantes".[44]

Tong e Butler ficaram horrorizados com as posturas brasileiras com relação à raça. Uma audiência com D. Pedro II convenceu Tong de que o sentimento antichinês era a norma entre as elites.[45] Quando o imperador informou Tong que a viagem e a moradia seriam custeadas pelos fazendeiros, e não pelo governo central, Tong teria dito a D. Pedro que "esse esquema não deve ser levado adiante. Não tomarei parte em trazer chineses

---

41 Proposta de Resolução, artigo I, Congresso Agrícola, *Colecção de Documentos*, p.83.
42 *Correio Paulistano*, 19 out. 1883, p.2.
43 Lisboa, *Os chins do Tetartos*, p.11.
44 Von Koseritz, *Imagens do Brasil*, p.221-3.
45 *Gazeta de Campinas*, artigo Viajante chim, republicado no *Correio Paulistano*, 26 out. 1883, p.1; Jornal do Agricultor, artigo republicado no *Correio Paulistano*, 30 out. 1883, p.1.

para cá, exceto como imigrantes livres".[46] D. Pedro pensava de forma semelhante, exclamando após o encontro: "Estou certo de que a influência étnica desses povos virá aqui a agravar ainda mais o aspecto heterogêneo da nossa gente".[47]

Após o encontro, Tong e Butler puseram um fim abrupto à sua viagem e partiram para Londres. Alguns fazendeiros culpavam D. Pedro, enquanto outros responsabilizavam a imprensa e os políticos sinófobos. O governo britânico atuou por trás do pano, pressionando Tong a não assinar contratos com membros da elite escravocrata brasileira. Tong e Butler parecem ter ficado genuinamente indignados com a intolerância preconceituosa que encontraram. Em uma carta à Companhia de Comércio e Imigração Chinesa, Tong falou de "seu espanto diante do preconceito de seu governo e das classes esclarecidas contra a mão de obra chinesa".[48] A CCIC, mais tarde, iria à falência. Os planos de trazer chineses para o Brasil haviam chegado ao fim.

Os Muckers

Enquanto a discussão sobre os chineses fervilhava em São Paulo, uma história imigrante de outro tipo se desenrolava no Rio Grande do Sul. Desta vez, a pátria era a Prússia, onde um grupo religioso pietista surgiu em fins do século XVIII, vindo a ser chamado de *Muckers* (o termo alemão *Mucker* foi usado, a princípio, para zombar dos pietistas, vistos como hipócritas e fanáticos, sendo mais tarde adotado pelos próprios pietistas para descrever a si próprios). O movimento foi popularizado por Johann Wilhelm Ebel (1784-1861), mas quando um ex-iniciado o acusou de impropriedade

---

46 Tong King-sing, citado em uma carta de Charles H. Allen (secretário da British Anti-Slavery Society) ao Conde de Granville, secretário de Estado para questões exteriores, 6 dez. 1883, republicado na íntegra em Laërne, *Brazil and Java*, p.149-50.

47 Reis; Faria, *O problema immigratorio e seus aspectos ethnicos: na Camara e fóra de Camara*, p.130.

48 Tong King-sing (Rio de Janeiro) para a Sociedade para a Promoção do Comércio e Imigração da China, 28 out. 1883; Carta de G. C. Butler a Mr. Chapman (Rio de Janeiro), 8 mar. 1883, Missão especial ao Celeste Império China, 1893-1894 – Barão do Ladário, Coleção de Manuscritos – Coleção Afro-Asiática, 20, 2, 5, Biblioteca Nacional – RJ.

sexual, a indignação pública daí resultante levou à perseguição do grupo. Muitos passaram a viver na clandestinidade ou abandonaram a Prússia. Dois deles, Libório Mentz e Ernestina Magdalene Lips, emigraram para a colônia alemã de São Leopoldo, no Rio Grande do Sul. Mentz, em 1826, construiu a primeira igreja protestante da colônia, mas, ao que parece, preservou parte da filosofia mucker.

Avançamos então para a década de 1870, quando São Leopoldo era ainda uma remota comunidade rural. Os cuidados médicos eram prestados por curandeiros locais, e a neta de Mentz, Jacobina, era um deles. Jacobina tratava os doentes com leituras da Bíblia e remédios caseiros, e muitas vezes parecia possuída por espíritos. Alguns estudiosos interpretam o comportamento de Jacobina como uma forma de epilepsia, mas eram muitos os que, na colônia, acreditavam que ela possuísse poderes miraculosos. Em 1873, Jacobina e seu marido, João Maurer, fundaram uma seita religiosa com centenas de seguidores (as estimativas dos números reais variam muito), que a tratavam como a reencarnação de Jesus Cristo.

Os seguidores de Jacobina separaram-se da igreja e da escola do local e logo passaram a ser chamados de *muckers* pelos que seguiam normas religiosas mais convencionais. O adversário mais influente de Jacobina era Karl von Koseritz, que usou sua posição como editor do *Deutsche Zeitung*, de Porto Alegre, para atacar o grupo, que ele via como antimoderno e nocivo à imagem dos alemães no Brasil. Quando a polícia local perseguiu e prendeu os líderes do movimento, Von Koseritz publicou editoriais entusiásticos e proferiu discursos otimistas. Após uma confrontação particularmente violenta com as autoridades, João Maurer foi pessoalmente ao Rio de Janeiro para apresentar queixa ao imperador.

Em 24 de maio de 1874, Jacobina reuniu seus seguidores e anunciou o fim do mundo. Segundo a polícia, ela, além disso, ordenou o assassinato de 16 famílias que haviam abandonado o movimento. A primeira morte ocorreu em junho. Em seguida, casas foram incendiadas, levando à morte de adultos e crianças. Um batalhão de polícia foi despachado para a colônia para controlar a situação. A polícia atacou as casas dos muckers, mas Jacobina conseguiu escapar, o que fez com que seus seguidores ficassem ainda mais convencidos de sua divindade. Em inícios de agosto de 1874, a polícia recebeu informações sobre o local do esconderijo de Jacobina Mentz. Ela foi morta, juntamente com a maioria de seus seguidores.

A morte de Jacobina não pôs fim à história. Vinte anos mais tarde, três assassinatos foram imputados a um ressurgimento do movimento mucker, liderado por Aureliana Maurer, filha de Jacobina. Em 1895, uma multidão de imigrantes alemães assassinou cinco pessoas que se diziam muckers. A agitação, que parecia não ter fim, preocupou as elites brasileiras. Os muckers pareciam representar o oposto do que se esperava que os imigrantes alemães trouxessem ao Brasil. Os conflitos chegaram ao fim, mas não as lembranças deixadas por eles. Em fins do século XX, Jacobina foi tema de dois filmes. Ambos passam às plateias contemporâneas a impressão de que conflitos religiosos, promiscuidade sexual e violência eram típicos da experiência dos imigrantes alemães no Brasil. O mais interessante dos dois, de 2002, narrado da perspectiva da história da imigração alemã, é *A paixão de Jacobina*, de Fábio Barreto. O filme reinventa a história de Jacobina dando-lhe um interesse amoroso que não o seu marido na vida real, o teuto-brasileiro João Maurer. No filme, Jacobina (interpretada por Letícia Spiller) aparece como o protótipo da brasilidade da mulher branca, que ama e deseja um oficial do exército brasileiro de ascendência portuguesa. A primeira escolha do diretor para o papel de Jacobina foi ninguém menos que a supermodelo Gisele Bündchen, cuja branquidão, nome germânico e casamento com Tom Brady, o ídolo do futebol americano, contribuíram em muito para a imagem do Brasil no exterior.

No Brasil, muitos ainda se "lembram" dos muckers. Quando uma série de homicídios ocorreu em 1993 nas proximidades de São Leopoldo, o jornal gaúcho *Zero Hora* deu à matéria a manchete: "A violência ressurge na Terra dos Muckers".[49] Quinze anos mais tarde, dois pastores evangélicos reuniram os descendentes dos muckers e de seus adversários para uma

---

49 Biehl, The Mucker War: A History of Violence and Silence. In: Del Vecchio Good; Hyde; Pinto; Good (eds.), *Postcolonial Disorders*, p.279-308; trecho citado, p.280. Publicado em português como Biehl, A guerra dos imigrantes: o espírito alemão e o estranho *Mucker* no Sul do Brasil. In: Sousa (coord.), *Colonização e psicanálise*, p.148-68.

cerimônia de paz.[50] Mais uma vez, o passado e o presente da imigração e da identidade nacional confluíram no Brasil.

Conclusão

Para grande parte das elites brasileiras, os alemães pareciam ser os imigrantes ideais. Eles eram indiscutivelmente brancos. Eles eram agricultores. Eles tinham a reputação de trabalhadores. Eles pareciam dispostos a se estabelecer em áreas que fortificariam o Brasil contra a Argentina. No entanto, essa perfeição não se coadunou com a realidade. Os alemães, como todos os imigrantes, trouxeram com eles aspectos de sua cultura que não se encaixavam facilmente com o conformismo exigido pelas elites brasileiras. Eles, evidentemente, não aceitavam ser maltratados e tinham meios de enviar à Europa relatos sobre a as promessas jamais cumpridas que marcaram a experiência imigrante no Brasil.

Em meados do século XIX, a imigração parecia ter estancado justamente quando o fim da escravatura se aproximava. Desesperadas, as elites passaram a encarar de outro modo o impacto criado pelos imigrantes. Na década de 1880, imigrantes do Sul da Europa, da Ásia, do Oriente Médio e outros povos não cristãos começariam a chegar em grandes números. Com eles, viriam mudanças significativas na identidade nacional brasileira, à medida que o caminho para a criação de uma "nação de imigrantes" rumava para um futuro incerto. Em fins do século XIX, a questão da imigração atingiria um auge febril.

---

50 *Zero Hora*, Abraço sela a paz entre descendentes dos Mucker e anti-Mucker em Sapiranga, 24 maio 2009.

Apêndice

Documento 2.1
Relatório de Johann Jakob von Tschudi, 1886

Apesar de tão adversa situação, grande parte dos colonos conseguiu libertar-se das dívidas e, anualmente, algumas famílias vão se livrando de seus contratos de parceria. Se lhes tivessem sido reembolsados os adiantamentos de que as comunas abriram mão, pouquíssimos seriam aqueles que ainda não se teriam tornado independentes financeiramente, exceção feita a certos elementos vadios e algumas famílias vítimas do infortúnio.

Seria injusto atribuir o fracasso deste gênero de colonização unicamente aos contratos lesivos e aos fazendeiros. Creio, antes, que a maior parte da culpa cabe aos próprios colonos. Os agentes de emigração, que eram pagos sob a forma de comissão por cabeças, tratavam apenas de angariar o maior número possível de famílias ou de indivíduos isolados, sem cogitar de saber se eram pessoas idôneas para o trabalho a que se destinavam ou se incapazes. Por meio da imprensa, da publicação de folhetos e pela lábia sedutora de certos subagentes, souberam angariar emigrantes, pintando-lhes em cores vivas um brilhante futuro na América do Sul. Uma vez chegados aos locais de imigração, os colonos percebiam o embuste, mas, tomados de grande desânimo, deixavam-se estar, sendo poucos os que souberam reagir na hora. Começavam a trabalhar sem entusiasmo, confiavam no auxílio alheio em vez de contarem com a própria força, e foram assim gradativamente afogando-se em dívidas. Grande parte dos imigrantes era constituída de elementos indesejáveis e vagabundos... Seria cabível esperar que tais indivíduos se morigerassem na terra alheia onde iam conseguir seu sustento a crédito, sem se importarem com as dívidas que contraíam? É preciso ter tido contato com tais pessoas, ter-lhes falado e ouvido suas alegações; é ainda preciso saber de seus antecedentes, ter visto o resultado que obtiveram como colonos, para poder aquilatar seu justo valor, a parcela de culpa que lhes cabia de sua própria miséria.

Fonte: Johann Jakob von Tschudi, *Viagem às províncias do Rio de Janeiro e de São Paulo*. São Paulo: Livraria Martins Editora, 1953 [1866], p.146-7.

Documento 2.2
Relatório de Thomas Davatz, 1850

[Em muitas colônias] a desobediência a qualquer regulamento ou ordem do diretor, por mais arbitrários que sejam, importa em multas. A simples queixa de um colono sobre uma injustiça que contra ele praticarem os chefes pode resultar em multa para o queixoso. Em resultado desses regulamentos arbitrários, chegou-se a exigir dos imigrantes em certa colônia que fizessem serviços de limpeza em uma estrada. Como eles não quisessem cumprir essa ordem descabida, foi-lhes imposta pelas autoridades a multa de 2 mil réis, que logo subiu até a 12 ou 15 mil réis, porque os colonos não dispunham de dinheiro para pagar imediatamente a soma cobrada...

Na mesma colônia exigia-se também que os imigrantes, protestantes e católicos, contribuíssem com uma soma anual para a construção de uma igreja de certa cidade situada à distância de três horas e meia, embora na mesma igreja não fossem admitidos protestantes como padrinhos de batismo. Em outra colônia, ocorreu, segundo consta, o seguinte fato: alguns colonos que tinham seu café e suas roças em ordem pretenderam fazer certos serviços no sítio de um dos proprietários das vizinhanças de modo a ganharem algum dinheiro extraordinário. E, no entanto, esse intento, certamente razoável, esbarrou em uma negativa terminante. Na mesma colônia também se pretendeu em dado momento não permitir a um pai que fosse visitar a filha, residente em outro local, e o diretor ameaçou de morte uma senhora caso realizasse o intento de procurar-me a fim de se aconselhar sobre questões de família.

Fonte: Thomas Davatz, *Memórias de um colono no Brasil*. São Paulo: Martins/Edusp, 1972, p.45.

Documento 2.3
Advertência aos imigrantes: Conselho Governamental de Emigração, Reino Unido, 1876

Conselho Governamental de Emigração
Downing Street, 19 de junho de 1876.
Brasil

O Governo de Sua Majestade foi informado de que outro esquema encontra-se em andamento visando a promover a emigração do Reino Unido para o Brasil, assim os Comissários de Emigração foram instruídos pelo Secretário de Estado a fazer lembrar aos pretendentes a emigrantes dos infelizes resultados dos esquemas anteriores de emigração para aquele país. Em 1872 e 1873, diversos grupos de emigrantes, totalizando cerca de mil almas, emigraram do Reino Unido para o Brasil fiando-se na promessa de receberem terras em termos favoráveis e assistência a seu cultivo até que fossem capazes de sustentar-se a si próprios, e na expectativa de que conseguiriam sua primeira colheita ao fim de seis meses. As promessas e as expectativas não foram cumpridas. Os emigrantes não receberam terras, doenças irromperam entre eles, muitos morreram, e os que tinham capacidade para tal dirigiram-se à capital do país na esperança de lá obter o auxílio do ministro de Sua Majestade. Desde então, algumas das viúvas e filhos dos homens que morreram foram mandados de volta para casa, alguns emigrantes foram transferidos para outros assentamentos, e o ministro de Sua Majestade vem tentando ainda obter do Governo do Brasil assistência aos que permaneceram. Os relatos que esses emigrantes fazem de sua presente situação mostra que eles passaram por grandes dificuldades e privações, e nem de longe melhoraram sua condição ao emigrar para o Brasil.

A colônia que ora se pretende formar, de acordo com o prospecto divulgado pelos promotores, parece estar situada nas terras altas, onde o clima é salubre e o solo é fértil. Mas, por outro lado, ficam distantes de qualquer mercado onde os colonos possam vender sua produção excedente ou adquirir os bens de que possam necessitar; a cidade mais próxima, Curitiba, a capital da província, dista de lá 62 milhas.

Diz-se que uma estrada de ferro será construída ligando a colônia a Curitiba, mas obras desse tipo são inevitavelmente lentas em um país onde a mão de obra é escassa e cara. A distância do porto é de 114 milhas, e a viagem de lá ao Rio de Janeiro por navio a vapor dura mais quarenta horas – o mercado supostamente existente para toda a produção pode ser considerado fora de questão.

Os emigrantes devem se lembrar também de que, indo para o Brasil, estarão indo para um país onde a língua, as leis, a religião e os costumes das pessoas lhes serão estranhos, e apesar da promessa de fornecimento de uma igreja e uma escola, nenhuma existe no presente momento.

É muito importante que, antes de se decidirem a ir para o Brasil, os emigrantes levem em conta esses fatos, e entendam que, caso se decidam por partir apesar desta advertência, deverão aceitar a responsabilidade pelos resultados.

Fonte: Conselho Governamental de Emigração, "BRAZIL – Caution to Emigrants", June 19, 1875, in C. F. Van Delden Laërne, *Brazil and Java. Report on Coffee Culture in America, Asia and Africa, to H. E. the Minister of the Colonies*. Londres: W. H. Allen & Co., 1885, p.135-6.

Documento 2.4
Carta de um imigrante do Sul dos Estados Unidos no Brasil, 1866

Barra de Juguiá,
2 de junho, 1866.
Rev. Ballard S. Dunn, Rio de Janeiro

Caro Senhor:

Os corações de todos os verdadeiros confederados, neste lar do exílio, alegraram-se com as notícias do sucesso de seus esforços a favor de nosso povo, e sinceramente peço a Deus que vocês sejam poupados para voltar a nós, acompanhados por muitos de nossos verdadeiros amigos sulistas, a fim de que nós, seus predecessores, possamos dar as boas-vindas a nosso novo Sul àqueles que se decidirão por abandonar as cenas de sua infância e os lares outrora felizes, para emigrar para as hospitaleiras plagas brasileiras.

Desde a rendição de nossos exércitos, vagueei em exílio pelas mais belas porções do globo, mas me foi reservado encontrar no Brasil aquela paz que todos nós, por triste experiência, tanto sabemos apreciar. Aqui, o soldado cansado de guerra, o pai enlutado, o patriota oprimido, o espoliado de lar e de bens podem encontrar um refúgio das provações que se abateram sobre eles, e um lar não assombrado pelas eternas lembranças de cenas angustiantes de dor e de morte.

Esta parte do Brasil, creio firmemente, mais que qualquer outra, oferece vantagens aos emigrantes, em particular a nossos desafortunados compatriotas cujos sentimentos ou interesses tornam indesejável ou impraticável a permanência nos estados do Sul, ao passo que as políticas liberais do governo, a brandura de suas leis, o clima, o solo e os vastos recursos destas terras até agora inexploradas prometem recompensar com riqueza e prosperidade os esforços do colonizador, enquanto suas relações sociais podem ser mantidas sem temor de intrusão ou interrupção.

Nós, a vanguarda da legião de confederados que daqui para frente irá aqui se estabelecer e cultivar o solo, contemplando como o fazemos com solicitude dolorosa a situação de nossos amigos em nosso antigo lar, aguardamos com seriedade e afeição a consumação de seus planos e esforços, e creio expressar o sentimento de todos os bons e verdadeiros quando digo que as preces de nossa gente estão com vocês, e que os filhos e filhos dos filhos daqueles que se juntarem a nosso estandarte, sob seus auspícios, irão se levantar para abençoá-los.

Permita-me reiterar os protestos da sincera consideração que todos nós sentimos por vocês e da confiança que depositamos em sua capacidade e na retidão de suas intenções, e desejando-lhe uma viagem agradável e próspera aos Estados Unidos e um retorno seguro e rápido ao Brasil.

Sempre seu amigo e servo obediente,
W. Frank Shippey

Fonte: Ballard S. Dunn, *Brazil, the Home for Southerners: or, A Practical Account of what the Author, and Others who Visited the Country, for the Same Objects, Saw and Did while in that Empire,* Nova York: G. B. Richardson etc., 1866, p.70-2.

3.
Migrações em massa: culturas étnicas e tensões sociais

Uma nova ordem mundial

Em fins do século XIX, as repúblicas americanas podiam ser divididas em três categorias – as que se preenchiam rapidamente de imigrantes; aquelas cujas elites acreditavam que seria possível preencher o país de imigrantes apesar das indicações em sentido contrário (ou seja, poucos imigrantes haviam se fixado no país); e aquelas em que a imigração era considerada um fracasso pelas autoridades responsáveis pela formulação das políticas públicas. O Brasil fazia parte do primeiro grupo. O poder imperial entrara em declínio e os proprietários de terras, principalmente os do próspero e politicamente poderoso estado cafeicultor de São Paulo, haviam consolidado seu controle sobre o sistema político e econômico.

As dimensões do Brasil (maiores que as dos Estados Unidos continental) e sua economia florescente faziam com que números cada vez maiores de europeus, norte e sul-americanos, asiáticos e de naturais do Oriente Médio se mostrassem animados, e às vezes ansiosos, pela oportunidade de se estabelecer no Brasil. C. F. Van Delden Laërne, funcionário do Departamento Holandês do Interior em Java, que visitou o Brasil em 1884 com a incumbência de relatar sobre a cultura do café, conversou com muitos fazendeiros sobre a imigração e concluiu que:

É notável a firme e universal crença em uma futura imigração em grande escala que existe entre os brasileiros natos, os filhos da terra. Para eles, parece bastar a firme vontade de que essa imigração ocorra para fazer que uma corrente de emigrantes vindos de todos os cantos da terra flua para o Brasil. Essa crença certamente não se baseia na experiência passada, pois a história da colonização do país aponta para uma conclusão bem diferente.

A meu ver, essa fé não se baseia em razões, mas exclusivamente na impressionante e pronunciada complacência com que os brasileiros encaram sua terra natal. Não direi que eles a vejam como perfeita em todos os aspectos – longe disso. Muitos, um número demasiado nas classes mais altas, segundo me dizem, cantam loas a sua terra enquanto se deixam ficar nas grandes cidades do Velho Mundo. Mas elogios entusiásticos continuam a ser tecidos aos imensos tesouros lá ocultos no seio da terra, à incomparável beleza e à fertilidade sem paralelos de seu país. Tornou-se um chavão favorito falar do rico e privilegiado Brasil, da terra bendita, da abençoada filha do Evangelho![1]

Uma objeção importante à cega crença nacional nas bênçãos divinas era a escravatura. A maioria dos demais países da Europa e das Américas já a havia abolido, e uma parcela cada vez maior das elites brasileiras agora via o sistema como econômica e culturalmente atrasado. Alguns se envergonhavam dessa associação entre o flagelo da escravidão e a África, que muitos europeus viam como amaldiçoada. Os próprios escravos desafiavam seu cativeiro com fugas e revoltas. À medida que o século XIX se aproximava do fim, um número crescente de soldados e policiais passou a pedir dispensa da tarefa de caçar escravos fugitivos, que eles já não viam como parte de suas obrigações. Os políticos concordaram e, em 1886, o açoitamento de escravos foi proibido. À medida que o compromisso político com a escravatura declinava, os grandes proprietários de terras passaram a pressionar o império pela adoção e financiamento de políticas que suprissem suas fazendas com mão de obra e enchessem o país com imigrantes europeus. Os estrangeiros seriam trabalhadores melhores que escravos e ex-escravos, recriariam o Brasil à imagem da Europa e implantariam o regime de trabalho assalariado na economia, ou assim pensavam os equivocados fazendeiros.

---

1 Van Delden Laërne, *Brazil and Java: Report on Coffee-Culture in America, Asia and Africa, to H. E. the Minister of the Colonies*, p.125.

A abolição, finalmente, veio em 1888. No ano seguinte, o império terminou pacificamente, sem que o imperador D. Pedro II opusesse resistência. Os legisladores da nova república aprovaram subsídios à imigração bem mais atraentes que os anteriormente adotados. Em 1891, foram promulgadas leis que garantiam a liberdade de culto público, com o objetivo de atrair imigrantes protestantes, cuja branquidão, segundo acreditavam as elites, ajudaria a desafricanizar a população brasileira. Ao mesmo tempo, foi proibida a entrada de imigrantes provenientes da África e da Ásia, e tanto diplomatas (nos pontos de embarque) como a polícia (nos portos brasileiros) foram encarregados da aplicação dessas normas.[2]

Essas novas políticas abriram caminho para que mais de 2,6 milhões de imigrantes entrassem no Brasil entre 1890 e 1919. No entanto, essas novas levas refletiam mais do que mudanças políticas locais. Forças globais, como crescimento populacional e tecnologia, estavam em ação.[3] Navios a vapor de alta tecnologia substituíram as embarcações a vela, e a viagem ao Brasil, que em inícios do século XIX levava três árduos meses, agora podia ser feita em duas semanas. A menor permanência a bordo e os avanços da medicina transformaram as altas taxas de mortalidade em coisa do passado nas viagens transatlânticas e transpacíficas. À medida que a velocidade aumentava, os preços caíam, e o custo de uma passagem da Itália ao Brasil foi reduzido em 50% entre 1880 e 1920. Viagens mais rápidas a preços menores tiveram também outras consequências. Mercadorias de difícil exportação, como o café, converteram-se em motores de crescimento econômico. O duplo processo de industrialização e desenvolvimento urbano criou, do lado europeu, um movimento de expulsão, devido a um crescimento populacional não plenamente absorvido e, do lado americano, um movimento de atração resultante da expansão da economia. A emigração da Itália, da Espanha e de Portugal para as Américas cresceu de forma explosiva. Fenômenos semelhantes levaram a fluxos emigratórios crescentes também na Europa Central, Ásia e Oriente Médio.

---

2 Decreto-Lei 528, 28 jun. 1890, art. 1º.

3 Moya, *Cousins and Strangers: Spanish Immigrants in Buenos Aires, 1850-1930.*

Uma América melhor

Os possíveis emigrantes, ao decidirem-se por uma nova pátria, levavam em conta mais do que a pobreza e a superpopulação de seus países de origem. As possibilidades econômicas e sociais nos diferentes países os ajudavam a calcular a melhor maneira de investir em seu futuro. O local mais desejável eram os Estados Unidos, e para lá se dirigiram, entre 1880 e 1910, cerca de 20 milhões de imigrantes capazes de pagar por suas próprias passagens e estabelecer-se de forma independente. A Argentina ocupava o segundo lugar, com 3,5 milhões de entradas, embora muitos, especialmente os italianos, fossem trabalhadores temporários. O Canadá recebeu 3,1 milhões de imigrantes, dos quais apenas cerca da metade permaneceu em caráter definitivo. O quarto lugar da lista era ocupado pelo Brasil, com 2,6 milhões de entradas, embora o número dos que de fato permaneceram fosse muito menor.

Por que tantos escolhiam os Estados Unidos? A solução dos conflitos internos gerados pela Guerra Civil, em 1865, levou a uma explosão de crescimento econômico incentivado por políticas liberais que facilitavam a aquisição de terras. O país teve sucesso ao se promover como geograficamente semelhante à Europa, e a viagem da Europa aos Estados Unidos, relativamente curta se comparada às destinadas ao Brasil e à Argentina, também eram um fator de atração. No entanto, os Estados Unidos eram uma alternativa cara e muitas vezes inacessível aos que não possuíam recursos suficientes para bancar as passagens e os custos iniciais de instalação. Por essa razão, cerca de 20% de todos os imigrantes europeus que cruzaram o Atlântico se dirigiram à América Latina. Percentuais ainda mais elevados vieram do Oriente Médio e da Ásia. Em alguns períodos, as levas dirigidas à América do Sul eram imensas. Nas duas décadas posteriores a 1875, por exemplo, aproximadamente 70% dos emigrantes italianos rumaram para a América Latina. Em todos os períodos, a maioria dos imigrantes portugueses e espanhóis se dirigiu à América do Sul, e não à do Norte. À época da Segunda Guerra Mundial, cerca de 11 milhões de imigrantes haviam se transferido à América Latina.

As elites brasileiras tinham plena consciência da competição por imigrantes entre os países das Américas. O problema de imagem criado por recrutadores e fazendeiros inescrupulosos no tempo do império significava que o país, agora uma república, tinha que mudar suas táticas de propaganda. O marketing brasileiro deixou de apresentar o país como uma "Nova Europa", passando agora a promovê-lo como uma "América melhor". Os pavilhões das exposições internacionais alardeavam a fertilidade do solo brasileiro e seu clima temperado, semelhante ao dos Estados Unidos e da Argentina. O folheto em língua francesa criado em 1889 para a Exposição de Paris era explícito: "O Brasil veio a Paris para... solidificar seus laços com a Europa e abrir novos mercados para suas matérias-primas. Mas, acima de tudo, [o Brasil] veio a Paris para inspirar confiança naqueles que talvez estejam prontos a escolher o país como sua nova pátria, levando ao Brasil seu trabalho e seu capital".[4]

As primeiras tentativas de reconstrução de imagem não foram particularmente bem-sucedidas. O uso de exposições na França, Alemanha, Estados Unidos e Inglaterra, países que em fins do século XIX enviavam poucos imigrantes, foi um erro. Os possíveis imigrantes eram mais espertos do que as elites brasileiras imaginavam. Eles tinham acesso a informações que a propaganda tentava esconder, principalmente sobre doenças como a febre amarela (eliminada no Rio de Janeiro apenas em inícios do século XX, e ainda mais tarde em outras regiões do Brasil). Mesmo os que se viam desesperados por deixar a Europa muitas vezes rejeitavam o Brasil devido a essa imagem associada a doenças. Um exemplo vem de fins do século XIX, quando o Comitê Central Alemão para os Judeus Russos enviou Oswald Boxer, um jornalista vienense e amigo do líder sionista Theodore Herzl, com a incumbência de averiguar, junto aos fazendeiros brasileiros, as possibilidades de reassentar no Brasil os empobrecidos e violentamente oprimidos judeus russos. Os entusiásticos relatos que se seguiram à sua visita a São Paulo, em maio de 1891, perderam a credibilidade quando, poucos meses depois, ele morreu de febre amarela no Rio de Janeiro.[5]

---

4 Santa-Anna Nery, *Le Brésil en 1889: avec une carte de l'empire en chromolithographie, des tableaux statistiques, des graphiques et des cartes*, p.xi.

5 Falbel, Oswaldo Boxer e o projecto de colonização de judeus no Brasil, *Jornal do Imigrante*, 10 (dez. 1987/jan. 1988), p.18.

A falta de imigrantes preocupava os grandes fazendeiros, que exigiam novas táticas de "vender" o Brasil na Europa. Consórcios subsidiados por verbas públicas montaram postos de recrutamento nas zonas portuárias, próximos aos escritórios de empresas de navegação comercial, sempre ávidas por vender passagens para o Brasil ou para qualquer outro lugar. Oferecia-se aos imigrantes passagens e contratos de trabalho, e os panfletos faziam uso de táticas de vendas agressivas e de meias-verdades, como a que se segue:

> Na América – terra no Brasil para italianos. Navios partem todas as semanas do porto de Gênova. Venha construir seu sonho com sua família. Um país de oportunidades. Clima tropical e abundância. Riquezas minerais. No Brasil você poderá ter seu próprio castelo. O governo dará terra e ferramentas a todos.[6]

A maior concorrente do Brasil na disputa por imigrantes era a Argentina. A declaração do influente teórico político Juan Batista Alberdi, publicada em 1853, de que "governar é povoar" refletia o apoio da oligarquia argentina à imigração em massa de europeus. Essa orientação política e cultural levou a Argentina, em 1853, a garantir, nos termos da Constituição, a liberdade religiosa. Em 1884, novas leis impuseram limites à influência da Igreja Católica em muitos setores da vida privada. Em 1888, o governo passou a subsidiar passagens. O florescente setor de exportações agrícolas argentino pagava salários altos e oferecia passagens baratas: em 1900, um trabalhador rural na Argentina conseguia amortizar o custo da passagem com apenas duas semanas de trabalho.[7] Não é de surpreender que, em inícios do século XX, quase metade da população de Buenos Aires fosse nascida no exterior.

Já no Brasil, não era isso o que acontecia. As elites costumavam tratar os imigrantes mais como trabalhadores servis do que como agentes de desenvolvimento, e os salários eram significativamente mais baixos que na Argentina. Além disso, muitos imigrantes não tinham prática nos tipos

---

6 A imagem da capa do panfleto está disponível em: http://www.bentogoncalves.rs. gov.br/005/00502001.asp?ttCD_CHAVE=32588.

7 Mörner; Sims, *Adventurers and Proletarians*, p.41.

de trabalho agrícola deles esperados. Como aponta a historiadora Emília Viotti da Costa: "Na Fazenda São Lourenço, em Rio Claro, citava-se o caso de uma família que cuidara apenas de 420 pés, o que não dava nem para cobrir as despesas com os juros. Enquanto isso, o escravo cuidava, em média, de três mil pés, chegando às vezes a até 3.500".[8]

A comparação com a Argentina mostra como era complexo atrair imigrantes para o Brasil. Incentivos não salariais tornaram-se então necessários. Uma solução do agrado dos proprietários nas regiões ricas era transformar a imigração em um empreendimento governamental. Os estados com economias poderosas podiam assim criar melhores incentivos para atrair mão de obra estrangeira. Fundar novas colônias na proximidade das antigas colônias centro-europeias do Sul do Brasil era uma outra. Essas mudanças levaram a resultados concretos. A partir de fins da década de 1880, a entrada de italianos apresentou um crescimento explosivo, com o estabelecimento dos imigrantes em novas colônias no Rio Grande do Sul, Paraná e Santa Catarina, ou como trabalhadores rurais subsidiados em São Paulo, Rio de Janeiro e Minas Gerais. Centenas de milhares de portugueses também chegaram, seguindo seus padrões já tradicionais de opção por cidades e atividades comerciais. Espanhóis começaram a chegar em números apreciáveis (embora sempre menores que na América Espanhola), replicando determinados aspectos do estabelecimento tanto dos italianos quanto dos portugueses.

Em 1880, a população brasileira nascida no exterior era de 750 mil, cerca de 5,2% da população total. Esses números eram pequenos se comparados aos dos Estados Unidos (9,2 milhões/14,7%), da Argentina (1 milhão/25,4%) ou do Canadá (643 mil/13,3%). No entanto, a concentração dos imigrantes nos estados brasileiros de maior poder econômico e político significava que o impacto era muito mais intenso do que os números absolutos fazem supor. Em nenhum lugar isso era mais aparente do que em São Paulo, onde uma florescente economia cafeeira fez com que a população do estado crescesse em um ritmo duas vezes maior que a do Brasil como um todo. A maioria dos que imigraram para o Brasil fixaram-se em São Paulo. Nos séculos

---

8 Viotti da Costa, *Da senzala à colônia*, p.127-8.

XX e XXI, imigrantes e seus descendentes ocupariam o imaginário nacional tanto quanto, em tempos anteriores, os imigrantes do Rio Grande do Sul e de Santa Catarina haviam ocupado.

Ação e reação

A sociedade brasileira mudou de maneira profunda durante a segunda metade do século XIX. A expansão econômica foi liderada pelo café. O ritmo da urbanização foi acelerado, e a mão de obra rural passou de escrava a assalariada. Um grande número de afro-brasileiros migrou para as cidades e passou a fazer parte da força de trabalho braçal e mal remunerada da indústria e dos serviços. À medida que crescia o setor da economia representado pelas profissões liberais, pelo comércio e pela administração (de cerca de 10% em 1920 a mais de 30% em 1980), os afro-brasileiros se tornaram ainda mais marginalizados.[9]

As mudanças culturais, econômicas e sociais inspiraram novas instituições. Uma das principais foi a Sociedade Central de Imigração (SCI). Três imigrantes da Europa Central a quem os leitores já foram apresentados fundaram a organização em 1883. Eram eles o jornalista e deputado federal pelo Rio Grande do Sul Karl von Koseritz; Hermann Blumenau (fundador da colônia que leva seu nome, em Santa Catarina); e o jornalista e colonizador fracassado Hugo Grüber. Seu objetivo era usar as colônias imigrantes para promover a modernização do Brasil. Seu inimigo era a elite latifundiária que, a seu ver, jamais trataria os trabalhadores de uma maneira capaz de construir uma força de trabalho manejável.

Não é de surpreender que Von Koseritz, Blumenau e Grüber tenham assumido a liderança na criação de uma política nacional de imigração. Como era típico dos imigrantes do século XIX em todas as Américas, seu grau de compromisso com sua terra natal era intenso. Eles tinham certeza de que o futuro estava no Novo Mundo, e que o futuro do Brasil dependia da chegada de europeus. Eles concordavam com a opinião de boa parte da elite nacional, que via a população de ascendência africana e mestiça como

---

9 Andrews, *Blacks and Whites in São Paulo, Brazil, 1888-1988*, p.235. Publicado em português como *Negros e brancos em São Paulo, 1888-1988*.

fator impeditivo para o país alcançar uma posição de liderança no cenário mundial. Já em anos anteriores, os três imigrantes alemães haviam defendido essa posição com relação ao sul do Brasil, e estavam convictos de que suas ideias seriam aplicáveis ao restante do país. C. F. Van Delden Laërne, um severo crítico das posturas da elite latifundiária no tocante à imigração, apoiou com entusiasmo o enfoque adotado pela SCI. Após uma visita à colônia D. Pedro II, no Rio Grande do Sul, ele escreveu:

> Os colonos... em sua maioria, perderam sua nacionalidade e, com poucas exceções, falam português... A experiência geral prova que, mesmo que todos os imigrantes conservem sua nacionalidade e seu orgulho nacional, o mesmo não acontece com seus filhos nascidos e criados no Brasil. Estes são e permanecerão, acima de tudo, brasileiros.

> Na província do Rio Grande do Sul, onde o elemento alemão é hoje mais fortemente representado, os descendentes dos imigrantes germânicos, com um certo orgulho, falam de si mesmos como Deutschlanders... [No entanto] não é tanto que eles morram de amores pela Alemanha e pelas condições de vida naquele país, mas sim que eles se veem como sendo de extração superior à dos brasileiros do tempo colonial. De todos os imigrantes, os alemães são os que perdem mais rapidamente sua nacionalidade.[10]

(Ver Figura 3.1, que mostra uma fazenda no Rio Grande do Sul).

Von Koseritz, Blumenau e Grüber pensavam em termos nacionais. Eles, como a maioria dos que os apoiavam, insistiam em que a abolição geraria uma crise de mão de obra e sugeriam que as grandes fazendas fossem substituídas por pequenas propriedades. O casamento civil e a facilidade de naturalização, segundo eles, criariam uma imigração espontânea vinda da Europa. A carta assinada por eles anunciando a primeira reunião da SCI chegava a sugerir maneiras de vender o projeto da imigração para o povo brasileiro. (Ver Documento 3.1. Carta-convite para a inauguração da Sociedade Central de Imigração, 1886, no Apêndice deste capítulo.)

---

10 Laërne, *Brazil and Java*, p.128, 133.

Figura 3.1. Uma fazenda de alemães e teuto-brasileiros no Rio Grande do Sul, por volta de 1900. Do acervo fotográfico de Gaelzer-Neto, IV, Rio Grande do Sul. Usada com a permissão do *Ibero-Amerikanisches Institut* Preussischer Kulturbesitz (Berlim).

Von Koseritz desprezava os fazendeiros. Em suas memórias, publicadas em 1885, ele descreve a SCI como "declarando guerra aos latifúndios". Ele atacou os planos de trazer chineses como mão de obra contratada, discutidos no Capítulo 2, afirmando que isso criaria uma casta de escravos "amarelos".[11] Não se sabe se Von Koseritz conseguiu se conter na primeira reunião pública da SCI, realizada em 14 de setembro de 1883. O que é certo é que os políticos, empresários e jornalistas convidados reagiram com entusiasmo. Era isso que queriam os três fundadores. A partir de então, seria possível colocar a SCI nas mãos de dirigentes que fossem brasileiros natos e pertencentes à elite tradicional (embora em processo de modernização). Von Koseritz e Grüber voltaram a seus trabalhos jornalísticos, e Blumenau voltou à Alemanha.

---

11 Von Koseritz, *Imagens do Brasil*, p.204-5. O original *Bilder aus Brasilien* foi publicado em 1885, e a edição brasileira só foi lançada sessenta anos depois.

Em fins de 1883, a SCI estava firmemente estabelecida e publicava seu próprio jornal, *A Immigração*. Entre seus membros havia comerciantes imigrados de Portugal e da Inglaterra, um escritor suíço, um geólogo dos Estados Unidos e um professor alemão. Entre os brasileiros natos, se destacavam o abolicionista André Rebouças e o tecnocrata modernizador senador Alfredo d'Escragnolle Taunay. Em seu auge, a SCI contava com cerca de 400 membros que representavam uma nova corrente de engajamento político. A sociedade desenvolveu uma crítica articulada à classe proprietária de terras e ao funcionamento tradicional da sociedade brasileira.

Ao defender o "branqueamento", a SCI associava a força de trabalho à europeização. Embora os membros nem sempre concordassem quanto a quem deveria ser visto como branco, eles estavam de pleno acordo quanto a seu desprezo pela configuração racial do Brasil. Segundo os membros da SCI, a elite latifundiária era opressiva e a população de ascendência africana e mestiça (o censo de 1872 mostrava que cerca de 60% da população era de não brancos) era retrógrada. Para os partidários da sociedade, a imigração em massa visava a repovoar o Brasil.

Essa postura tinha implicações muito amplas. A SCI defendia *núcleos* imigrantes etnicamente coesos, usando o termo biológico "núcleo" (como o núcleo de um ovo) para descrever as colônias. A preservação da cultura pré-migratória entre os imigrantes iria melhorar o Brasil. A SCI queria que os pequenos proprietários rompessem o monopólio das grandes fazendas e implantassem um sistema assalariado moderno. Essa proposta tinha apenas duas falhas: os imigrantes pareciam mais interessados em seu próprio bem-estar do que em serem peças em um grande plano de transformação nacional, e os fazendeiros não estavam dispostos a parcelar suas terras.

Outra característica importante da SCI era seu racismo. *A Immigração* costumava atacar os planos de trazer imigrantes chineses, segundo o jornal, "um detestável elemento étnico (que) desenvolve hediondos vícios".[12] A SCI chegou a enviar uma delegação à China para desencorajar os diplomatas chineses de pensarem no Brasil como um destino emigratório. A Sociedade tentou também deportar as dezenas de milhares de imigrantes do Oriente

---

12 *A Immigração* – Orgão da Sociedade Central da Immigração, v.1, n.3, abr. 1884, p.9.

Médio (hoje Síria e Líbano) que, sem alarde, vinham se estabelecendo no Brasil desde meados do século XIX, a fim de evitar a entrada de outros.

Em fins do século XIX, muitas das propostas da SCI haviam-se convertido em políticas estaduais ou federais. O processo de recrutamento de imigrantes foi profissionalizado, e o racismo oficializado com a proibição da entrada de asiáticos e africanos.[13] A aceitação de imigrantes que não falassem português ou praticassem o catolicismo foi sancionada pela separação entre Igreja e Estado e a rejeição de uma língua oficial. No entanto, a SCI não conseguiu reduzir o poder dos grandes proprietários de terras, que continuavam a resistir à ideia de que um melhor tratamento dado aos trabalhadores resultaria em um aumento da produtividade. Esses grandes fazendeiros revidaram com a formação da Sociedade Promotora da Imigração (SPI) em 1886. A SPI opunha-se à imigração patrocinada pelo Estado, e queria que o recrutamento e a colocação de imigrantes fossem gerenciados por empresas privadas.

Os membros da SPI eram ricos e politicamente poderosos. Suas raízes étnicas e de classe eram diferentes das dos membros da SCI, que era fundada por imigrantes, adotava uma perspectiva de classe média e via o Rio Grande do Sul e Santa Catarina como modelos. A SPI, ao contrário, foi fundada por Martinho Prado Júnior, membro de uma família latifundiária e escravocrata de grande prestígio. Um dos irmãos de Martinho, Antônio Prado, era político e proprietário de uma ferrovia. Outro irmão, Eduardo, era monarquista, jornalista e escritor. Eles e seus colegas da SPI não eram defensores entusiásticos do capitalismo de mercado aberto, preferindo continuar a usar o Estado para beneficiar seus interesses. No entanto, em um ponto eles concordavam com a SCI: eles acreditavam em hierarquias raciais que colocavam a raça branca no topo.

A Sociedade Promotora da Imigração era um assunto familiar. Martinho era presidente e encarregado da propaganda, e subornava jornais estrangeiros para que publicassem artigos favoráveis ao Brasil. Ele também produziu um lustroso livreto financiado com verbas do Ministério da Agricultura do império, encabeçado por seu irmão Antônio. O terceiro irmão, Eduardo, foi

---

13 Decreto-Lei 528, 28 jun. 1890, art. 1º.

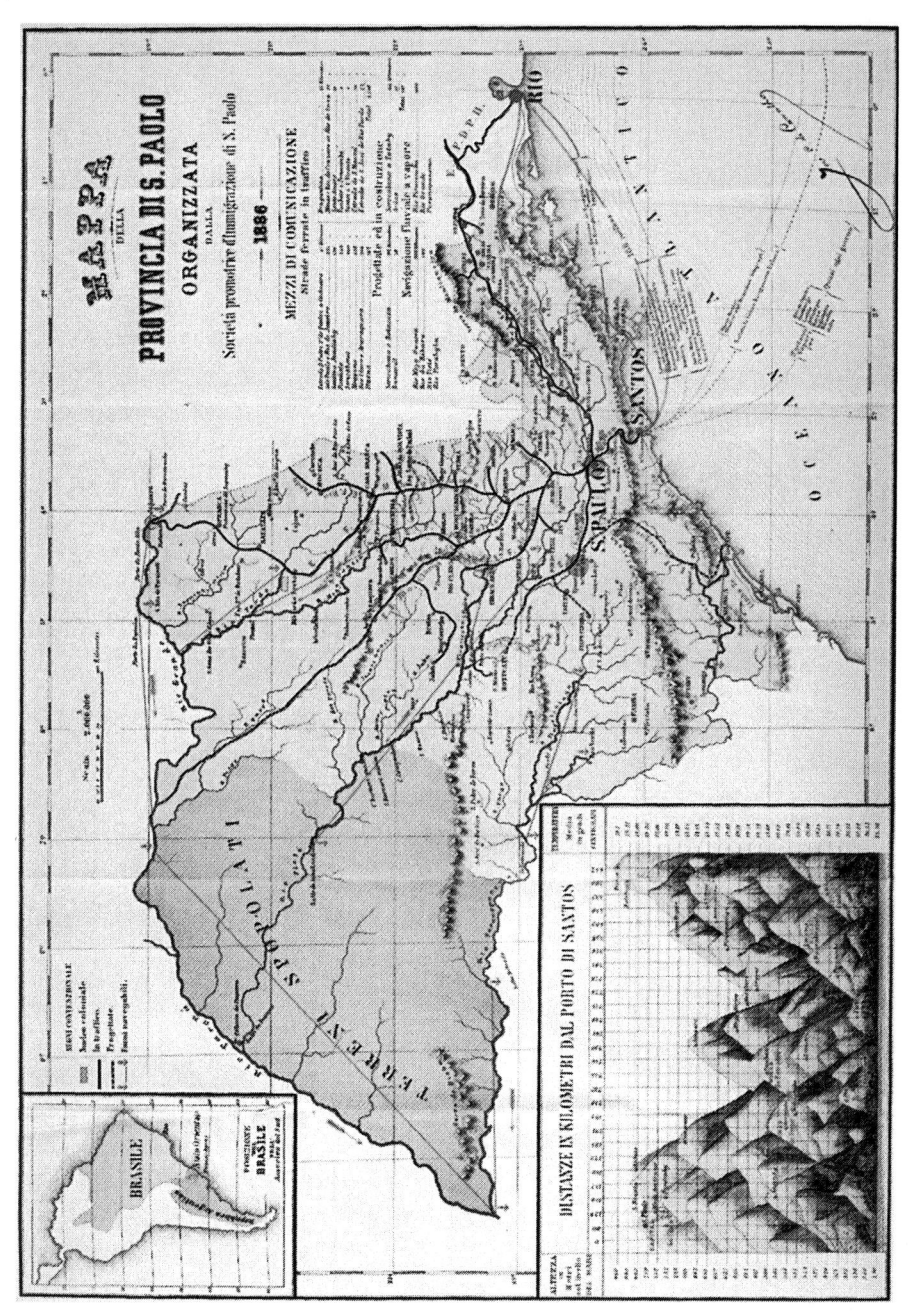

Figura 3.2. Mapa produzido pela Sociedade Promotora da Imigração em 1888, para distribuição na Itália. O terço da esquerda é descrito como "Terras despovoadas".

contratado para redigir grande parte do livreto, que teve uma tiragem de 80 mil cópias em português, alemão e italiano.[14] Distribuído na Exposição de Paris de 1889, o vistoso material de propaganda fazia lembrar tempos anteriores, quando falsas impressões eram passadas aos imigrantes, fazendo-os crer em promessas sem qualquer solidez contratual. O texto usava muitas comparações, sugerindo que o Brasil era superior aos Estados Unidos e à Argentina como destino migratório. Um mapa dobrável, com grande astúcia, apresentava o Brasil como um imenso país atlântico, e o estado de São Paulo como praticamente "uma terra despovoada". (Ver Figura 3.2 de um mapa semelhante distribuído na Itália.)

A SPI via a si própria como mais que uma promotora da imigração. Em 1887, a sociedade se converteu no Ministério da Imigração do estado de São Paulo, de fato, se não de direito. Pouco depois, Martinho Prado Júnior visitou o norte da Itália para examinar as condições de emigração. Nessa estada, ele abriu uma filial da sociedade na cidade de Gênova, que promovia o Brasil, processava solicitações de subsídios e entrevistava candidatos. De meados de 1886 a meados de 1888, o número de imigrantes contratados por meio da SPI decuplicou (passando de menos de 6 mil a mais de 60 mil), apesar de os gastos por imigrante terem diminuído. Dos 60.749 imigrantes trazidos pelas contratações de 1888, mais de 44 mil eram italianos, cerca de 10 mil eram portugueses, 3.700 vinham da Europa Central (listados como alemães e austríacos) e 2.800 eram espanhóis (ver a Tabela 3.1 para os totais e percentagens de 1882 a 1929). Após a proclamação da República do Brasil, em 1889, a SPI continuou operando em estreita colaboração com o Departamento de Agricultura, Comércio e Obras Públicas do estado de São Paulo, mas, ao final do século, a organização deixara de ser necessária.

Fazendo a América

Em 1891, as despesas nacionais com imigração duplicaram, atingindo mais que 11% do orçamento total. Em São Paulo, as rubricas orçamentárias

---

14 *A Província de São Paulo no Brazil: emigrante, lede este folheto antes de partir*, São Paulo, 1886, p.17.

voltadas à imigração eram invariavelmente mais altas que nos demais estados, chegando a mais de 10% no período de 1892-1910, e a mais de 5% em treze outros anos.[15] As despesas estão diretamente correlacionadas com os gastos com subsídios e, portanto, com o número de imigrantes chegando ao estado. Entre 1890 e 1930, mais de 2 milhões de imigrantes entraram em São Paulo, cerca de metade deles com passagens pagas pelo governo estadual. Entre 1872 e 1972, 57% dos 5,35 milhões de recém-chegados ao Brasil se estabeleceriam naquele estado.

Tabela 3.1. Imigração total para o Brasil e percentagem relativa ao estado de São Paulo

	Imigração para o Brasil	Imigração para São Paulo (%)
1882-1884	87.178	14
1885-1889	319.541	53
1890-1894	600.735	70
1895-1899	597.592	69
1900-1904	249.042	52
1905-1909	373.365	54
1910-1914	667.778	58
1915-1919	147.675	56
1920-1924	373.126	53
1925-1929	473.521	61
Total	3.889.553	

Fonte: Thomas W. Merrick e Douglas H. Graham, *Population and Economic Development in Brazil: 1800 to the Present*. Baltimore: Johns Hopkins University Press, 1979, p.95, Tabela V-2.

Os subsídios destinavam-se explicitamente a trabalhadores rurais europeus gozando de boa saúde. Em muitos casos, contudo, os imigrantes mentiam sobre sua experiência em agricultura. Esperava-se que todos trouxessem suas famílias, uma vez que os fazendeiros brasileiros temiam a repetição dos padrões migratórios temporários responsáveis pelas idas

---

15 Estatísticas obtidas em La Cava, *Italians in Brazil: The Post-World War II Experience*, Tabelas 1 e 2, p.18-9.

e vindas da imigração italiana para a Argentina. Os imigrantes, entretanto, logo aprenderam a burlar o sistema a fim de receber os subsídios que ajudariam na despesa com transporte e com os custos de instalação. Por exemplo, muitas "famílias" compunham-se de adultos que não eram legalmente casados, que, muitas vezes, haviam se conhecido pouco antes de se candidatar ao subsídio. Além disso, como mostra a Tabela 3.2, a intenção oficial de receber famílias raramente se concretizou.

Tabela 3.2. Imigração total para o Brasil e percentagem relativa ao estado de São Paulo (por nacionalidade)

	Italianos	Portugueses	Espanhóis	Japoneses	Total de Imigrantes
População total	202.749	275.257	209.282	176.775	1.222.282
Nº de famílias	28.374	35.044	33.955	31.412	175.928
% solteiros	42	53	18	5	37
IDADE					
% superior a 12	78	81	68	70	77
% 7-12	8	7	12	11	8
% inferior a 12	14	12	20	19	15
ESTADO CIVIL					
% casados	42	43	37	42	39
% solteiros	55	55	60	56	58
% viúvos	3	2	3	2	2
ANALFABETISMO (%)	32	52	65	10	34
TRAB. RURAIS (%)	50	48	79	99	59

Fonte: São Paulo, Secretaria da Agricultura, Indústria e Comércio, Directoria de Terras, Colonização e Immigração, *Boletim*, v.I, n.I, out. 1937, apêndice; Tabela "Movimento Immigratório pelo Porto de Santos, 1908-1936", e Tabela A-16, p.69.

Chegada

Em fins do século XIX, a viagem transatlântica da Europa ao Brasil durava cerca de trinta dias, embora esse tempo tenha encurtado ao longo do século XX. Os imigrantes chegavam principalmente em três portos: Salvador (Bahia), Rio de Janeiro e Santos (São Paulo). Grupos menores de imigrantes chegavam em Salvador, mas números bem maiores eram recebidos na Hospedaria dos Imigrantes da Ilha das Flores, construída em 1883 para encaminhar os imigrantes aos cafezais do estado do Rio de Janeiro.

A maioria esmagadora dos imigrantes chegava ao porto de Santos, com destino às prósperas fazendas de café do estado de São Paulo. Quando um navio carregado de imigrantes atracava no porto, funcionários telegrafavam a informação para a Hospedaria dos Imigrantes, localizada na cidade de São Paulo, distante 80 quilômetros do litoral. Os recém-chegados desembarcavam e tomavam um trem que serpenteava pela serra até chegar à Estação da Luz, de construção britânica, no centro de São Paulo. O trem sacolejava pela cidade até a plataforma situada na própria hospedaria, e os imigrantes, provavelmente, se viam bem impressionados com a eficiência do sistema, o que parecia um bom augúrio.

A boa impressão persistia quando os imigrantes saltavam do trem. A maioria dos recém-chegados seguia para o refeitório da Hospedaria (ver Figura 3.3). Era servida uma refeição típica do campo brasileiro, e as enormes porções de arroz, feijão, batatas, legumes e café devem ter impressionado

Figura 3.3. Imigrantes europeus no refeitório da Hospedaria dos Imigrantes, São Paulo (cerca de 1900). Do acervo fotográfico Gaelzer-Neto, VII, *Auswanderung nach Brasilien.* Usada com a permissão do *Ibero-Americanisches Institut* Preussischer Kulturbesitz (Berlim).

bem quem vinha de situações precárias na Europa. Os que chegavam doentes eram mandados para o serviço médico da Hospedaria, e os demais passavam por exames médicos e vacinação. Tudo parecia limpo e moderno, e os imigrantes se lembram de terem apreciado a privacidade das instalações sanitárias. Os recém-chegados recebiam material impresso em seis línguas, embora muitos não fossem alfabetizados o suficiente para ler as informações. Esse era um detalhe crítico. A incapacidade de entender os contratos que haviam assinado e que lhes garantiam o recebimento de subsídios teve graves consequências. Muitos acreditavam que as condições na zona rural eram semelhantes às da Hospedaria e, como observou o historiador Michael Hall, a primeira geração de imigrantes contava "uma história quase que totalmente de exploração e desapontamento amargo".[16] (Ver Documento 3.2. Carta de um imigrante italiano, 1889, no Apêndice do presente capítulo.)

A Hospedaria, em sua construção e organização, era um indicador de como as elites brasileiras imaginavam os imigrantes e a imigração. Construída em 1887 para substituir um centro de recepção dilapidado, o prédio era de arquitetura clássica greco-romana, que sugeria a nova condição do Brasil como país que atraía massas imigrantes (ver Figura 3.4). O projeto era do arquiteto Antônio Martins Haussler, um teuto-brasileiro cuja branquidão, europeidade e modernidade pareciam inquestionáveis. Sua localização no Brás, um bairro distante do centro da cidade, serviu como atrativo para a instalação das fábricas que para lá se transferiram.

A Hospedaria foi construída para ser eficiente e rápida, com capacidade para cerca de mil pessoas por pernoite, mas muitas vezes recebendo o dobro ou o triplo. Quando o historiador e brasilianista Warren Dean visitou o prédio em 1963, lhe ocorreu que a arquitetura mascarava as dificuldades enfrentadas pelos imigrantes:

A Hospedaria dos Imigrantes é a Ellis Island brasileira, [mas], ao contrário da velha e sombria instituição da Baía de Nova York, o albergue de São Paulo não fechou por falta de clientes. A Hospedaria agora recebe uma multidão ainda

---

16 Hall, *The Origins of Mass Immigration to Brazil, 1817-1914* (tese de doutoramento não publicada), p.116.

Figura 3.4. Imigrantes europeus no pátio da Hospedaria dos Imigrantes, São Paulo (cerca de 1900). Do acervo fotográfico Gaelzer-Neto, VII, *Auswanderung nach Brasilien*. Usada com a permissão do *Ibero-Amerikanisches Institut* Preussischer Kulturbesitz (Berlim).

maior de camponeses nordestinos que vêm para São Paulo em busca de trabalho nas fazendas de algodão ou açúcar, ou para colher café ou laranjas.

Uma alta cerca de estacas metálicas interrompida por um largo portão, em seguida um pátio amplo, e chegamos à Hospedaria propriamente dita. Uma fachada estupenda de três andares e quase duzentos metros, rebocada e pintada na cor creme onipresente em toda São Paulo, pontuada apenas por correres de grandes janelas. A Hospedaria é uma surpresa em meio aos cortiços de classe trabalhadora da vizinhança.

Atravessa-se um vestíbulo com arcos cujas paredes exibem mapas dos lugares de onde os imigrantes vieram – Itália, Portugal, Espanha, Japão e, em tempos mais recentes, dos estados brasileiros de Minas Gerais e Bahia e de todo o Nordeste. Para além da passagem arqueada há uma grande praça cercada de prédios; ao longo das paredes de tijolo aparente correm varandas com delgadas colunas de madeira. No meio da praça há mais dois prédios – um pequeno hospital e uma lanchonete de aspecto mais recente. Por todo o pátio, encostados nas colunas, sentados nas varandas ou simplesmente postados ou acocorados no chão de pedra, veem-se centenas de pessoas maltrapilhas, homens, mulheres e crianças.

Toda a cena, a alvenaria antiga, a tinta descascando e até mesmo a luz do sol de uma fria manhã de inverno, revela instantaneamente o mais total desespero.[17]

Em uma visita à Hospedaria, em 2009, percebi que sua função havia mudado de forma drástica. Hoje, as fábricas do bairro do Brás parecem minúsculas. Os imigrantes coreanos e bolivianos são mais numerosos que os europeus, e imigrantes estrangeiros e migrantes brasileiros há anos não passam pela Hospedaria. O prédio, tão moderno em fins do século XIX, havia sido restaurado (em 2011, o edifício passou por outra restauração) como um testemunho interessante de uma outra era. Em 1998, o prédio foi rebatizado como Memorial do Imigrante, contendo um museu que tenta criar uma memória positiva da experiência imigrante. O acervo centra-se nas histórias de sucesso econômico e em como os imigrantes ajudaram a criar a identidade nacional do Brasil contemporâneo.

Pouco antes da finalização da edição brasileira deste livro, visitei novamente a Hospedaria, agora Museu da Imigração, que hoje conta com instalações de exposição totalmente remodeladas, recursos audiovisuais modernos para a exibição de vídeos dos novos imigrantes chegados nas últimas décadas, e inclui um centro de pesquisas que se orgulha de possuir o registro de cada imigrante que passou por suas portas entre 1888 e 1978. O espaço costuma ficar lotado de pessoas que examinam as listas de passageiros dos navios em que seus ancestrais chegaram ao Brasil. Muitos usam essa informação como o primeiro passo para a obtenção de um segundo passaporte do país de origem de seus pais ou avós. Os visitantes podem fazer uma viagem de um quilômetro em um trem a vapor para viver a experiência dos imigrantes que chegavam à Hospedaria vindos do porto de Santos. O multiculturalismo é apresentado como um valor positivo do século XIX, e o *slogan* lançado pelo governo, "São Paulo de todos nós", é o grande lema.

---

17 Dean, "Visit to the Hospedaria", manuscrito não publicado de 13 maio 1963, citado em La Cava, *Italians in Brazil*, Tabela 7, p.59.

Novas tensões

Entre 1882 e 1979, quando a Hospedaria recebeu seus últimos hóspedes, cerca de 3 milhões de imigrantes, representando mais de sessenta nacionalidades (lembrem-se da coluna "Outros" nas Tabelas 1.1 e 1.2 do Capítulo 1), por lá passaram. Portugueses, espanhóis, italianos e japoneses eram os maiores grupos, mas oito outras nacionalidades passaram a vir em números tão elevados que foram retiradas da categoria "Outros" para ganhar sua própria coluna (ver Tabela 3.3).

Com a imigração em massa, veio também o descontentamento daqueles que se recusavam a suportar o terrível tratamento que recebiam nas fazendas e nas fábricas. Os imigrantes europeus, cada vez mais, passaram a insistir em sua própria branquidão, assumindo uma nova forma de consciência racial no Brasil. Temendo que os fazendeiros os confundissem com os escravos e com a escravatura, os imigrantes se apartaram ostensivamente dos afro-brasileiros que trabalhavam e viviam lado a lado com eles nas áreas rurais. Muitos se recusavam a se casar com afro-brasileiros como maneira de reafirmar sua cor. Era comum que os imigrantes tratassem os afro-brasileiros de forma agressiva, e os registros policiais estão repletos de casos de violência. Os estereótipos da época associavam os imigrantes italianos e os afro-brasileiros à criminalidade, e um estudo acadêmico de uma região com grande número de imigrantes verificou que italianos, portugueses e afro-brasileiros tinham uma representação desproporcional nas acusações de violência contra pessoas e propriedades. No entanto, o fenômeno das gangues étnicas, que nos Estados Unidos é associado à imigração, raramente ocorreu no Brasil, onde as elites viam as gangues como inimigas, recusando-se a protegê-las, diferentemente do que ocorreu nos Estados Unidos onde, por vezes, as gangues se aliavam a policiais pertencentes ao mesmo grupo étnico. No Brasil, a polícia geralmente tomava o partido das elites locais, e não dos imigrantes infratores.[18]

---

18 Monsma; Truzzi; Conceição, Solidariedade étnica, poder local e banditismo: uma quadrilha calabresa no oeste paulista, 1895-1898, *Revista Brasileira de Ciências Sociais*, v.18, n.53, out. 2003, p.71-96.

Tabela 3.3. Movimentos migratórios no porto de Santos, 1908-1936

Nacionali-dades	Entrada	Saída	Famílias	Avulsos	Casados	Solteiros	Viúvas
Portugueses	275.257	160.920	35.044	147.020	117.704	151.412	6.141
Espanhóis	209.282	107.179	33.955	38.434	77.557	126.141	5.584
Italianos	202.749	176.991	28.374	85.802	84.616	112.174	5.959
Japoneses	176.775	12.615	31.412	8.974	74.730	99.161	2.884
Brasileiros	125.826	95.845	11.525	79.809	40.385	82.926	2.515
Alemães	43.989	34.816	6.718	19.687	17.925	25.206	858
Turcos	26.321	12.364	3.054	16.543	8.587	17.452	282
Romenos	23.756	7.126	4.033	2.066	8.797	14.502	457
Iugoslavos	21.209	5.134	3.719	1.363	8.221	12.660	328
Lituanos	20.918	3.373	3.147	4.965	7.350	13.111	457
Sírios	17.275	7.587	2.583	8.390	6.423	10.483	369
Poloneses	15.220	6.612	2.356	6.601	6.072	8.917	231
Austríacos	15.041	7.180	2.325	5.059	5.724	9.050	267
Outros	47.664	29.338	6.683	21.644	17.893	28.702	1.069
Total	1.221.282	667.080	174.928	446.357	481.984	711.897	27.401

Fonte: Disponível em: http://www.memorialdoimigrante.org.br/portalmi/templates/historico/e5.htm.

Os recém-chegados, além disso, também se voltaram à agitação política com o objetivo de melhorar de vida. Poucos deles, entretanto, haviam tido muito contato com movimentos trabalhistas organizados antes de desembarcarem do navio. No Brasil, normas formais e informais ameaçavam com perda do emprego, prisão ou expulsão os trabalhadores engajados em militância trabalhista e política. A maioria deles evitava se envolver em movimentos, e os militantes tinham dificuldade em criar coesão. A relação entre imigrantes de diferentes países, regiões e cidades de origem era marcada por desconfiança mútua. Os italianos, que dominavam o mercado de trabalho, costumavam encarar com desprezo os demais imigrantes, especialmente os de Portugal e Espanha. Alguns sindicatos usavam apenas a língua italiana em suas assembleias e publicações, excluindo assim a participação de um grande número de trabalhadores. Era comum que os brasileiros natos pensassem que os recém-chegados vinham roubar seus empregos. Novas leis foram aprovadas com o objetivo de evitar que líderes sindicais entrassem no país. Essa legislação, entretanto, não surtiu os resultados esperados: um estudo realizado em São

Paulo e no Rio de Janeiro mostrou que, entre 1890 e 1920, mais de 65% dos líderes trabalhistas eram nascidos na Europa, sendo a maioria deles, como não seria de surpreender, de ascendência italiana, espanhola e portuguesa.[19]

Em inícios do século XX, o desejo das elites por novos imigrantes só se comparava ao medo que elas tinham deles. Sílvio Romero, um crítico literário, advogado e político, incorporava ambas as posturas. Em fins do século XIX, ele havia apoiado a imigração em razão de seu potencial de embranquecimento. Em inícios do século XX, entretanto, ele mudara de opinião, enfatizando agora a necessidade de um Estado central forte, capaz de reprimir a identidade imigrante. Romero, a princípio, acreditava que os imigrantes alemães iriam absorver os melhores aspectos da cultura brasileira e transferir sua "lealdade natural" para o Brasil.[20] Os alemães que haviam se estabelecido no Rio Grande do Sul, entretanto, o amedrontavam, especialmente em face da ascensão do poderio alemão nos anos que precederam a Primeira Guerra Mundial.

Romero atacou os imigrantes alemães e seus descendentes em dois livros de grande circulação, o mais famoso dos quais trazia o provocativo título de *O allemanismo no Sul do Brasil: seus perigos e os meios de os conjurar*. Nessas obras, Romero afirmava que imigrantes não integrados se aliariam à Alemanha, convertendo o Brasil em alvo de uma potencial dominação:

> Ora, os alemães do Brasil são, socialmente, completamente distintos e independentes dos nacionais. Têm outra língua, outra religião, outros costumes, outros gêneros e sistemas de trabalho, outros ideais. É absolutamente inegável. Logo, estão presos a nós somente pelo laço do território, porque de um laço político efetivo não se pode falar, desde que se sabe que eles não tomam a mínima parte em nossa vida por esse lado.

---

19 Maram, The Immigrant and the Brazilian Labor Movement. In: Alden e Dean (eds.), *Essays Concerning the Socioeconomic History of Brazil and Portuguese India*, p.178-210; dado citado, p.183-4.

20 Skidmore, *Black into White: Race and Nationality in Brazilian Thought*, p.56. Publicado em português como *Preto no branco — raça e nacionalidade no pensamento brasileiro (1870-1930)*. O professor Skidmore, generosamente, me ajudou a pensar sobre o material de Romero que, como observado, é muitas vezes contraditório.

São como ilhas ou oásis no meio do que costumam chamar de deserto brasileiro.[21]

Alguns alemães residentes nas Américas de fato apoiaram a entrada do exército alemão na Bélgica, França e Rússia durante a Primeira Guerra Mundial. Os Estados Unidos chegaram a internar mais de 2 mil alemães residentes nos Estados Unidos durante esse período. No entanto, a posição de Romero não tratava apenas de inimigos. Ele acreditava, como tantos pensadores da elite antes dele, que os imigrantes alemães (teoricamente) iriam aperfeiçoar a identidade nacional brasileira. Os imigrantes alemães reais, entretanto, eram um "perigo".

As preocupações expressas por Romero quanto aos alemães refletiam um temor mais amplo que os brasileiros natos, sem distinção de classe, tinham em relação aos imigrantes. Um artigo antiportuguês publicado em 1907 no jornal anarcossindicalista (um ramo do anarquismo) de São Paulo *A Terra Livre* – ironicamente fundado por um imigrante português – queixava-se de que "É bastante ridículo o papel que os portugueses vêm desempenhando. Esses pobre 'manés' correm para a central de polícia e se tornam fantoches, prontos para assassinar grevistas, enquanto aqueles que produzem todas as coisas e não possuem nada estão pedindo somente mais um pedaço de pão". Quando um sindicato de portuários do Rio de Janeiro elegeu imigrantes portugueses para a presidência, em 1908, os trabalhadores nascidos no Brasil, em grande parte de ascendência africana, se amotinaram. O resultado foi uma morte, três feridos e uma queda brusca na filiação ao sindicato, que passou de 4 mil a 2 mil em um único ano.[22] Uma década mais tarde, a grande maioria dos 1.500 trabalhadores presos no Rio de Janeiro durante a imensa greve geral de 1920 eram nascidos no exterior.

Tensões entre imigrantes e brasileiros e entre ricos e pobres também ocorriam na zona rural. Um dos casos mais famosos se deu com um jovem italiano chamado Angelo Longaretti. Ele havia imigrado com a família

---

21 Romero, *A América Latina*, p.315.

22 *A Terra Livre*, São Paulo, 5 fev. 1907, p.3. In: Maram, Labor and the Left in Brazil, 1890-1921: A Movement Aborted, *Hispanic American Historical Review*, v.57, n.2, maio 1977, p.254-72; trecho citado, p.259-60.

em 1890 para trabalhar em Nova América, uma fazenda na região de Araraquara, a cerca de 250 quilômetros a nordeste da cidade de São Paulo. Diogo Salles, um chefe político local e irmão do presidente do Brasil, Campos Salles, era o proprietário da fazenda. Segundo relatos da época, o filho de Salles, Raul, tentou seduzir, uma a uma, as três irmãs de Longaretti, com idades entre 19 e 15 anos. Quando a mais nova o recusou, Raul e um capanga, uma noite, tentaram sem sucesso raptá-la. Angelo, temendo pela segurança de suas irmãs, começou a procurar emprego em outra fazenda, mas quando Raul ficou sabendo, mandou prender Angelo. Os imigrantes da fazenda entraram em greve para demonstrar solidariedade ao jovem, forçando assim a que ele fosse solto.

Alguns dias depois, Diogo Salles e o patriarca da família Longaretti parecem ter discutido, talvez a socos. O jovem Angelo, de 22 anos, já fora da cadeia, tentando proteger o pai sacou de um revólver e matou o fazendeiro. Ele, então, fugiu da fazenda, escondendo-se em uma mata próxima. A família Salles acreditava que as coisas se resolveriam rapidamente quando mandaram a polícia em seu encalço. O caso, ao contrário, transformou-se em uma *cause célèbre*. Os outros imigrantes da fazenda recusaram-se a entregar Angelo à polícia, e a família Salles despachou capangas para surrá-los. Os poucos imigrantes italianos que haviam alcançado sucesso econômico e social no Brasil, geralmente como intermediários na comercialização do café, ficaram chocados. As ameaças explícitas e a afronta à honra italiana implicada na tentativa de sedução das irmãs Longaretti incitaram os imigrantes em melhores condições financeiras a agir. O grupo angariou dinheiro para contratar um dos advogados mais importantes do Brasil para defender o jovem. Eles, além disso, pressionaram o governo italiano para intervir no caso, e seus diplomatas começaram a instar junto ao presidente do Brasil (irmão de Diogo Salles) para que fosse dada solução ao caso.

Angelo foi julgado à revelia por um tribunal brasileiro, recebendo uma pena de 12 anos de prisão, o que indignou os imigrantes, tanto ricos quanto pobres, bem como as lideranças italianas no exterior e no Brasil. O jornal socialista *Avanti!* publicou em um editorial:

[Longaretti] não é mais um colono, ele é o colono, quer dizer, a imagem viva e penosa, a personificação daquela mísera carne humana que fizeram chegar de longe, do além-mar, para substituir o escravo liberto [...] Sua história é um pouco a história de todos os emigrantes, sua vingança é a insurreição dolorosa e fatal contra todo um sistema iníquo de exploração e de vergonha.[23]

A intensa pressão por parte do público levou a um novo julgamento. Trabalhadores imigrantes testemunharam contra o proprietário, revelando que ataques à honra (ou seja, ataques sexuais) eram comuns nas fazendas de Diogo Salles. Em 1908, quando Campos Salles já não era mais presidente, um tribunal perdoou o imigrante italiano. A nova sentença parecia sugerir que o sistema político brasileiro não mais concordava com o péssimo tratamento que os fazendeiros, abertamente, davam aos imigrantes. O tribunal deixou claro que a absolvição era um reconhecimento de que se Angelo não tivesse matado Diogo, Diogo mandaria seus capangas para matar Angelo. A família Longaretti, mais tarde, voltou à Itália, onde Angelo morreu em 1960, sem jamais ter posto os pés novamente no Brasil.[24]

Tabela 3.4. Distribuição da população estrangeira no Brasil, Censo de 1920

País de Origem	% em São Paulo	Total Brasil	% de Estrangeiros em São Paulo	Total São Paulo
Japoneses	87,3	27.976	2,9	24.435
Espanhóis	78,2	219.142	20,6	171.289
Italianos	71,4	433.577	48,1	398.797
Portugueses	38,6	433.477	20,1	167.198
TOTAL		1.565.961	91,7	829.851

Fonte: Brasil, Directoria Geral de Estatística, *Recenseamento do Brasil realizado em 1º de setembro de 1920* (Rio de Janeiro: Typ. da Estatística, 1922-1930), IV, 1ª parte, p.313-7.

---

23 *Avanti!*, 8-9 jun. 1901.

24 O caso Longaretti é discutido mais a fundo em Penteado, *Belenzinho, 1910: retrato de uma época*, p.32; Dean, *Rio Claro: A Brazilian Plantation System, 1820-1920*, p.181-3. Publicado em português como *Rio Claro: um sistema de grande lavoura*. Outro livro que trata do caso é Trento, *Do outro lado do Atlântico: um século de imigração italiana no Brasil*, p.113-4.

Urbanização

A imigração em massa contribuiu para alterar a distribuição física da população brasileira: durante o século XX, São Paulo ultrapassaria o Rio de Janeiro em termos de população e de riqueza. Em 1872, São Paulo tinha apenas 31 mil habitantes, mas, por volta de 1920, esse número havia disparado para 830 mil (ver Tabela 3.4), para novamente dobrar entre 1920 e 1940. A população do Rio de Janeiro saltou de 275 mil em 1872 para 1,15 milhões em 1920 e 1,7 milhões em 1940. Porto Alegre, a maior cidade do sul do Brasil, cresceu de 44 mil em 1872 para 179 mil em 1920, e 270 mil em 1940. Diante dessas mudanças, os políticos, intelectuais e líderes empresariais que moravam nas cidades passaram a se preocupar com a realidade dos espaços urbanos cada vez mais apinhados. Conforme as cidades cresciam, inchavam os bairros pobres e de classe trabalhadora, em geral chamados de *cortiços* ou *cabeças de porco*.

À medida que mais imigrantes mudavam-se para as cidades, as instituições étnicas passaram a desempenhar um papel maior na vida brasileira. Em 1911, 11 jornais de São Paulo eram publicados em línguas que não o português, sendo eles quatro em italiano, quatro em árabe e outros em francês, espanhol e alemão. Em 1935, dois dos oito maiores jornais diários de São Paulo eram voltados a imigrantes e seus descendentes. O *Fanfulla*, publicado principalmente em língua italiana, tinha uma tiragem de 35 mil exemplares, e o *Deutsche Zeitung*, principalmente de língua alemã, gabava-se de ter 20 mil leitores.[25] O cinema era outra forma cultural apreciada pelos imigrantes no Brasil. Algumas casas associavam-se a grupos imigrantes específicos (por exemplo, os que exibiam filmes em iídiche ou em japonês), enquanto outras ofereciam uma seleção ampla de filmes norte-americanos, europeus e brasileiros.

O Cine Belém, inaugurado em 1910, localizava-se no Brás, um bairro de classe trabalhadora com uma grande população imigrante localizado próximo à Hospedaria dos Imigrantes, em São Paulo. A sessão muitas vezes

---

25 Love, *São Paulo in the Brazilian Federation, 1889-1937*, p.91. Publicado em português como *A locomotiva – São Paulo na Federação Brasileira 1889-1937*.

começava com a apresentação de atores de circo imigrantes e de uma banda que tocava marchas italianas. As famílias traziam sua própria comida e passavam o dia inteiro assistindo à programação. As plateias gostavam dos filmes franceses, italianos e americanos, e entusiasmavam-se igualmente ao ouvir polcas ou música popular brasileira. Jacob Penteado, que fazia uma crônica zombeteira da vida brasileira em inícios do século XX, relatava que os diferentes grupos imigrantes tinham muito contato entre si nos espaços públicos. Ele contou a história de uma belíssima italiana que se apresentava no Cine Belém, chamada Pimpinella. Segundo Penteado, a atriz, "com seu charme e trejeitos, levou à falência um jovem negociante sírio, estabelecido na esquina da Av. Celso Garcia com a Rua Dr. Clementino, o qual, por ela, fez loucuras e acabou falando sozinho".[26]

Conclusão

Embora a maioria dos grupos imigrantes usasse os mesmos formatos de expressão cultural (jornais, cinema, música, comida, clubes), as culturas étnicas também podiam diferir dependendo da nação de origem, do tamanho da população e da forma como as gerações nascidas no Brasil se engajavam na sociedade mais ampla. O crescimento dos espaços culturais urbanos voltados ao público imigrante confere à palavra "colônia" uma importância crítica para o restante de nossa história, como veremos nos próximos capítulos. Segundo o historiador Jürgen Buchenau, a palavra tem origem na Renascença italiana, quando os forasteiros oriundos de uma mesma cidade (geralmente mercadores) viviam em áreas específicas de outras cidades. Assim, as colônias de mercadores podiam interagir socialmente com as elites locais, ao contrário, em particular, dos guetos judeus, construídos exatamente para evitar esse contato. O termo difundiu-se na América Latina de fins do século XIX para descrever imigrantes cujo "esforço em preservar sua cultura original implicava um sentimento de superioridade em relação

---

26 Penteado, O Cinema Belém. In: _____, *Belenzinho, 1910*, p.171-6.

à sociedade que os acolhia, a participação em uma comunidade altamente coesa e uma 'consciência territorial'".[27]

No Brasil a definição de "colônia" vigente em fins do século XIX se alterou quando ficou claro que os filhos dos imigrantes eram brasileiros étnicos. O termo, então, passou a significar "comunidade étnica". Em parte, esse novo significado estava relacionado à já mencionada discussão dos trabalhadores rurais como sendo *colonos*, distintos da mão de obra escrava. No entanto, a passagem de colono individual a *colônias* étnicas teve implicações mais profundas, que podem ser percebidas na reencenação da história de Angelo Longaretti, muito tempo após sua partida do Brasil.

Celso Lungaretti é neto de imigrantes italianos e, ao que parece, parente de Angelo. Ele tornou-se adulto em meio à brutal ditadura militar que tomou o poder no golpe de Estado de 1964. Em 1967, ainda ginasiano, entrou para o crescente movimento estudantil que opunha resistência à ditadura e, em 1969, juntou-se à Vanguarda Popular Revolucionária (VPR). Em 1970, após ter participado de algumas operações armadas da organização, ele decidiu se entregar às autoridades. Por anos a fio, militantes de esquerda o acusaram de ter informado os militares sobre a existência de um campo de treinamento clandestino mantido pela VPR e o trataram como traidor. Em 2004, após o fim da ditadura militar, Lungaretti lançou-se em uma campanha para reabilitar seu nome. Uma das táticas usadas por ele foi a de associar sua imagem à de Angelo Longaretti, a quem, em um artigo, ele descreveu como um militante libertário, como ele próprio.[28] Parece ter funcionado. Hoje, Celso Lungaretti é um comentarista cultural que, segundo muitos, nunca traiu seus colegas entregando-os aos militares.

---

27 Buchenau, *Tools of Progress: A German Merchant Family in Mexico City, 1865-Present*, p. 32-3.
28 Lungaretti, Mussolini vive. Dante morreu, *Centro de Mídia Independente*, disponível em: http://www.midiaindependente.org/pt/blue/2009/05/446746.shtml.

Apêndice

Documento 3.1
Carta-convite para a inauguração da Sociedade Central de Imigração, 1883

Excelência!

A crise de trabalho que ameaça o país em futuro próximo, e a indisfarçável verdade de que a grande agricultura deve se transformar no sistema da pequena propriedade, a qual criará para todos, graças à generalidade da produção, um bem-estar tranquilo no nosso solo fértil, são as razões porque todos os olhos se dirigem angustiosamente para a imigração, que proporcionou à grande União Norte-Americana o colossal progresso que faz a admiração do mundo. E tanto isto é verdade que o poder legislativo, depois de ter posto em pé de igualdade com os naturais do país os cidadãos naturalizados e os não católicos, dirige a sua atenção para a grande naturalização e para o casamento civil, duas condições essenciais para a formação espontânea de uma corrente migratória para o Brasil. Mas a ação legislativa não basta. É necessário, fora dela, que seja feita propaganda tanto na Europa quanto no Brasil. É o que faz o louvável Comitê Central de Geografia Econômica, que, com o apoio de sua filial do Império, faz há anos uma extensiva propaganda em favor do Brasil, uma propaganda que já atingiu belos resultados, fazendo convergir para o Brasil a atenção simpática dos centros de imigração. É tempo de semelhante propaganda encontrar apoio do lado brasileiro, principalmente nesta cidade que concentra a vida oficial do país, por meio da iniciativa privada, pois a sociedade estrangeira a que nos referimos tem o direito de saber que o Brasil corresponde aos seus esforços com igual atividade.

É no reconhecimento dessa verdade que os abaixo-assinados, que labutam há muitos anos na imprensa alemã do Brasil, chegaram à convicção de que tudo o que se faça naquela direção servirá de encorajamento àqueles que têm representado a nossa causa na Alemanha, de onde vieram os nossos primeiros colonos, aos quais as províncias do Rio Grande do Sul e de Santa Catarina devem o seu progresso. Os abaixo-assinados, cuja competência para a iniciativa que tomam repousa somente no trabalho de muitos anos em favor da emigração alemã para o Brasil, não são tão ambiciosos a ponto de pretenderem fixar qualquer plano ou qualquer ideia. Seu desejo é somente de reunir aqueles estadistas, jornalistas e capitalistas do Brasil que saibam dar ao assunto o devido apreço, e com eles deliberarem sobre as decisões que devem ser tomadas em conjunto. Nesta ordem de ideias os abaixo-assinados convidam V. Exa. a comparecer domingo, 14, às 11 horas da manhã, na sala do Liceu Imperial de Artes e Ofícios. Confiados no conhecido patriotismo de V. Exa., assim como no interesse que V. Exa. dispensa às questões de imigração, esperam os abaixo-assinados que V. Exa. não deixará de favorecer a projetada reunião com a sua sabedoria e grande inteligência.

Deus guarde a V. Exa.

Rio de Janeiro, outubro de 1883.
Dr. Hermann Blumenau
C. von Koseritz
H. A. Gruir

Fonte: Karl von Koseritz, *Imagens do Brasil*. São Paulo: Livraria Martins Fontes Editora, 1972, p.218-9

Documento 3.2
Carta de um imigrante italiano, 1889

Caro Professor,

Digo-lhe que partimos dia 27 de janeiro da Casa de Imigração, onde morreu meu avô Sisto, um filho de Antonio Barel e uma menina de Antônio Celotto. Digo-lhe, também, que no dia 26 de janeiro, naquela casa, aconteceu uma revolução: jogaram fora, no quintal, o que estava na cozinha: sopa, carne, pão, tudo pela janela. Fugiram todos os empregados, cozinheiros, patrões. Pisaram em tudo, até nos pratos. Esta revolta atemorizou meio mundo.

Telegrafaram. Vieram guardas, avaliadores, militares da cavalaria, que acalmavam os imigrantes, dando-lhes razão, pedindo-lhes paciência, dizendo-lhes que no dia seguinte seria trocado o cozinheiro e que a comida seria melhor.

Ninguém ficou ferido. Tudo melhorou e comia-se bem.

No dia 26, estourou uma revolução em São Paulo. Os civis brasileiros esperavam reforço da Casa de Imigração, mas quem tinha família não se manifestou para não assustar mulher e filhos. Uma jovem de 17 anos estava fora da casa e viu, na rua, cortarem a cabeça de um cavalo, de um militar. Assustou-se, morrendo cinco horas depois no hospital. Os militares prenderam poucos, levando-os à prisão; então voltou a calma.

Os italianos napolitanos residentes em São Paulo, com negócios, restaurantes, queriam a República, queriam mandar em tudo: gente bruta, blasfema, sem religião.

Os brasileiros são bons: a maior parte é negra; todos vivem muito bem: gente alegre, sem preocupações. Sempre, à noite, fazem festa, com baile, na casa do nosso patrão. Ele também gosta de dançar, de cantar, de estar alegre.

Digo-lhe que aqui, na fazenda, seis famílias estão juntas, distribuídas em duas casas, mas já estão fazendo mais quatro, quase terminadas. O patrão, Giovanni De Toffole (não era o dono, deveria ser o administrador), nos dá tudo o que precisamos. Com ele, formamos uma só família. Ele nos paga dois "francos" por dia, com despesas, chuva, sol, para acondicionar o milho.

Aqui no Brasil é preciso colocar o milho com palha no paiol, porque se fosse sem palha não duraria mais que cinco meses. Com palha, ele se mantém durante dois ou três anos.

Aqui tudo é caro; custa para viver. Neste ano a colheita de tudo é abundante. Aqui não é como na Itália: não se sofre a seca; chove toda semana o necessário. A terra é muito fértil, não precisando cultivo. Os bosques são densos, de um tamanho extraordinário.

Os negros que queimam os bosques não arrancam nenhuma árvore, deixando-as, enormes, em pé. Plantam as sementes sem aração e, em cada cova, colocam cinco grãos, e todos brotam, dando uma ou duas espigas em cada pé.

Aqui, agora, estamos carpindo café. Ganha-se pouco porque o mato, no meio do cafezal, tem a altura de um homem, mas se ganha 25 mil florins por mil plantas.

Se o senhor pudesse ver a maravilha que é uma colina de café! Os grãos iguais que caem do pé parecem avelãs.

Todas as plantações são alinhadas, tendo estradas entre elas, que podem passar carros. Tem laranja, limão e outras frutas. Tem fumo para fumar.

A planta do café tem folhas como as de louro. [...].

Maravilhoso é ver que nos bosques não há animais selvagens, porque não há cavernas; todas as colinas são lisas, belíssimas.

Nós temos todo o conforto: lenha infinita, abundância de água, uma roda que toca um pequeno moinho que passa no terreiro: água boa, patrões bons.

As casas são de madeira, mas muito bem feitas, com quatro quartos, cozinha e forno. Elas são baixas, cobertas de telhas de barro vermelho. Aqui na América todo barro é vermelho.

Todo sábado se mata um porco com mais de cem quilos. A carne é distribuída aos colonos, como, também, a gordura para o tempero. A carne é barata: custa 80 centésimos o quilo, e pernas, cabeça, fígado nada custam.

Digo-lhe que na América as estradas são péssimas. Não se pode imaginar! Tanto assim que para puxar um carro de duas rodas, com peso de mil libras, são necessários quatorze enormes bois. Se houvesse boa vontade custaria pouco consertá-las. As estradas de ferro são estreitas e entram no meio dos bosques. Os trens vão como o vento: correm muito mais que os da Itália. Eu saí de São Paulo às seis da manhã e cheguei às quatro da tarde em São José do Rio Pardo, distância que calculo seja de Conegliano a Gênova.

Muitos imigrantes se arrependeram ao encontrarem-se tão longe da terra natal. Muitos que tinham três filhos ficaram sem nenhum. As mães desesperadas amaldiçoaram a "Merica" e procuraram retornar à Itália, por meio da emigração. Outros tantos não tiveram sorte com as famílias, vendo-se no meio do desolamento. Muitos morreram de paixão. É preciso pensar seriamente antes de empreender a longa viagem, porque facilmente se arruína. Não aconselho ninguém a partir quando não se é chamado por parentes.

Aqui a religiosidade é pouca. Nós estamos longe da igreja da cidade, como de Feletto a Conegliano. Dois ou três de nós vamos às festas, quando o tempo ajuda. Se chove, ninguém vai.

Em São José há um só padre e uma só missa. Depois da missa, a igreja se fecha e ninguém pode mais entrar. Quando o padre vai a algum lugar vizinho, ganhando 50 florins, ele deixa a cidade sem missa, mesmo em dia de festa. Quando morre alguém, precisa-se levá-lo à igreja, pagando-se pela bênção 10 florins. Para limpar um relógio, Luís pagou 10 liras italianas; para fazer um terno, 30; e para arrancar três dentes, 30. Tudo muito caro! [...].

Seu amigo,
Manzoni, Giuseppe

(Giuseppe Manzoni foi colono em uma fazenda próxima a São José do Rio Pardo, estado de São Paulo. Cerca da metade da população da região, de 24 mil, veio da Itália. Ele enviou essa carta a seu ex--professor na cidade de Feletto, em Treviso, Itália, em 11 de março de 1899, quando o Brasil estava imerso na agitação política que levaria à proclamação da República, em 1889. O texto original pode ser encontrado em Emilio Franzina, *Merica! Merica!: emigrazione e colonizzazione nelle lettere dei contadini veneti in America Latina 1876-1902*. Milão: Feltrinelli economica, 1979, p.174-5.)

4.
A criação das identidades euro-brasileiras

GALEGO: "Estrangeiro, gringo, bicho d'água".

Felisbelo Silva (investigador de polícia), *Dicionário de gíria*:
gíria policial, gíria humorística, gíria dos marginais, p.62

Uma das grandes histórias da invenção das identidades nacionais veio na forma de um diálogo que provavelmente nunca ocorreu. "Nós fizemos a Itália, agora temos que fazer os italianos", disse (ou teria dito) Massimo D'Azeglio, um estadista e escritor aristocrata, a Giuseppe Garibaldi, um outro estadista cujas proezas militares abrangeram da Itália ao Uruguai e Brasil. No entanto, esse "italiano", como também as outras identidades nacionais que tomaram forma nos séculos XIX e XX, não eram geradas apenas nos países de origem, mas também no exterior. Os imigrantes com destino às Américas não chegaram ao novo continente já rotulados como italianos, espanhóis, portugueses, japoneses, sírios ou coreanos. Eles se converteram nos agentes que imbuíram esses termos de novos significados. No Brasil, como em outros países, as novas identidades nacionais eram apenas uma das características pelas quais as pessoas definiam a si próprias, juntamente com região, classe, religião e gênero.

A criação de novas identidades foi apenas uma das experiências dos imigrantes brasileiros. Outra foi a discriminação social, cultural e racial, o que levou muitos a tentarem se apartar dos afro-brasileiros com quem compartilhavam ambientes de trabalho, moradia e convívio social. Os imigrantes europeus temiam ser colocados na categoria racial de não brancos e, com frequência, tratavam com desrespeito os afro-brasileiros, atitude essa de que os negros se ressentiam. As relações dos imigrantes com os brasileiros natos significavam que a condição de branco, mesmo que não fosse um componente importante da identidade nacional em seu local de origem, assumia grande importância no Brasil. A constante tensão entre os imigrantes, seus patrões e os brasileiros não brancos se mesclava com identidades inspiradas no Velho Mundo.

A imigração proveniente do Sul da Europa resultou de dois processos associados. Um deles foi a pobreza e as pressões demográficas. O outro foi o fim da escravatura no Brasil, aliada à intenção dos proprietários de terras e políticos brasileiros de usar trabalhadores europeus mal remunerados como parte de seu projeto nacional de embranquecimento. Os desafios trazidos pelos europeus do Sul à identidade nacional brasileira do século XIX e inícios do século XX foram bem diferentes dos suscitados pelos imigrantes inesperados que encontraremos no Capítulo 5, como os árabes e os judeus. Embora os imigrantes europeus se esforçassem ao máximo para reforçar a linha demarcatória da cor que os classificava como "brancos", o fato de serem vistos como "desejáveis" tinha também suas desvantagens. O presente capítulo, portanto, enfoca as experiências das três maiores "colônias" brasileiras – as da Itália, Portugal e Espanha – com o objetivo de ilustrar os diferentes aspectos da experiência imigrante em geral.

Assentamento rural e militância política: a imigração italiana

Os italianos representaram mais de 30% das entradas no Brasil entre 1872 e 1972. Em 1920, mais de 35% de todos os estrangeiros residentes no Brasil eram originários da Itália. Embora a maioria dos italianos tenha se estabelecido em São Paulo, contingentes significativos podiam ser encontrados no Paraná, Santa Catarina e no Rio Grande do Sul, no sul do país. Atualmente, 60% da população do estado do Espírito Santo é de ascendência italiana, o maior percentual de todo o Brasil. Os recém-chegados da Itália passaram por uma vasta gama de experiências que os historiadores podem recuperar e analisar por meio das fontes mais diversas, desde cartas pessoais até artigos publicados na imprensa ítalo-brasileira. Sabemos muito também sobre as reações oficiais, uma vez que a Itália, fortemente interessada em manter esse fluxo para o Brasil, por diversas vezes enviou diplomatas às fazendas com a missão de relatar e tentar influenciar o tratamento dado aos imigrantes, e também o comportamento destes. Os proprietários de terras e os políticos brasileiros dedicavam-se, principalmente, a incentivar a produção e reprimir qualquer forma de agitação.

Esses números tiveram um enorme impacto cultural. Costuma-se dizer que a palavra italiana *ciao* (significando tanto olá quanto até logo) transformou-se no *tchau* brasileiro. A cidade de São Paulo se gaba de possuir 1,5 mil restaurantes italianos, de simples cantinas a tratorias elegantes. Diz-se que os moradores da cidade consomem 1 milhão de pizzas a cada dia e, anualmente, muitos restaurantes comemoram o Dia da Pizza servindo pizzas pela metade do preço, data essa associada também à celebração da fracassada Revolução Constitucionalista de 1932, quando o estado de São Paulo se insurgiu contra o governo federal. O historiador Glen Goodman relata que, no Rio Grande do Sul, os restaurantes alemães explicam pratos como o *knödel* descrevendo-os como "parecidos com nhoque", a massa de batata de origem italiana. Fazendo longas filas à porta dos seis consulados da Itália, brasileiros tentam, com base em sua ascendência, obter passaportes italianos que lhes conferiram cidadania na União Europeia, com todas as vantagens trabalhistas e culturais decorrentes.

Da mesma forma que todas as histórias de imigrantes, esta começa no exterior. Entre 1875 e o início da Primeira Guerra Mundial, grandes levas deixaram a Itália. A maioria vinha do campo e passava por grandes dificuldades causadas pela concorrência mundial e por uma política monetária que empobrecera a população. A distribuição da terra agravava ainda mais a situação: os latifúndios caracterizavam-se por proprietários ausentes, tecnologia obsoleta e baixa produtividade, enquanto os minifúndios eram pequenos demais para sustentar sequer uma família. A reação de muitos foi emigrar.

Cerca de 8,8 milhões de italianos se estabeleceram em apenas três países: os Estados Unidos (5 milhões), a Argentina (2,4 milhões) e o Brasil (1,4 milhões). Muitos imigrantes iam e retornavam regularmente. Alguns simplesmente porque se sentiam insatisfeitos com qualquer país onde viessem a se estabelecer.[1] Para outros, as transições representavam uma tentativa de tirar partido das oportunidades sazonais de trabalho. Em nenhum lugar isso ficou mais claro que na Argentina. Lá, metade do total da imigração italiana correspondia a migrantes temporários que iam trabalhar na estação da colheita do Hemisfério Sul. Apelidados de *golondrinas* (andorinhas), eles cruzavam de volta o Atlântico para trabalhar na colheita da Europa.

A imigração italiana para as Américas teve dois momentos distintos. De 1876 a 1900, imigrantes do Norte da Itália, em especial da região do Vêneto, que então passava por uma crise agrícola, se dirigiram em grandes levas para o Brasil e a Argentina. Os primeiros a chegar espalharam-se por todo o Brasil e tornaram-se pequenos proprietários de terras, enquanto praticamente todos os que chegaram após 1880 foram trabalhar como colonos nos cafezais paulistas, então em franca expansão. De 1901 até a Primeira Guerra Mundial, a maioria dos migrantes vinha do Sul da Itália, dirigindo-se em massa para os Estados Unidos, onde encontraram emprego como operários industriais e trabalhadores não qualificados (ver os totais na Tabela 4.1).

Tabela 4.1. Estabelecimento permanente de italianos nas Américas (entradas menos saídas)

Datas	Origem	Brasil	Argentina	Estados Unidos
1876-1900	Norte	561.756	519.034	99.023
1876-1900	Sul	252.632	282.328	673.769
1901-1913	Norte	137.961	445.780	678.361
1901-1913	Sul	255.201	505.190	2.486.590
Subtotais	Norte	699.717	964.814	777.384
Subtotais	Sul	507.833	787.518	3.160.359
TOTAL		1.207.550	1.752.332	3.937.743

Fonte: Jorge Balán, *International Migration in the Southern Cone*. Buenos Aires: Centro de Estudios de Estado y Sociedad, 1985, p.97.

---

1 Baily; Franco Ramella, *One Family, Two Worlds: An Italian Family's correspondence across the Atlantic, 1901-1922*.

As diferenças de classe social entre as populações que emigraram para o Brasil, a Argentina e os Estados Unidos ficam evidentes nas remessas de dinheiro que os residentes estrangeiros enviavam a suas famílias na Itália. Por diversas razões, essas remessas são importantes para a compreensão da vida dos imigrantes. Em primeiro lugar, poupar para remeter dinheiro era (e continua sendo) o principal objetivo dos que acreditam que um dia acabariam por voltar para casa. Quando os imigrantes passam a imaginar um futuro em sua nova pátria, contudo, as remessas costumam diminuir. Em segundo lugar, as remessas estão associadas a fatores econômicos globais e nacionais, como o valor da moeda em diferentes países. Nesse sentido, as remessas representam decisões de investimento baseadas no cálculo do que o dinheiro poupado em um país conseguiria comprar em outro. Por fim, as remessas são culturais, porque algumas pessoas e grupos dão maior prioridade à poupança.

Os estudiosos do assunto conseguiram obter muita informação sobre as remessas a partir dos registros sobre os imigrantes italianos. Sabemos, por exemplo, que o dinheiro enviado do Brasil para a Itália era pouco em termos *per capita*, se comparado ao enviado dos Estados Unidos. Sabemos também que entre 1884 e 1899, o valor das ordens de pagamento provenientes da Argentina e sacadas na Itália era maior que o valor correspondente ao Brasil. No entanto, entre 1900 e 1914 verificou-se uma inversão e, em alguns anos, os valores *per capita* enviados do Brasil eram 70% maiores que os enviados de sua vizinha do sul.[2] Como explicar essas diferenças? Uma interpretação é que as modestas quantias enviadas do Brasil refletem uma menor poupança causada pelos baixos salários. Uma outra interpretação é que as menores remessas apontam para maiores investimentos no Brasil, em comparação com o que ocorreu na Argentina e nos Estados Unidos, onde os maiores salários fizeram com que os imigrantes acreditassem que poderiam voltar mais ricos para a Itália.

---

2 Dean, *Remittances of Italian immigrants: From Brazil, Argentina, Uruguay and U.S.A., 1884-1914*, p.4-8; Tabela 2, p.5.

Figura 4.1. Imigrantes italianos colhendo café no Núcleo Colonial Monção, no centro-oeste do estado de São Paulo (por volta de 1910). Do acervo fotográfico Gaelzer-Neto, VI, São Paulo – Landw. Produkte, Fazendas. Usado com permissão do *Ibero-Amerikanisches Institut* Preussischer Kulturbesitz (Berlim).

Ao início da Primeira Guerra Mundial, mais de 1,2 milhões de italianos haviam-se estabelecido no Brasil. A maioria deles vinha das camadas mais pobres da sociedade italiana, tendo suas passagens sido subsidiadas pelo estado de São Paulo, que concentrava recursos orçamentários no uso da imigração como reforço à economia cafeeira (ver Figura 4.1). As experiências dos italianos nas fazendas ressaltam as discrepâncias entre o que foi dito aos possíveis imigrantes e o que eles de fato encontraram ao chegar. Como vimos repetidamente, as fontes oficiais com frequência forneciam informações enganosas sobre salários, tratamento e oportunidade de aquisição da propriedade da terra. Embora boa parte dessas informações partisse de fontes brasileiras, as empresas de navegação tinham interesse em promover as migrações porque auferiam bons lucros com cada passageiro.

O presidente da Sociedade Central de Imigração, Alfredo d'Escragnolle Taunay, queixou-se de que era comum que os imigrantes chegassem com passagens carimbadas por agentes europeus trazendo os seguintes dizeres: *Ogni coloni avra diritto a sei mesi di vitto e d'allogio gratis!* [Todos os colonos terão direito a seis meses de alimentação e alojamento gratuitos].[3]

Mesmo os imigrantes que não se deixaram enganar por agentes inescrupulosos ficavam chocados com as condições nas fazendas. (Ver Documento 4.1. Relatório de um funcionário consular italiano após visita a um assentamento de imigrantes italianos na Bahia, em 1907, no Apêndice do presente capítulo.) Aspectos tradicionais da vida social pré-migratória, como mercados e festas, eram raros nas fazendas, o que costumava fazer com que os imigrantes se sentissem deslocados. Esse sentimento era exacerbado pelo baixo número de instituições religiosas e educacionais acessíveis aos trabalhadores rurais. Os colonos muitas vezes viviam nas antigas senzalas deixadas vagas pela abolição ou em pequenas casas toscamente construídas, com chão de terra batida. Michael Hall sugeriu que, embora os imigrantes talvez se alimentassem melhor no Brasil que na Itália (isto é, tinham uma maior ingestão calórica), as condições de saúde em geral eram precárias.[4] A situação era agravada pela falta de médicos (1 para 5 mil habitantes, na melhor das hipóteses). Quando existente, o atendimento médico era tão caro que a família tinha que escolher entre uma consulta médica ou a perda da totalidade de sua poupança. Alcoolismo e doenças mentais eram visíveis entre os trabalhadores das fazendas, e, como a maioria dos colonos era italiana, criou-se um estereótipo de instabilidade emocional que estigmatizou até mesmo seus descendentes.

Tensões e estereótipos de si mesmo e do "outro" faziam da violência um aspecto comum na vida cotidiana. Acontecia de os imigrantes atacarem os proprietários de terras e seus representantes e vice-versa. A violência, entretanto, era mais comum entre os imigrantes e os naturais da terra. (Ver Documento 4.2. Registro de ocorrência policial sobre um choque violento entre

---

3 Laërne, *Brazil and Java*, p.137.

4 Hall, *The Origins of Mass Immigration to Brazil, 1817-1914* (Tese de doutoramento não publicada), p.135-6.

um pedreiro brasileiro e um mascate italiano, 1895, no Apêndice.) O sociólogo Karl Monsma relata o ocorrido em uma festa religiosa na cidade de São Carlos, estado de São Paulo, com grande população de imigrantes da Itália, Espanha e Portugal. Um dia, Gaspar Sabino, imigrante italiano, esbarrou em Heitor Rodrigues da Silva, um brasileiro descrito pela polícia como "mulato", em uma igreja. Gaspar zangou-se quando Heitor tentou ajudá-lo a recuperar o equilíbrio, dizendo "Não sou bêbado nem louco, [por isso você] não precisa me segurar". A discussão continuou com insultos verbais e terminou com Heitor esfaqueando Gaspar nas costas.[5]

O controle social era a norma, e era comum que os trabalhadores das fazendas sofressem castigos não muito diferentes dos infligidos aos escravos. As horas de sono eram rigidamente controladas por um sino conhecido como o *silenzio*, e os proprietários puniam os infratores. Os fazendeiros "avançados" usavam multas em dinheiro, enquanto os mais tradicionais aplicavam castigos físicos àqueles cujas luzes continuassem acesas após o toque do sino. Os que adoeciam e faltavam ao trabalho eram descontados no pagamento e também multados. Os fazendeiros também se beneficiavam com as vendas da fazenda, onde gêneros de baixa qualidade eram vendidos a preços absurdamente altos. Embora a maioria dos contratos permitisse que os imigrantes cultivassem uma horta e criassem animais em suas horas livres, o excedente só poderia ser vendido ao fazendeiro, geralmente por preços bem inferiores a seu valor de mercado. Como os fazendeiros se recusavam a pagar em dia os salários, a carga das dívidas só fazia aumentar: uma estimativa realizada em 1902 pelo governo italiano sugeria que 60% dos fazendeiros estavam atrasados com os pagamentos.[6] Os proprietários culpavam os preços do café, mas nem os tempos de bonança faziam com que os salários fossem pagos em dia, e os atrasados raramente apareciam.

---

5 Monsma, Symbolic Conflicts, Deadly Consequences: Fights between Italians and Blacks in Western São Paulo 1888-1914, *Journal of Social History*, v.39, n.4, verão de 2006, p.1123-52; trecho citado, p.1123-4. Publicado em português como Monsma; Ferreira; da Silva, Imigração e violência racial: italianos e negros no Oeste Paulista, 1888-1914, *Impulso*, Piracicaba, v.15, n.37, 2004, p.49-60.

6 Hall, *The Origins of Mass Immigration to Brazil*, p.132.

Os maus-tratos infligidos aos colonos europeus enfatizam a discrepância entre as políticas de incentivo à imigração de trabalhadores assalariados livres e independentes e a preferência dos fazendeiros pelo trabalho subserviente. Embora os italianos não fossem escravos, essa comparação não escapava a comentaristas da época. O cônsul italiano em São Paulo escreveu, em 1893, em um relatório que a "aparência distinta" dos fazendeiros não conseguia ocultar o "velho proprietário de escravos e senhor feudal, cônscio de ser o senhor absoluto em suas terras, onde sua vontade era a única norma de conduta".[7]

Os italianos, como todos os outros imigrantes, e os escravos antes deles, opunham resistência a esses maus-tratos. Se os escravos, por meio de revoltas, haviam, em grande medida, criado as condições para sua própria libertação, o mesmo fizeram os imigrantes, embora enfrentar as muitas injustiças não fosse tarefa fácil. Os abusos físicos e financeiros perpetrados pelos proprietários das fazendas muitas vezes não lhes traziam qualquer consequência. Os imigrantes que tentavam reagir por meios legais logo se davam conta de que suas queixas custavam caro. No entanto, sua situação precária não passava desapercebida. Em 1902, o diretor-geral para a imigração da Itália promulgou o "Decreto Prinetti", que proibia os navios de levarem trabalhadores subsidiados ao Brasil.[8] Os trabalhadores, por sua vez, muitas vezes agiam por conta própria. Muitos fugiram das fazendas com destino a áreas urbanas, onde as famílias estavam mais a salvo de maus-tratos físicos, as crianças tinham acesso à educação e havia instituições culturais e religiosas. Nas cidades, as probabilidades de uma ascensão social rápida era maior, e as remessas monetárias fornecem um indício importante: um número muito maior de remessas (em termos absolutos) foram feitas para a Itália por imigrantes italianos residentes na cidade do Rio de Janeiro do que pelos que trabalhavam nas fazendas paulistas, apesar do menor tamanho da população italiana do Rio.[9]

---

7 A. L. Rozwadowski, cônsul italiano em São Paulo. Itália, Ministero degli Affari Esteriori, *Emmigrazione e Colonie; Rapporti di Agenti Diplomatici e Consolari*, 1893, p.166, citado em Hall, *The Origins of Mass Immigration to Brazil*, p.123.

8 Alvim, *Brava gente! Os italianos em São Paulo, 1870-1920*, p.53.

9 Dean, *Remittances of Italian Immigrants*, Tabela 5, p.9.

Embora a maioria esmagadora dos imigrantes italianos trabalhasse como mão de obra nas fazendas, havia outros modelos de assentamento. Em 1870, foram estabelecidas as primeiras colônias italianas do Rio Grande do Sul, usando o modelo da Sociedade Privada de Colonização discutido no Capítulo 3. Em menos de uma década, 10 mil recém-chegados haviam se instalado no que mais tarde viriam a ser as cidades de Garibaldi (em homenagem ao estadista italiano), Bento Gonçalves e Caxias do Sul. Até fins do século, mais 80 mil outros italianos se juntariam a eles. Ao contrário dos alemães que, tempos antes, haviam se estabelecido no estado, os imigrantes italianos, quase todos católicos, podiam praticar abertamente sua fé. Da mesma forma que os alemães, os italianos reformularam determinados aspectos de sua produção e os comercializaram no Brasil. O exemplo italiano mais famoso é o vinho. Embora o cultivo de uvas já existisse na região – as missões jesuítas ensinaram os índios guaranis a plantar uvas ainda no século XVII, e os alemães vinham fabricando vinho desde sua chegada –, foram os italianos que passaram a comercializar o produto.

A maioria dos imigrantes, fossem eles trabalhadores contratados pelas fazendas ou agricultores independentes, era pobre e precisava trabalhar a terra para garantir sua subsistência. Mas isso nem sempre acontecia. Alguns imigrantes italianos chegaram com pouquíssimo dinheiro para investir, e há uma correlação direta entre o sucesso econômico rápido e o trabalho *não* ligado à agricultura. Os imigrantes e seus descendentes eram desproporcionalmente representados na incipiente classe média brasileira, em geral pelos grupos não vinculados à terra, principalmente árabes e judeus. Muitos imigrantes bem-sucedidos começaram com um comércio rural móvel, primeiro como mascates, o que frequentemente levava à abertura de lojas e, mais tarde, de fábricas, como discutiremos em maiores detalhes no Capítulo 5.

Em 1920, o grosso da indústria paulista era de propriedade de imigrantes ou de seus descendentes, o que, entretanto, dissimula o fato de que a maioria dos imigrantes não ascendeu econômica ou socialmente. Os observadores tinham razão quando culpavam os fazendeiros, e um observador italiano, em 1922, descreveu o típico proprietário de terras como:

desprovido de qualquer senso empresarial e sempre atrasado no pagamento dos salários por falta de dinheiro, e quando há dinheiro ele o esbanja, ele adora viajar e se encanta com a vida urbana, adora festas, champanhe e, acima de tudo, mulheres... Ele é bajulador e brutal, desconfiado e hospitaleiro, perdulário e avarento, cavaleiro e jesuíta, sua psicologia é o resultado de muitos sangues diferentes, e o contato com muitas raças o faz oscilar entre a mata virgem e Paris.[10]

Os imigrantes italianos que conseguiram abandonar o trabalho agrícola, em geral, alcançaram sucesso. Em São Paulo, alguns imigrantes se tornaram pequenos comerciantes, ou porque trouxeram algum dinheiro ou porque estavam entre os poucos que tiveram a sorte de poupar o suficiente para deixar a fazenda ao fim de seu contrato. Outros se tornaram pequenos proprietários de terras, e uma estimativa datada de 1905 sugere que os italianos eram proprietários de 14% das terras do estado de São Paulo. Alguns chegaram a se tornar industriais. O mais famoso deles foi Francesco Matarazzo, um jovem empreendedor que emigrou para o Brasil em 1881, após ter tido notícias de que naquele país da América do Sul era possível fazer fortuna. Ao chegar, ele tinha dinheiro suficiente para abrir uma pequena loja e, em 1910, já chamado Francisco, era dono de uma fábrica que, durante a Primeira Guerra Mundial, se expandiu e diversificou, indo dos têxteis ao petróleo.[11]

Um exemplo diferente é o caso de Giuseppe Giacomo e Luigia Carolina Zanrosso Eberle que, em 1884, chegaram ao Rio Grande do Sul com quatro filhos, fixando-se na região que viria a se tornar Caxias do Sul. Dois anos após sua chegada, Giuseppe comprou uma pequena metalúrgica, mas como queria continuar trabalhando na terra, colocou o negócio em mãos de sua mulher de 32 anos, conhecida pelo apelido de Gigia Bandera. Ela foi

---

10 Peviani, *L'attuale problema italo-brasiliano* (1922), citado em Aliano, Brazil Through Italian Eyes: The Debate over Emigration to São Paulo during the 1920s, *Altreitalie: Rivista Internazionale di Studi sulle Migrazioni Italiane nel Mondo* (jul.-dez. 2005), p.87-107; trecho citado, p.93.

11 A ascensão de Matarazzo a uma posição de proeminência é contada em Warren Dean, *The Industrialization of São Paulo*. Publicado em português como Dean, *A industrialização de São Paulo*.

uma empreendedora de sucesso, fazendo crescer a linha de produtos para incluir peças de cobre e pequenas máquinas que não eram fáceis de encontrar no Brasil. Entre 1886 e 1896 ela teve mais seis filhos e, por fim, entregou o negócio a seu filho mais velho, que o expandiu para incluir produtos como lâmpadas de querosene e cutelaria. Em meados da década de 1920, a empresa, agora chamada Abramo Eberle e Companhia, produzia pequenas armas (como facas) para as Forças Armadas e, na década de 1930, começou a produzir motores elétricos. Em meados da década de 1980, uma outra indústria fundada por um imigrante, o grupo Zivi-Hércules (fundada como cutelaria de produtos de aço inoxidável por um judeu alemão, também imigrante) comprou a Eberle e Companhia, criando o que é hoje a empresa Mundial.[12]

Nas primeiras décadas do século XX, à medida que os imigrantes italianos passavam a se mudar para as cidades e ascender socialmente, novos aspectos da nossa história vieram à tona. Um dos mais importantes diz respeito à imprensa. A história do *Fanfulla*, um jornal ítalo-brasileiro fundado em 1894, é reveladora. O jornal começou como um pequeno folheto de quatro páginas. Em 1910, sua tiragem atingiu 15 mil exemplares, inferior apenas à do *O Estado de S. Paulo*, com 20 mil. Em 1915, quando a população paulistana de origem italiana era de aproximadamente 150 mil (cerca de 35% da população), o *Fanfulla* tinha 12 páginas e uma circulação de 30 mil exemplares, tornando-o o segundo maior jornal de todo o estado de São Paulo. O *Fanfulla* manteve sua circulação mesmo depois de passar a publicar um maior número de artigos em português, e seus prelos só pararam definitivamente em meados da década de 1960.

O enfoque que o *Fanfulla* dava às notícias refletia inúmeros aspectos da experiência imigrante. Da mesma forma que a maioria dos jornais étnicos das Américas, sua língua mudou com o tempo, do italiano para um italiano abrasileirado e, finalmente, para o português. Desde o início, os anúncios eram em português e italiano, sugerindo que os brasileiros não italianos viam os imigrantes como parte de um mercado nacional que usava a língua

---

12 Lazzarotto, *Pobres construtores de riqueza: absorção da mão de obra e expansão industrial na Metalúrgica Abramo Eberle, 1905-1970.*

dominante. Esse fenômeno não ocorreu apenas porque o italiano e o português são línguas latinas e, até certo ponto, mutuamente compreensíveis. O mesmo ocorreu com a imprensa brasileira em língua japonesa, iídiche e árabe. Os anúncios ajudavam os imigrantes a conservar parte de sua cultura pré-migratória ao promoverem produtos "italianos", introduzindo comidas, roupas e diversões que os ajudavam a se tornarem "brasileiros". Produtos como máquinas de costura, máquinas de fazer gelo e vitrolas faziam parte de um desejo de modernidade mais amplo, que existia em escala global. Os anúncios de bebidas finas e viagens de férias falavam de ascensão econômica e social.

Os anúncios do *Fanfulla* se dirigiam ao sonho imigrante de bens de luxo e lazer. O conteúdo editorial, contudo, enfocava a realidade. Os artigos tratavam da vida nas fazendas e de movimentos trabalhistas. Muitos deles, embora usando outros termos, falavam às ideias de diáspora e transnacionalismo. A vida dos italianos na Argentina e os preços das passagens de volta à Itália eram temas constantes.

É irônico que os mesmos jornais que ensinaram os italianos a se comportarem como brasileiros (para o bem ou para o mal) tenham-se tornado um foco do crescente sentimento anti-imigrante que surgiu no Brasil após a Primeira Guerra Mundial. Alguns integrantes da classe dominante afirmavam que os italianos estavam trazendo o fascismo para o Brasil, opinião essa repetida na imprensa convencional. Em fins de 1928, um grupo de estudantes de direito destruiu um jornal imigrante de inclinação fascista, o *Il Piccolo*. O *Fanfulla*, apesar de não ter uma orientação fascista, também foi ameaçado. Quando a agitação se espalhou, mil policiais foram colocados nas ruas de São Paulo, e a cavalaria entrou na Faculdade de Direito do Largo de São Francisco. Duas mil pessoas acabaram presas. Embora o fascismo de fato assustasse setores das classes dominantes, era frequente que essa preocupação servisse para disfarçar uma xenofobia crescente associada à chegada dos imigrantes. Um editorial do jornal brasileiro *Diário Nacional* resumia algumas dessas posturas:

A exaltação do sentimento do italianismo é levada ao extremo, a ponto de causar uma deplorável irritação entre italianos e brasileiros, que serve de base a um provável e fatal conflito de consequências imprevisíveis... É nesse conflito entre italianos e brasileiros que vemos como extremamente perigosa a atividade fascista no Brasil.[13]

Um aspecto importante da vida dos imigrantes em geral era a competição entre grupos. A maioria dos imigrantes acreditava representar um grupo superior aos demais, e as relações interétnicas frequentemente eram de extrema rispidez. As expressões da identidade ítalo-brasileira, como as das demais identidades euro-brasileiras que começaram a surgir em fins do século XIX, geralmente depreciavam os afro-brasileiros. O *Fanfulla* costumava apresentar os imigrantes italianos como superiores aos brasileiros "típicos", criando assim novas categorias raciais, étnicas e nacionais. A professora de literatura May Bletz chama a atenção para um artigo publicado em 23 de julho de 1923 no *Fanfulla*, descrevendo as vítimas de um confronto com trabalhadores descritos pelo jornal como "brasileiros", "ítalo-brasileiros" ou "negros".[14] Os jornais italianos no Brasil, em 1908, atacavam também os imigrantes japoneses, chamando-os de "perigo amarelo", ecoando sentimentos abertamente expressos em outros meios.

Um setor onde esse antagonismo era particularmente visível era o dos esportes. Os imigrantes europeus já vinham jogando futebol informalmente e organizando times ligados às suas regiões de origem, mas a história oficial diz que esse esporte chegou ao Brasil trazido por um estudante de nome Charles Miller, que havia vivido grande parte de sua vida na Inglaterra. Isso fez do futebol um esporte de "elite", e sua origem estrangeira lhe conferia uma certa distinção. Como importação europeia, o futebol era visto por muitos brasileiros como sendo moderno. Jogando futebol, os imigrantes não apenas reafirmavam sua brasilidade "melhor", como também criavam vínculos de coesão étnica.

Os clubes de futebol mais famosos eram o Cruzeiro, de Belo Horizonte, o Palestra Itália Futebol Clube, de Curitiba, e a Società Sportiva Palestra

---

13 Editorial do *Diário Nacional*, citado em Font, *Coffee, Contention, and Change: In the Making of Modern Brazil*, p.211.

14 Bletz, *Immigration and Acculturation in Brazil and Argentina, 1890-1929*, p.134.

Italia (hoje chamado Palmeiras), de São Paulo. Outros times representavam imigrantes portugueses e alemães. Na década de 1920, haviam sido criados times com nomes como Vasco da Gama, sediado no Rio de Janeiro e batizado em homenagem ao famoso navegador português, e Portuguesa, de São Paulo. Esses times vinculavam o esporte a diversos aspectos das novas identidades nacionais que então surgiam na Europa. O consulado italiano esperava que o nacionalismo motivasse os imigrantes a fazer remessas de dinheiro para a Itália, e contribuiu para a fundação do Palestra Italia. A Câmara Portuguesa de Comércio fundou e tornou-se sede do Portuguesa Futebol Clube, com o objetivo de aumentar seu poder na política nacional. Esses padrões repetiam-se tanto nas grandes quanto nas pequenas cidades de todo o Brasil. Quatro dos doze times participantes do Campeonato de São Paulo de 1921 tinham base imigrante: o Palestra Italia, o Sírio (que foi criado décadas antes de a República Síria moderna passar a existir), o Portugesa-Mackenzie e o Germânia.

Na cidade: a imigração portuguesa

Os proprietários de terras, a princípio, viam os italianos como trabalhadores ideais. Sua enfática recusa a aceitar maus-tratos, entretanto, os tornou menos desejáveis. Eles criaram novas formas de vida étnica, social e econômica que mudaram a identidade brasileira, ao mesmo tempo que enfatizavam a branquidão e as hierarquias raciais.

No entanto, se os italianos nos ensinam sobre a vida imigrante no campo, os portugueses que vieram para o Brasil nos ensinam sobre a imigração urbana. Uma vez que era comum que os portugueses se casassem com afro-brasileiros, suas experiências mostram também como a relação entre imigração e branquidão se alterou ao longo do tempo.

A condição de ex-colônia portuguesa e a afinidade linguística foram fatores que incentivaram a imigração portuguesa. Entre 1808 e 1930, cerca de 1,11 milhão de portugueses entraram no Brasil, sendo o número de ingressos 25 vezes maior no período 1884-1930 (1.070.351) que no período 1808-1881 (42.741). Esses números tinham igual importância para Portugal, um país pequeno com uma imensa corrente emigratória. A partir de meados do século XIX, mais de 80% de seus imigrantes se dirigiram ao Brasil, outros 14% aos Estados Unidos e apenas 2% à Argentina (ver Tabela 4.2).

Tabela 4.2. Imigração portuguesa

Datas	Brasil	Argentina (entradas/bruto)	Estados Unidos
1880-1889	104.690	1.811/1.151	15.186
1890-1899	219.253	1.653/653	25.868
1900-1909	195.586	7.633/3.709	65.154
1910-1919	318.481	17.570/9.622	82.849
1920-1929	301.915	23.406/14.628	44.829
1930-1939	102.743	10.310/3.660	3.518
1940-1949	45.604	4.230/2.061	6.765
1950-1959	241.579	12.033/8.096	13.928
TOTAIS	1.529.851	78.646/43.580	257.737

Fontes: Totais para o Brasil em Maria Stella Ferreira Levy, O papel da migração internacional na evolução da população brasileira (1872 a 1972), *Revista da Saúde Pública*, suplemento, v.8, p.49-90, 1974; Tabela 1, p.73-74; disponível nas estatísticas do Instituto Brasileiro de Geografia e Estatística em: http://www.ibge.gov.br/ibgeteen/povoamento/portugueses.html. Totais para a Argentina em Marcelo J. Borges, *Chains of gold: Portuguese migration to Argentina in transatlantic perspective*. Leiden: Brill, 2009, tabela 1.2, p.10. Totais para os Estados Unidos em *Historical statistics of the United States millennial edition online,* disponível em: http://hsus.cambridge.org/HSUSWeb/table/continuedownload.do?id=Ad106–120&changeS eries=false&isTopmostOn=true.

Até inícios do século XX, os imigrantes portugueses representavam o maior contingente de estrangeiros em duas cidades brasileiras: Rio de Janeiro e São Paulo. Em 1890, a população do Rio de Janeiro era de 522.651, incluindo 106.461 portugueses, a maioria esmagadora dos 155.202 residentes nascidos no exterior.[15] Os imigrantes portugueses mandavam muito dinheiro para casa, uma vez que sua concentração em áreas urbanas oferecia oportunidades mais viáveis de ascensão econômica que o trabalho agrícola nas fazendas. Além disso, os imigrantes tendiam a ser homens jovens e solteiros que não tinham famílias para sustentar no Brasil, podendo assim economizar mais para as remessas. Um estudo abran-

---

15 Brazil, *Directoria Geral de Estatistica*, p.xii, xxiii, xxvii.

gendo imigrantes italianos, espanhóis e portugueses mostra que apenas estes últimos mantiveram níveis altos de remessas, mesmo após a redução dos fluxos migratórios.[16]

Os "portugueses do Brasil", como os imigrantes se chamavam e eram chamados, ilustram uma faceta importante da vida imigrante em geral: as divisões de classe. De um lado havia os comerciantes e proprietários ricos, ligados ao sistema político, e que fundaram organizações étnicas de grande influência. Algumas dessas instituições, como o Real Gabinete Português, fundado em 1837, e a Beneficência Portuguesa, fundada em 1840, diziam falar em nome de todos os luso-brasileiros, e muitas vezes faziam campanha por determinados candidatos ou apoiavam determinadas linhas políticas ("luso", como prefixo, refere-se à província romana da Lusitânia, que hoje corresponde basicamente ao Portugal moderno). A maioria dos imigrantes, entretanto, era formada de pequenos comerciantes, caixeiros e operários industriais. Eles entendiam as vantagens da solidariedade étnica e, portanto, deixavam que os portugueses mais abastados falassem por eles na esfera pública, da mesma forma que os italianos haviam feito no caso Longaretti, discutido no Capítulo 3.

Era comum que essa combinação de proeminência e proletarismo convertesse os portugueses em alvos de atenção negativa. Na década de 1830, revoltas antiportuguesas eclodiram com alguma frequência. Em meados do século, os pequenos lojistas eram atacados como exploradores pelas camadas inferiores da classe trabalhadora, que os acusavam de lucrar com o aumento dos preços resultante da prioridade então conferida à agricultura de exportação. Os comerciantes portugueses, é claro, negavam essas acusações, muitas vezes insinuando que eram mais espertos e laboriosos que seus fregueses brasileiros.[17]

Na esfera pública, os estereótipos sobre os portugueses oscilavam entre o positivo e o negativo. Muitos imigrantes eram de origem rural, mas se

---

16 Esteves; Khoudour-Castéras, A Fantastic Rain of Gold: European Migrants' Remittances and Balance of Payments Adjustment during the Gold Standard Period, *Journal of Economic History*, v.69, n.4, dez. 2009, p.951-5.

17 Ribeiro, *Mata galegos: os portugueses e os conflitos de trabalho na República Velha.*

estabeleceram nas cidades brasileiras, decepcionando assim a demanda por agricultores imigrantes. Eles eram europeus, mas com frequência casavam-se com afro-brasileiras. Os ditos populares costumavam associar os portugueses aos descendentes de africanos: para "português, negro e burro, três pês: pão para comer, pano para vestir e pau para trabalhar".[18] Essa comparação entre o português branco e o afro-brasileiro levou alguns políticos e intelectuais a não verem os recém-chegados como realmente "brancos", como demonstra esse editorial de jornal:

> Se diferença se pode dar no seu físico, certo que na moralidade das ações, muitas vezes o africano excede ao português. [...] O africano, bem que de mau grado, lavra os nossos campos... o português destrói a indústria, aniquila o comércio... o africano que para cá veio é muitas vezes filho de famílias de mais ou menos representação, porque ainda reina entre eles o bárbaro costume de serem escravos os prisioneiros de guerra. O português que para aqui vem é réu de polícia, ladrão de estrada, chefe de quadrilhas, passador de papel falso, galegos que correspondem ao que chamamos negro cangueiro.[19]

Em fins do século XIX, os portugueses muitas vezes eram descritos pelas elites e pelas massas ao mesmo tempo como brancos e não brancos, como brasileiros e estrangeiros. *O cortiço*, o famoso romance de Aluísio Azevedo, deixa isso bem claro. A história tem lugar em 1870, e conta a história de três imigrantes portugueses tentando vencer na vida em um bairro pobre do Rio de Janeiro. Boa parte da ação se dá entre os imigrantes e brasileiros de ascendência africana, tanto livres como escravos.

Azevedo era um etnógrafo amador e via *O cortiço* como ficção baseada na realidade.[20] João Carlos de Medeiros Pardal Mallet, jornalista e membro

---

18 Cândido, *O discurso e a cidade*, p.132-3.

19 *O Povo*, 18 fev. 1849, citado em Alencastro; Hering, Caras e modos dos migrantes e imigrantes. In: Novais (org.), *História da vida privada no Brasil*, v.II, Império: a Corte e a modernidade nacional, p.292-335; trecho citado, p.310.

20 Chazkel, The Crônica, the City, and the Invention of the Underworld: Rio de Janeiro, 1889-1922, *Estudios Interdisciplinarios de América Latina y el Caribe*, v.12, n.1, 2001, p.79-105.

da Academia Brasileira de Letras, escreveu sobre o "trabalho de campo" de Azevedo, disfarçado de morador de cortiço:

Os primeiros apontamentos para *O cortiço* foram colhidos em minha companhia em 1884, numas excursões para "estudar costumes", nas quais saímos disfarçados com vestimenta popular: tamanco sem meia, velhas calças de zuarte remendadas, camisas de meia rotas nos cotovelos, chapéus forrados e cachimbos no canto da boca.[21]

O cortiço sugere que os portugueses (e outros imigrantes) jamais poderiam se tornar o tipo de "brasileiro" que Azevedo admirava. Ao longo de todo o romance, os personagens imigrantes são objeto de troça. Um vendedor de camarões chinês agia como criança, enquanto um personagem judeu é descrito como um feio usurário.[22] Imigração e exploração são associadas na figura de João Romão, o personagem principal. Esse imigrante português vivia com uma ex-escrava que tinha uma pequena quitanda, de cujos ganhos ele se apossava para ampliar o cortiço e seus próprios lucros. Romão era explorador em todos os sentidos:

João Romão não saía nunca a passeio, nem ia à missa aos domingos; tudo que rendia a sua venda e mais a quitanda seguia direitinho para a caixa econômica e daí então para o banco. Tanto assim que, um ano depois da aquisição da crioula, indo em hasta pública algumas braças de terra situadas ao fundo da taverna, arrematou-as logo e tratou, sem perda de tempo, de construir três casinhas de porta e janela.

Que milagres de esperteza e de economia não realizou ele nessa construção! Servia de pedreiro, amassava e carregava barro, quebrava pedra; pedra, que o

---

21 Mallet, *O cortiço*, *Gazeta de Notícias*, 25 maio 1890.

22 Azevedo, *O cortiço*. Traduzido para o inglês como *The Slum*, por David Rosenthal, trechos citados, p.70, 47. Uma análise da imigração e a questão da branquidão pode ser encontrada em Bletz, *Immigration and Acculturation in Brazil and Argentina*, p. 29-44.

velhaco, fora de horas, junto com a amiga, furtavam à pedreira do fundo, da mesma forma que subtraíam o material das casas em obra que havia por ali perto.

Estes furtos eram feitos com todas as cautelas e sempre coroados do melhor sucesso.[23]

Em fins do século XIX, à medida que crescia o número de imigrantes portugueses, esse estereótipo se reforçou. Ao contrário dos outros imigrantes, os portugueses não eram subsidiados e, portanto, tinham um maior grau de mobilidade e liberdade de ação do que os que se viam presos por contratos de trabalho. Essa situação costumava causar ressentimento entre as classes média e trabalhadora, e o sentimento antiportuguês se tornou uma parte importante da identidade nacional brasileira. A chamada Revolta da Armada de setembro de 1893, dirigida contra o segundo presidente do Brasil, o marechal Floriano Peixoto, levou esses sentimentos à esfera da política. Embora os motivos para a tentativa de golpe não tivessem relação com a imigração, Floriano Peixoto afirmou que os responsáveis pela revolta queriam que o Brasil reassumisse sua condição de colônia subordinada ao rei de Portugal. Outra tática usada pelo marechal e seus aliados foi caracterizar a revolta como "cosmopolitana", termo usado por muitos luso-brasileiros para insinuar que eles tinham um nível de sofisticação cultural e econômica maior que o dos demais brasileiros. Floriano Peixoto e seus partidários chegaram a espalhar boatos de que os comerciantes portugueses eram os financiadores da rebelião, embora não haja qualquer prova de que isso fosse verdade.

Os jacobinos, um movimento anti-imigrantes que ganhou influência à época da tentativa de golpe, apoiou as posturas lusofóbicas do marechal Floriano Peixoto. Os integrantes dessa facção vinham de diferentes classes econômicas e defendiam um regime central forte. Os jacobinos dirigiam grande parte de sua ira aos "galegos", como chamavam os portugueses e outros imigrantes. Como muitos dos partidários de Floriano Peixoto, eles usaram a Revolta da Armada como forma de culpar os portugueses de todas as classes pela inflação e pelo aumento do preço dos alimentos, assim eximindo de responsabilidade o governo. Eles culpavam os ricos por explorar a

23 Azevedo, *O cortiço*, p.4.

economia nacional e a baixa classe média por explorar os pobres. Quando a Revolta da Armada chegou ao fim, em março de 1894, os insurgentes fugiram para dois navios portugueses que, por mero acaso, estavam fundeados na Baía de Guanabara. Quando o capitão do navio se recusou a entregar os rebeldes, o marechal Floriano Peixoto rompeu as relações diplomáticas com Portugal, aumentando ainda mais a ira dos imigrantes.

No imaginário popular, os imigrantes portugueses eram e ainda são associados à cidade do Rio de Janeiro. No entanto, muitos deles eram pequenos agricultores no Nordeste e operários nas fábricas do Centro-Sul. Como os demais imigrantes, eles militavam em movimentos trabalhistas, fazendo com que "portuga", um novo epíteto étnico, surgisse no século XIX. O jornal *O Jacobino* "não cessava de dardejar versões altamente preconceituosas da imagem tradicional do português como burros gananciosos, rudes, mas trabalhadores, que voltavam para Portugal carregados das riquezas desonestamente adquiridas no Brasil." Um editorial contava a história do desejo do Adão bíblico de falar com os animais. Adão pediu a Deus um intérprete e foi-lhe dado um português, "como o animal que mais se parece com os seres humanos".[24] Ainda hoje, as piadas mais contadas no Brasil ainda caçoam de portugueses. A moral da história é sempre que os problemas brasileiros resultam da colonização pelos portugueses, pior que a dos espanhóis, ingleses ou franceses.

Uma das reações ao sentimento antiportuguês foi o crescimento, a partir de fins do século XIX, das instituições luso-brasileiras que promoviam tradições como danças, fado e comida típica. Os cinemas anunciavam filmes enfatizando sua "lusitanidade", da mesma forma que usavam outros termos de identidade étnica quando se dirigiam a plateias italianas, judaicas ou japonesas. Um exemplo típico foi o panfleto anunciando o filme português *Os condenados*, que insistia em que os espectadores se lembrariam de por que "o amor era tão diferente em Portugal" ao assistir um "filme genuinamente

---

24 Hahner, Jacobinos *versus* Galegos: Urban Radicals *versus* Portuguese Immigrants in Rio de Janeiro in the 1890s", *Journal of Interamerican Studies and World Affairs*, v.18, n.2, maio 1976, p.125-54; trecho citado, p.134.

português"[25] (ver Figura 4.2. Um panfleto do Cinema Odeon de São Paulo). A relação especial entre Portugal e Brasil foi importante também na criação do "lusotropicalismo", desenvolvido pelo acadêmico brasileiro Gilberto Freyre na década de 1930. O lusotropicalismo baseava-se em grande medida na afirmação (hoje rejeitada por muitos) de que Portugal e Brasil eram parte de uma comunidade multicultural e multicontinental que ignorava as distinções de cor e era marcada pela miscigenação. Embora Freyre elogiasse o que ele via como os aspectos positivos de diferentes grupos raciais e étnicos, ele também acreditava firmemente nas hierarquias raciais. Em consequência, suas ideias assumiram importância central para os que simultaneamente acreditavam que a identidade nacional brasileira era não racista e também que ela precisava ser melhorada por meio da imigração.

A estreita, embora desconfortável relação entre etnicidade luso-brasileira e identidade nacional brasileira chegou até a década de 1960, quando o Brasil apoiou ardorosamente o colonialismo português na África. Então, em 1975, a ditadura brasileira, mudando sua política, tornou-se o primeiro governo a reconhecer o MPLA (Movimento Popular de Libertação de Angola) marxista. Três décadas mais tarde, quando uma guerra civil eclodiu em Angola, os brasileiros fizeram parte das missões de paz das Nações Unidas, e o Brasil aceitou mais de 2 mil refugiados.[26]

Mais recentemente, o português brasileiro tornou-se o padrão linguístico oficial para os falantes de português de todo o mundo. Em Portugal, os nativos queixam-se da perda de "sua" língua e da invasão dos produtos brasileiros, tanto culturais como materiais, consumidos no pequeno país europeu. Hoje, o preconceito antibrasileiro em Portugal é tão comum quanto o sentimento antiportuguês no Brasil.

---

25 Meus agradecimentos a Lena Suk por me ceder esse anúncio.
26 Dávila, *Hotel Trópico: Brazil and the Challenge of African Decolonization, 1950-1980*, p.244-5. Publicado em português como Dávila, *Hotel Trópico: Brasil e o desafio da descolonização africana, 1950-1980*.

Empreza: Azevedo & Cia São Paulo	CINE ODEON	R. Domingos de Moraes 121 121 Villa Marianna

Hoje – Atenção!! Hoje   2 – Sessões -2   Primeira Sessão ás 19:15
Segunda Sessão ás 21:15

Apresentará um film que do perto fala à alma dos Portuguezes e Brasileiros

Um film que ninguém deve deixar de assistir, já porque constitue um formidável esforço feito por esta Empreza para bem servir os frequentadores deste Cinema

A FITA MAIS PORTUGUEZA ATÉ HOJE PRODUZIDA

O CONDEMNADO

Vinde consagrar o condemnado

aos europeos:

Drama em que se espelha a

"Vida Campezina de Portugal"

....

Único trabalho em cinema da grande actriz VIRGÍNIA, da saudosa actriz Anna Pereira, do grande actor cômico do Theatro Nacional de Lisboa, Joaquim Costa, do pintor futurista Alma Negredos, da gentil actriz Maria Sampaio

....

No decorrer deste esplendido film todo portuguez terá opportunidade de rever um canto da sua terra e um pouco dos seus usos e costumes. N'aquelle recanto da Europa terão todos os europeus, igualmente occasião de ver tudo o que ha de grande na arte, na historia e na architectura.

....

Cooperação da fidalguia portugueza: Chico Redondo desempenhado o papel do taberneiro Zé Ripado

....

Uma linda historia de Amor! Belleza! Sentimento e Arte!

Como é diferente o Amor em Portugal...

Film Genuinamente Portuguez – Costumes, Trajes e Danças regionaes – Musicas Portuguezas

UMA NOITE DE LUAR NO TEJO!

Verdadeiro Acontecimento Cinematographico

O amor sentimento,

o amor delicadeza...!

Ai! como sabe amor

a gente portugueza...

Perto longe em qualquer parte

Andas no meu coração

Tirei a sina de amar-te

a sina tinha razão

Preços das localidades:

Frizas... 8.3000 Cadeiras... 1.600

Preços das localidades

Camarotes... 7.300 Creanças... 800

Aviso – Os Bilhetes acham-se á venda durante o dia no

Escriptorio deste Cinema

Todos pois ao sempre querido Cine-Odeon

Vinde admirar O CONDEMNADO

aos Brasileiros:

Um prólogo, 7 actos e epilogo, extrahidos da celebre peça, com o mesmo nome, representada no Theatro Nacional de Lisboa

....

Ao toque das Ave-Marias! – Maria do Rosário, a linda moça campezina, cobiçada por fidalgos e aldeões. – Condemnação de um innocente que um paquete leva para o degredo!

....

A imponente e tradicional Festa dos Tabeleiros

....

A fita mais Portugueza até hoje produzida

Figura 4.2. Um panfleto de 1923 do Cinema Odeon de São Paulo, dirigido aos imigrantes e suas famílias.

Fonte: Cine Caixa 14, Grupo Cinemas 24, Arquivo Nacional Histórico Municipal Washington Luís, 30 de janeiro de 1923, Processo n.2009-0.115.821-2. Cortesia de Lena Sulk.

Católicos inesperados: a imigração espanhola

Os imigrantes portugueses representavam a base colonial do Brasil, um desafio ao desejo dos proprietários de terras e dos políticos de usar imigrantes como mão de obra rural e um caso confuso de identidade racial. Ao mesmo tempo, eles, indiscutivelmente, foram peças-chave na construção da identidade nacional do Brasil pós-colonial. Os portugueses, entretanto, não foram os únicos imigrantes ibéricos a chegarem ao Brasil. Os espanhóis também vieram, embora não fizessem parte do plano de imigração, no sentido de que grande parte da elite acreditava, com boas razões, que a maioria deles se dirigiria à América Hispânica. A surpresa causada pela imigração espanhola para o Brasil fica evidente no uso brasileiro do termo "galego", como gíria para designar estrangeiros em geral, sem qualquer definição de nacionalidade específica. Esse termo, conforme usado na Espanha e na América Espanhola, tem significado bem diverso, sendo o gentílico para as pessoas nascidas na Galícia espanhola e a língua dessa região.

A experiência dos imigrantes espanhóis teve mais em comum com a dos italianos e japoneses que com a dos portugueses. Os espanhóis, além disso, eram menos visíveis que os grupos menores de japoneses, alemães e judeus europeus. De fato, o número de instituições étnicas espanholas era bastante reduzido. Altos índices de casamentos entre imigrantes espanhóis e brasileiros natos serviram para reforçar essa baixa visibilidade.

Como já vimos repetidamente, imigração e emigração são dois lados de uma mesma moeda. Entre 1882 e 1947, cerca de 5 milhões de pessoas emigraram da Espanha, com forte concentração no período de 1900-1924. Quase 4 milhões desses imigrantes acabaram retornando à Espanha, e o número dos que se fixaram nos novos países é de cerca de 750 mil para a Argentina, 300 mil para Cuba e outros 300 mil divididos igualmente entre Brasil e Estados Unidos. Os totais para a América Latina mostram que os maiores grupos se estabeleceram na Argentina (36%), em Cuba (25%) e no Brasil (12%) (ver Tabela 4.3 para os totais brutos).

Muitos espanhóis, em seu país, eram camponeses que viviam na pobreza, e as campanhas de propaganda agressiva conseguiram "vender" a eles o Brasil. Para os proprietários de minúsculos lotes de terra na Galícia, ou para os meeiros da Andaluzia, todos eles passando por grandes dificuldades, o tom entusiástico da propaganda e a oferta de passagens gratuitas soavam muito atraentes. Os emigrantes espanhóis que escolheram o Brasil como destino eram mais pobres do que os que foram para outros países, e muitos deles vieram da região de Málaga, onde o Brasil, em 1896, montou um escritório de recrutamento de imigrantes.

Mais que os italianos ou portugueses, os recém-chegados da Espanha tendiam a ser agricultores experientes, e a esmagadora maioria deles se estabeleceu nas fazendas cafeeiras de São Paulo. De fato, entre 1904 e 1915, chegaram mais espanhóis que italianos, e dos mais de 100 mil que passaram pela Hospedaria dos Imigrantes nesse período, 85% vieram com passagens subsidiadas. Eles eram principalmente agricultores, com uma baixa taxa de residência urbana comparável à dos japoneses e, ao longo da década de 1940, 90% deles se fixaram em áreas rurais. Da mesma forma que os imigrantes do Oriente Médio, grande parte dos espanhóis que vieram para o

Tabela 4.3. Imigração espanhola (totais brutos)

Datas	Brasil	Argentina	Estados Unidos
1871-1880	4.667	24.706	5.266
1881-1890	40.799	134.492	4.419
1891-1900	157.119	73.551	8.726
1901-1910	104.496	488.174	27.395
1911-1920	169.994	181.478	68.611
1921-1930	76.013	232.637	28.958
1931-1940	99.37	11.286	3.258
1941-1950	8.101	110.899	2.898
1951-1960	98.457	98.801	7.894
1961-1970	21.281	9.514	44.659
TOTAL	690.864	1.380.140	202.624

Fontes: Totais para o Brasil em Maria Stella Ferreira Levy, O papel da migração internacional na evolução da população brasileira (1872 a 1972), *Revista da Saúde Pública*, suplemento, v.8, p.49-90, 1974; Tabela 1 p.73-4. Totais para a Argentina em R. A. Gomez, Spanish Immigration to the United States, *The Americas*, v.19, n.1, jul. 1962, p.59-78, e Herbert Klein, *A imigração espanhola no Brasil*; Tabela 2.2, p.37. Totais para os Estados Unidos em *Historical Statistics of the United States Millennial Edition Online*, disponível em: http://hsus.cambridge.org/HSUSWeb/ table/continuedownload.do?id=Ad106–120&changeSeri es=false&isTopmostOn=true.

Brasil acabaram por retornar a seu país de origem. E, como os imigrantes do Oriente Médio e os japoneses, os espanhóis se estabeleceram principalmente em São Paulo.

Os imigrantes espanhóis satisfaziam os requisitos das autoridades brasileiras porque, mais que os demais imigrantes europeus, eles tendiam a chegar como unidades familiares. O percentual das mulheres e crianças que chegaram ao Brasil foi maior que em qualquer outro país das Américas, o número de crianças menores de 14 anos sendo o dobro do total correspondente à Argentina.[27] Esses números elevados de famílias com crianças eram semelhantes aos verificados entre os imigrantes japoneses e os judeus da Europa e do Oriente Médio. Famílias significavam uma razão homem/ mulher diferente da norma: os espanhóis tinham a razão homem/mulher mais baixa entre todos os principais grupos imigrantes, 112 homens para 110 mulheres (a média nacional para os imigrantes sendo de 122:100).

Os espanhóis que trabalhavam nos cafezais não tiveram mais sorte que os outros imigrantes que desconheciam as implicações dos contratos de trabalho que haviam assinado. Os poucos jornais em língua espanhola do Brasil da época traziam matérias sobre maus-tratos, relatos esses que acabavam por chegar à Espanha. Em 1909, o governo espanhol fez o inspetor Gamboa Navarro cruzar o Atlântico para avaliar a situação. Navarro, então, acompanhou um contingente de imigrantes vindos de Almeria em sua viagem de trem do porto de Santos à Hospedaria dos Imigrantes, e em seguida para as fazendas. Seu relatório foi extremamente negativo. O inspetor queixou-se de que os contratos assinados eram meramente "ilusórios", uma vez que não eram respeitados. Ele observou que os imigrantes viviam em casas minúsculas e dormiam no chão até terem tempo de colher palha de milho suficiente para servir de colchões. Os maus-tratos contra os imigrantes eram frequentes, e o inspetor documentou o assassinato de um trabalhador espanhol em uma fazenda de café, que não trouxe qualquer consequência para o proprietário.[28]

---

27 Klein, *A imigração espanhola no Brasil*, p.36-9.

28 González Martínez, O Brasil como país de destino para os migrantes espanhóis. In: Fausto (org.), *Fazer a América: a imigração em massa para a América Latina*, p.239-72; dado citado, p.253.

As experiências de Navarro foram incluídas em um longo relatório preparado pelo Conselho de Emigração Espanhol, que concluiu que 90% dos espanhóis que trabalhavam no Brasil voltariam à Espanha se pudessem. Após a publicação do relatório, começaram a surgir propostas de proibir a emigração subsidiada de espanhóis para o Brasil. A Itália e a Alemanha já haviam adotado políticas desse teor, e Portugal vinha sugerindo a seus emigrantes que escolhessem outros países que não o Brasil. Em 26 de agosto de 1910, o rei Alfonso XIII promulgou um decreto proibindo a emigração subsidiada para o Brasil.

Os espanhóis, assim como todos os outros imigrantes que trabalhavam nas fazendas, tentavam se livrar de seus contratos assim que possível. Alguns conseguiram comprar pequenas glebas de terra em áreas semiurbanizadas da zona cafeeira de São Paulo que, à medida que cresciam em tamanho e produtividade, passaram a concorrer com as fazendas estabelecidas. Em 1905, cerca de 1,1% das terras da região cafeeira do interior de São Paulo eram de propriedade de espanhóis, mas mais importante que seu tamanho era seu valor. Em 1920, o valor por hectare das terras pertencentes a espanhóis era superior ao das terras de italianos e japoneses e mais que o triplo das terras de brasileiros natos.

Os imigrantes espanhóis também se transferiram para as cidades, onde assumiram uma representação desproporcional nas posições de liderança dos movimentos socialistas e anarcossindicalistas. Um caso famoso é o do líder anarquista espanhol Manuel Campos. Sua ordem de deportação diz muito sobre a militância espanhola e sua falta de visibilidade. Em 1908, ele foi deportado como militante *português*, uma vez que, ao que parece, nunca ocorreu às autoridades que um imigrante espanhol pudesse se envolver em movimentos trabalhistas. Essa falta de percepção da polícia fez com que, sete anos mais tarde, quando Campos foi novamente expulso após voltar clandestinamente para o Brasil, "ele fosse novamente expulso, desta vez como espanhol!".[29] Os imigrantes espanhóis também se dedicaram a pequenos negócios urbanos. A partir da década de 1960, os restaurantes espa-

---

29 Maram, Labor and the Left in Brazil, 1890-1921: A Movement Aborted, *Hispanic American Historical Review*, v.57, n.2, may 1977, p.254-72; trecho citado, p.261.

nhóis, da mesma forma que os portugueses e japoneses, representavam um padrão de elegância, ao contrário das cantinas italianas, que se tornaram parte da vida das classes médias brasileiras.

Conclusão

As experiências dos imigrantes italianos, espanhóis e portugueses nos ajudam a entender as constantes mais amplas da experiência imigrante em terras brasileiras: maus-tratos e militância trabalhista, migrações do campo para a cidade, criação de novas identidades étnicas baseadas em uma valorização da branquidão e novas identidades nacionais brasileiras. Os europeus do Sul chegaram em imensas levas e trouxeram consigo ideias sobre modernidade, urbanização, trabalho, raça e etnicidade. Sua condição de europeus católicos os fazia parecerem desejáveis às elites, mesmo que os imigrantes reais muitas vezes desmentissem essa imagem.

Entrando hoje em uma das milhares de cantinas "italianas" existentes no Brasil, percebemos claramente até que ponto as identidades nacionais europeias são diferentes das identidades euro-brasileiras. Nada nesses restaurantes é italiano no sentido contemporâneo do termo, e comer em uma cantina não é a mesma coisa que fazer uma refeição na Itália. No entanto, tudo ali faz lembrar aos fregueses brasileiros o passado imigrante e a identidade nacional atual. As cantinas costumam ser decoradas com bandeiras e camisas de times de futebol. Em São Paulo, o time mais presente nas cantinas é o Palmeiras (antes Palestra Italia). Outras peças de decoração representam times de Veneza, Roma e Florença. Em conjunto, essas imagens criam ítalo-brasileiros e uma Itália no Brasil. Nada de parecido existe na Itália contemporânea real, onde a lealdade a um time de futebol é ligada a uma cidade, e onde seria uma traição torcer pelo Milan nas dependências de um restaurante romano.

No entanto, no Brasil como em outras partes do mundo, a imigração surte um impacto que vai muito além da geração que chegou do país estrangeiro. Foi assim com os imigrantes do Sul da Europa e com todos os "outros" que começaram a povoar o imaginário brasileiro a partir de fins do século XIX. Esses "outros" serão o tema dos dois próximos capítulos.

Apêndice

Documento 4.1
Relatório de um funcionário consular italiano após visita a um assentamento de imigrantes italianos na Bahia, 1907

De modo geral, os jovens alemães e ingleses são educados e dotados da preparação necessária para a migração. Eles se espalham pelo mundo em busca de novas vias por onde canalizar o comércio de seu país, criando novas fontes de prosperidade e riqueza. Os imigrantes italianos, por outro lado, vão indiferentemente para a América do Norte ou do Sul, para a Austrália ou o Egito. E vão sem apoio, sem ideias e sem meios.

Humildes por necessidade, tímidos por ignorância, impelidos unicamente pelo desejo de ganhar a vida, eles deixam de falar sua língua nativa e acabam por esquecê-la. Eles não se dão ao trabalho de fazer com que seus filhos aprendam [o italiano] e adotam facilmente os costumes locais, até mesmo os mais estranhos e anti-higiênicos. Mas isso em nada diminui suas preciosas qualidades de energia paciente, de resistência ao sofrimento físico causado por esses climas hostis. Essa emigração faz lembrar a forma com que as matérias-primas são exportadas antes de serem transformadas em novos produtos.

Os três ou quatro mil italianos espalhados pelo interior do estado da Bahia vivem em condições morais e intelectuais dessa natureza. Eles progridem sem ideais, raramente solicitam o auxílio do Consulado Real e estão, em grande medida, assimilados às populações locais em razão das uniões que formam com mulheres do lugar, o que ocorre com certa frequência.

Ante a essa situação, o trabalho de um Agente Consular é necessariamente limitado a tarefas puramente administrativas. Este autor tentou, em uma recepção oferecida com dispendiosa pompa pela Sociedade Beneficente Italiana da Bahia, convencer seus membros de que os gastos mais úteis e sagrados em que a sociedade poderia incorrer seriam a fundação de uma escola onde os filhos dos italianos aprendessem sua própria língua e pudessem se inspirar nas glórias da pátria. [Eu disse a eles] que levaria essa iniciativa à atenção do Governo Real a fim de obter algum tipo de auxílio. Mas minha proposta pareceu gerar espanto, mais que interesse, e minha insistência a nada levou.

Fonte: Itália. Commissariato generale dell'emmigrazione, *Emmigrazione e colonie*. Raccolta di rapporti dei RR. Agenti Diplomatici e Consolari. v.III. America, Parte I: Brasile, Roma: Cooperativo Tipografica Manuzio, 1908, p.15-6.

Documento 4.2
Registro de ocorrência policial sobre um choque violento entre um pedreiro brasileiro e um mascate italiano, 1895

Descrição do Acusado

Nome: Anastácio Cosme
Sexo: masculino
Residência: Tietê
Cor: negro
Alfabetização: sim
Idade: 21 anos
Nacionalidade: brasileira
Estado Civil: solteiro
Profissão: pedreiro
Tempo de residência em São Carlos: 12 ou 13 anos
Alcoolizado por ocasião do crime? não

Interrogatório do Acusado

Data: 30 de maio de 1895
Interrogador: Delegado Philippe Ladeira de Faria

[Anastácio Cosme] respondeu que hoje, às três horas da tarde, ele estava trabalhando na Rua Belém, quando dois mascates italianos queriam passar pelo lugar do serviço, disse ao primeiro que agora sabe chamar-se Jorge Muzzi, que não passasse por ali porque as pedras não estavam bem assentadas e podiam deslocar-se causando-lhes assim prejuízo. O italiano saiu para o meio da rua, virou-se para ele interrogado e perguntou-lhe se era Juiz de Direito. Respondeu-lhe o interrogado que não era Juiz de Direito, mas que ele não passasse porque desmancharia o serviço. O italiano disse então que o interrogado não era cristão e sim negro burro, que se o serviço fosse desmanchado ele que o fizesse de novo como sua obrigação, e que passaria pelo lugar não tendo medo de cem homens como o interrogado. Em seguida ameaçou o interrogado com um metro que trazia na mão e começou a descer os baús que trazia. Quando ele acabou de descarregar-se, o interrogado deu-lhe uma pancada com a régua de que se servia, o italiano caiu, virou um pouco e ficou na posição de quem se achava sentado e dessa posição não saiu... Mais tarde apareceu uma pessoa dizendo que o italiano havia morrido... Anastácio Cosme se entregou à polícia. Ele disse que não tinha inimizade com o italiano, a quem só conhecia vagamente e, ao golpeá-lo, não tinha a intenção de matar, só de assustá-lo.

Fonte: Fundação Pró-Memória de São Carlos, "Processos Criminais", caixa 286, número 37, 1895. Meus agradecimentos a Karl Monsma por me ceder o uso desse documento.

5.
Como os árabes se tornaram judeus: estereótipos e mitos

JUDEU: "Homem muito sabido e ambicioso em negócios; negociante explorador".
JUDIA: "Mulher muito branca e sem charme".
TURCO: "O mesmo que judeu, com respeito aos negócios".

Felisbelo Silva (investigador de polícia), *Dicionário de gíria*: *gíria policial, gíria humorística, gíria dos marginais*, p.69, 107

Imigrantes inesperados

O capítulo anterior contou um tipo de história de imigrantes. Os católicos do Sul da Europa, tão cobiçados à distância, tornaram-se cada vez mais problemáticos para as elites quando começaram a de fato se estabelecer no Brasil. Os políticos e os proprietários de terras apoiados por eles esperavam que os imigrantes italianos, espanhóis e portugueses representassem uma transição fácil entre o trabalho escravo e o trabalho assalariado, e entre uma população de ascendência principalmente africana e uma população europeizada. Os imigrantes, contudo, não atenderam a essas expectativas. Quando maltratados nas fazendas, eles não tendiam a ser mais produtivos que os escravos. Suas ambições de sucesso pessoal e comunitário geralmente entravam em choque com a exploração e as péssimas condições de trabalho impostas pelos mesmos fazendeiros que incentivavam e com frequência patrocinavam a chegada de imigrantes. Era comum que a tensão entre os imigrantes e a população local explodisse em episódios de violência. Em fins da década de 1920, a agitação trabalhista liderada por imigrantes preocupava seriamente as elites. A atitude do governo pode ser descrita na frase erroneamente atribuída por trabalhadores ao presidente Washington Luís (1926-1930), de que "Questão social é caso de polícia".[1]

As mesmas forças – pobreza, agitação política e pressões agrárias – que no século XIX e inícios do século XX impeliram os cristãos europeus para as Américas também foram sentidas em outras partes do mundo e por outros povos. Entre estes, grupos oriundos do Oriente Médio, a maioria deles, mas não todos, cristãos, e também judeus, geralmente, mas não exclusivamente europeus. Embora as imagens contemporâneas coloquem árabes e judeus em campos adversários, temos que ter o cuidado de não analisar anacronicamente o passado tomando como base o presente. Uma série de fatores, alguns específicos ao Brasil, torna lógico tratar conjuntamente esses dois grupos. Nenhum dos dois foi subsidiado ou esperado pelo Estado, pelos fazendeiros ou pelas companhias de imigração, desmentindo a crença das elites de que somente uma política de imigração seria capaz de criar um novo Brasil. Além disso, a elite de ascendência portuguesa associava árabes e judeus por razões históricas. A vida judaica havia florescido na Península Ibérica sob o domínio islâmico (do século VIII ao século XII), e muitos brasileiros influentes acreditavam que o "sangue" árabe e judeu, para o bem ou para o mal, estava presente no caráter nacional português e, por conseguinte, também no brasileiro. Consequentemente, árabes e judeus tinham um lugar especial no imaginário das elites, tanto como amigos e inimigos, exoticamente diferentes e, entretanto, de algum modo familiares.

Os intelectuais brasileiros, influenciados pelas interpretações pseudocientíficas de raça de tão ampla aceitação no século XIX, enfocavam árabes e judeus como um grupo único. Teófilo Braga, em seu influente livro *A pátria portugueza. O território e a raça*, de 1894, afirmava que os moçárabes (*musta 'rabun*), os cristãos e judeus que adotaram as vestimentas muçulmanas e falavam árabe em Al-Andaluz (o nome mouro para seus territórios ibéricos), eram produto da miscigenação de godo-romanos, árabes e judeus.

---

1 French, *Drowning in Laws: Labor Law and Brazilian Political Culture*, cap. 7. Publicado em português como *Afogados em leis: a CLT e a cultura política dos trabalhadores brasileiros*.

Segundo ele, os portugueses que colonizaram o Brasil eram semitas, e o grupo linguístico-cultural "turaniano" (que incluía todas as línguas da Ásia e da Europa que não fossem nem semitas nem arianas) ligava os semitas e os povos indígenas das Américas. Para Braga e muitos outros estudiosos, um vínculo biologicamente determinado ligava os colonizadores portugueses ao povo tupi, nativo do Brasil.[2]

Outros acadêmicos asseveravam que os povos indígenas brasileiros eram uma tribo perdida de Israel, ou uma tribo de navegadores árabes. Uma teoria excêntrica originária da França, e aceita por muitos intelectuais brasileiros, afirmava que o rei Salomão era o ancestral dos sírios, que ele navegou o rio Amazonas, e que o quéchua era derivado do antigo hebraico.[3] No século XX, os formuladores da identidade nacional brasileira que lançavam os olhos a Portugal em busca de autocompreensão, como Gilberto Freyre e Luís da Câmara Cascudo, descreveram entusiasticamente os aspectos árabes e judeus de suas próprias identidades brasileiras.[4] Já no século XXI, um dos jornais mais influentes do Brasil chegou a sugerir que a visita de D. Pedro II ao Líbano, em 1876, estaria diretamente ligada à existência, como o jornal falsamente sugeria, de uma população de 8 milhões de brasileiros descendentes de povos do Oriente Médio.[5]

Esse vínculo árabe-judeu-português-moçárabe-tupi-brasileiro lançou fundas raízes nas psiques de muitos intelectuais brasileiros. Por essa razão, os imigrantes árabes e judeus que de fato chegaram ao Brasil passaram a ser vistos tanto como familiares (por sua fé judaico-cristã) quanto como estranhos (porque, embora não fossem "negros", eles também não eram

---

2 Braga, *A pátria portugueza. O território e a raça*, p.283-93.

3 Onffroy de Thoron, *Voyages des flottes de Salomon et d'Hiram en Amerique: Position geographique de Parvaim, Ophir & Tarschisch*); Correia, O rei Salomão no rio Amazonas. In: Jorge, *Álbum da colônia sírio-libanesa*, p.471-9. Como veremos a seguir, os imigrantes japoneses não fizeram por menos e, na década de 1930, alguns intelectuais afirmaram que os povos indígenas brasileiros eram uma tribo perdida de asiáticos.

4 Freyre, *Casa-grande e senzala*. Publicado em inglês como *The Masters and the Slaves: a Study in the Development of Brazilian Civilization*, p.208-20. Câmara Cascudo, *Mouros, franceses e judeus*, p.17-52.

5 Exposição mostra *tour* de D. Pedro pelo Líbano, *O Estado de S. Paulo*, 24 nov.2011.

considerados "brancos"). Os árabes e judeus atenderam às expectativas da elite com seu sucesso econômico, ao mesmo tempo que desagradavam a essas mesmas elites por não trabalharem na terra e parecerem pouco interessados em aceitar incondicionalmente a cultura euro-brasileira.

A religião é importante para a compreensão da fixação dos árabes e dos judeus no Brasil. Como vimos no Capítulo 1, os debates sobre a política de imigração em inícios do século XIX geralmente se limitavam a uma distinção bipartida entre cristãos católicos e não católicos. Anteriormente à década de 1880, virtualmente todos os imigrantes não católicos eram vistos como europeus protestantes e brancos. Quando, inesperadamente, centenas de milhares de imigrantes árabes e judeus começaram a chegar, as autoridades responsáveis pela formulação das políticas passaram a refletir sobre os futuros brasileiros e o futuro Brasil que esses recém-chegados viriam a produzir.

Os estudiosos da imigração parecem perplexos com a chegada de árabes e judeus e em geral mencionam esses grupos apenas de passagem. Uma das razões para tal é a falta de documentação clara. Muitos imigrantes originários do Oriente Médio (cristãos, muçulmanos e judeus) entraram no Brasil como parte de uma categoria ampla denominada de "turcos" (por eles terem passaportes emitidos pelo Império Otomano). Os judeus europeus chegaram como cidadãos de diversos países e, nos portos de entrada, eram classificados apenas como "não católicos". Uma segunda razão é que os acadêmicos que associam o tamanho de um grupo imigrante à sua importância tendem a ignorar os judeus e os árabes porque eles chegaram em número muito menor que os italianos, portugueses e espanhóis. E, por fim, esses estudiosos erroneamente imaginam que árabes e judeus, como também os japoneses, têm comunidades fechadas e, portanto, externas aos parâmetros da identidade nacional brasileira. Embora isso não seja verdade, seja qual for o critério adotado (casamento, educação, língua), a linguagem popular e da elite geralmente define os portugueses, italianos e espanhóis como automaticamente brasileiros, e os árabes, judeus e japoneses como não brasileiros.

Essa tendência a supor que alguns grupos imigrantes jamais se tornariam brasileiros pode ser observada nos arquivos do Departamento de Ordem Política e Social (Dops), uma força policial estadual e federal que existiu de 1924 a 1983. Os agentes do Dops gastavam boa parte de seu tempo reprimindo "subversivos", entre eles líderes sindicais, esquerdistas e militantes políticos, grupos esses que costumavam incluir imigrantes e seus descendentes. Quando os arquivos do Dops de São Paulo se tornaram públicos, em fins do século XX, os pesquisadores descobriram que as fichas eram separadas em duas categoriais, uma para "brasileiros" e outra para "não brasileiros". O mais espantoso é que esses termos não tinham relação com cidadania. O Dops classificava como "não brasileira" qualquer pessoa com sobrenome árabe, judeu e japonês, mesmo que a pessoa sob investigação fosse cidadã brasileira. A categoria "brasileiro", por outro lado, estava repleta de não cidadãos imigrantes de origem portuguesa, italiana e espanhola.

Os judeus árabes

Embora os leitores contemporâneos pensem nos árabes e judeus como categorias distintas, não foi isso que aconteceu em termos históricos. Durante séculos, um grande número de judeus viveu em terras árabes, e entre os primeiros não cristãos a emigrarem para o Brasil estavam os judeus marroquinos. A história começa com a eclosão da Guerra Hispano-Marroquina (1859-1860), quando muitos judeus, principalmente os bem-sucedidos economicamente, passaram a se perguntar se seu futuro não estaria em outras plagas. A emigração parecia uma opção realista, uma vez que os judeus marroquinos geralmente eram multilíngues: eles falavam árabe e espanhol nas atividades comerciais, francês e hebraico na escola, e haquitia (uma língua singular, na qual se mesclavam o hebraico e o árabe) em casa. Durante a guerra, umas poucas centenas de famílias de judeus marroquinos migraram para o Brasil, principalmente para o Rio de Janeiro.

Em fins do século XIX, os judeus estavam deixando o Marrocos em números cada vez maiores. Na década de 1880, 95% dos rapazes que haviam completado seus estudos em uma das escolas judaicas do Marrocos estavam migrando para a América do Sul. Cerca de 1 milhar deles optou pelo estado do Pará, na região amazônica brasileira, onde a economia da borracha florescia, e cidades como Belém, na foz do rio, estavam repletas de mascates e pequenos comerciantes. O Brasil, além disso, atraía os judeus marroquinos porque a obtenção de documentos de naturalização era relativamente fácil. Retornar como brasileiros para seus locais de nascimento significava que eles se enquadrariam na lei marroquina que dava proteção especial a estrangeiros. Para os judeus marroquinos do século XIX, um passaporte brasileiro tinha a mesma utilidade que um passaporte adicional tem hoje para as dezenas de milhares de latino-americanos que fazem o possível para conseguir uma segunda cidadania que lhes permitirá uma maior mobilidade (como veremos no Epílogo).

Mimom Elbás era um caso típico. Ele emigrou para Belém saindo de Tanger em fins de 1892, e um ano depois se mudou para o Rio de Janeiro. Seis meses se passaram, ele se naturalizou e voltou para o Marrocos, fazendo com que o cônsul brasileiro em Tanger protestasse que Elbás "não sabe falar outra língua senão árabe, como acontece em geral com os hebreus dos portos do Oeste".[6] Essa queixa foi a primeira entre as muitas apresentadas por diplomatas brasileiros, que não sabiam ao certo como tratar os novos brasileiros que não eram tão desejáveis quanto os europeus e norte-americanos brancos.

Nos primeiros anos do século XX, havia mais de 600 brasileiros naturalizados vivendo no Marrocos e que buscavam a proteção do Brasil, especialmente em tempos de crise. Simon Nahmiash havia se mudado para o Pará em 1879, aos 23 anos de idade. Três anos mais tarde ele solicitou um certificado de naturalização, afirmando "a firme intenção de continuar a residir no Império Brasileiro e adotá-lo como minha pátria". Nahmiash, contudo, voltou para Tanger empunhando seu passaporte brasileiro. Ele montou um negócio de importação e, em 1901, envolveu-se em uma disputa com um comerciante muçulmano local. Perdeu a causa e foi processado por desrespeito à autoridade judiciária, um crime passível de pena de prisão. Quando a polícia chegou para prendê-lo, ele hasteou a bandeira brasileira em sua casa, mas sem resultado. Nahmiash, imediatamente, entrou em contato com o cônsul brasileiro, que se viu obrigado a defender o cidadão brasileiro e a

---

6 José Daniel Colaco (cônsul) para Carlos de Carvalho (ministro das Relações Exteriores), 18 set. 1895, 02 – Repartições Consulares Brasileiras, Tanger – Ofícios – 1891-1895–265/1/11, Arquivo Histórico do Itamaraty, Rio de Janeiro (doravante AHI-R).

trabalhar por sua libertação. O cônsul se aborreceu e pediu que fossem for-
muladas novas políticas com relação aos cidadãos naturalizados. Em 1900,
foi adotada uma regra informal que restringia a cidadania brasileira aos
marroquinos naturalizados antes de 1880. Em 1903, o Brasil fechou sua
representação diplomática no Marrocos para não ter que defender brasileiros naturalizados.[7]

A imigração de judeus marroquinos para o Brasil não era simplesmente
uma questão legal. Os migrantes, geralmente homens, às vezes se casavam
com mulheres nativas da Amazônia, e conta-se uma história sobre como
essas uniões eram formalizadas:

> Os judeus chegavam sem mulheres e sem rabinos. Muitos deles passaram a se
> relacionar com mulheres indígenas e desejavam se casar com elas, mas não havia
> entre os imigrantes um rabino que pudesse conduzir as cerimônias de conver-
> são. O líder dos imigrantes designava o membro mais culto do grupo para ensi-
> nar as noivas sobre o judaísmo, enfatizando um princípio: que havia apenas
> um Deus. No dia do casamento, a noiva era levada a uma sala, tinha os olhos
> vendados e dizia-se a ela que uma colher de ouro líquido seria colocada em sua
> boca. Se ela realmente acreditasse que havia apenas um único Deus, o ouro teria
> um gosto doce como o mel. E todas as mulheres acreditavam, e o ouro sempre
> tinha gosto de mel.[8]

Hoje, sepulturas e pequenos cemitérios judeus podem ser encontrados ao longo do rio Amazonas. Os não judeus do lugar costumam atribuir poderes especiais aos imigrantes ali enterrados, tendo convertido
os cemitérios em locais de um culto que sobrevive até os dias de hoje. O
mais famoso é a sepultura do rabino Shalom Emmanuel Muyal, morto em
1910 e enterrado no Cemitério Municipal São João Batista, em Manaus,
hoje uma cidade de 2 milhões de habitantes. Já em 1930, começaram a surgir histórias sobre milagres ocorridos em sua tumba, e o Rabino Muyal é

---

7 *Al-Shogreb-Al Aksa* (Tanger), 27 agosto 1902, in 02 – Repartições Consulares Brasileiras, Tanger – Ofícios – 1900–1925–265/1/13, AHI-R.

8 Entrevista realizada pelo autor com o sr. J., Belém do Pará, 13 abr. 1994.

chamado por muitos de o "Santo Judeu Milagreiro de Manaus". Sua sepultura transformou-se em uma parte tão importante da cultura local que, em 1980, os líderes da comunidade judaica recusaram o pedido do sobrinho do rabino, que queria reenterrar o tio em Israel.

Agricultores e mascates

Os judeus árabes do Marrocos foram os primeiros dos muitos judeus e árabes que imigraram para o Brasil em fins do século XIX e inícios do século XX. Embora muitos tenham vindo de forma independente, um pequeno grupo de judeus europeus começou a se estabelecer na América do Sul sob o patrocínio de uma organização criada pelo barão Maurice de Hirsch, um filantropo nascido na Baviera e residente em Bruxelas. Querendo tanto ajudar os refugiados e assegurar que os judeus do Leste Europeu não viessem a se fixar na Europa Ocidental, ele decidiu:

> investir toda a minha riqueza e minha capacidade intelectual [...] para dar a meus companheiros de fé a possibilidade de encontrar uma nova existência, principalmente como agricultores, mas também como artesãos, nessas terras onde as leis e a tolerância religiosa permitem que eles levem adiante a luta pela vida.[9]

Em 1891, o barão fundou a Associação de Colonização Judaica (Iidishe Kolonyzatsye Geselschaft – a ICA). Em 1893, foi fundada a colônia de Moisesville, na Argentina, e navios repletos de judeus patrocinados pela ICA começaram a chegar ao país. No início de 1901, a organização passou a examinar uma possível expansão para o extremo sul do Brasil, o estado do Rio Grande do Sul, cujas elites tinham o máximo interesse em estabelecer novas colônias europeias nas áreas vizinhas às colônias alemãs fundadas no século anterior.

Entre 1904 e 1924, a ICA estabeleceu duas colônias agrícolas na fronteira do Rio Grande do Sul. Os judeus do Leste Europeu que se estabeleceram no Brasil nunca excederam alguns milhares, mas, conjuntamente, eles

---

9 Hirsch, My Views on Philanthropy, *North American Review*, n.153, jul. 1889, p.2.

puseram em cheque a imagem que a elite brasileira tinha dos judeus, como um grupo fechado e sem interesse em assumir a cidadania do país onde residiam. Essas duas colônias agrícolas foram o primeiro passo para a migração organizada e regular de judeus para o Brasil.

Os políticos e proprietários de terras do Rio Grande do Sul aceitavam de bom grado qualquer grupo europeu que se dispusesse a trabalhar a terra na região da fronteira. Uma forte relação se desenvolveu então entre a ICA, interessada no reassentamento de judeus, e aqueles que há quase um século vinham incentivando e subsidiando a colonização agrícola. Quando o governo estadual resolveu promover a colonização imigrante na Exposição Internacional de Saint Louis, em 1904, a publicação oficial, denominada *Memorial Descritivo do Estado do Rio Grande do Sul*, deu realce às colônias judias como exemplo dos resultados positivos recentes da colonização na região.[10] (Ver Documento 5.1. Trecho de livro publicado em inglês para atrair imigrantes ao Rio Grande do Sul, no Apêndice do presente capítulo.)

Ao mesmo tempo que colônias agrícolas judaicas se estabeleciam no Rio Grande do Sul, imigrantes árabes vinham se fixando no Brasil rural. Esses imigrantes do Oriente Médio chegaram não como agricultores, mas como parte de uma nova classe de pequenos comerciantes. Ao contrário das levas de imigrantes italianos, espanhóis e portugueses, preferidos pelos fazendeiros e políticos cuja intenção era mudar a composição social do Brasil com mão de obra europeia de baixo custo, os sírios e os libaneses vieram por conta própria. Eles, portanto, exerceram um impacto diferente do dos imigrantes patrocinados pelo governo ou por seus aliados.

É difícil dizer com precisão quantos imigrantes do Oriente Médio se estabeleceram no Brasil. O fato de que as categorias nacionais vinham se alterando na região, somado à modificação do método de contagem das entradas de imigrantes empregado pelo governo brasileiro, resultou em que as estatísticas de diferentes fontes raramente coincidem. As estatísticas oficiais de entrada de imigrantes apontam para um total de cerca de 110 mil (ver Tabela 5.1). Relatórios dos consulados franceses da década de 1920 sugerem um número duas vezes maior, sendo que 130 mil teriam se

---

10 Dahne (ed.), *Descriptive Memorial of the State of Rio Grande do Sul, Brazil*, p.29.

dirigido às cidades de São Paulo e Santos, 20 mil ao estado do Pará, 15 mil à cidade do Rio de Janeiro, 14 mil ao estado do Rio Grande do Sul e mais de 12 mil ao estado da Bahia.[11] Um acadêmico que trabalha com as estatísticas de emigração do Líbano e da Síria para o período de 1921-1926 chegou a conclusão semelhante, sugerindo que mais de 180 mil imigrantes do Oriente Médio chegaram ao Brasil, contra quase 200 mil aos Estados Unidos, 110 mil à Argentina, além de outros contingentes significativos que se estabeleceram no México, em Cuba, no Canadá e na Venezuela.[12]

Tabela 5.1. Imigração do Oriente Médio para o Brasil, 1884-1939

	1884-1893	1894-1903	1904-1913	1914-1923	1924-1933	1934-1939	Total
Algerianos	*	*	*	*	1	0	1
Armênios	*	*	*	1	821	4	826
Egípcios	*	51	42	190	335	27	645
Iranianos	*	*	*	12	107	10	129
Iraquianos	*	*	*	*	10	0	10
Libaneses	*	*	*	*	3.853	1.321	5.174
Marroquinos	*	192	31	35	47	23	328
Palestinos	*	*	*	*	611	66	677
Persas	*	*	*	*	374	9	383
Sírios	93	602	3.826	1.145	14.264	577	20.507
Turcos	3	6.522	42.177	19.255	10.227	271	78.455
Total	96	7.367	46.076	20.638	30.650	2.308	107.135

Fonte: Discriminação por nacionalidade dos imigrantes entrando no Brasil no período 1884-1939, *Revista de Imigração e Colonização*, v.1, n.3, jul. 1940, p.617-38.

Os imigrantes do Oriente Médio raramente trabalhavam na agricultura. Ao contrário, o protótipo da integração econômica dos árabes no Brasil era a profissão de caixeiros-viajantes, conhecidos popularmente como

---

11 Discriminação por nacionalidade dos imigrantes entrando no Brasil no período 1884-939, *Revista de Imigração e Colonização*, v.1, n.3, jul. 1940, p.617-42; *Revista de Imigração e Colonização*, v.1, out. 1940, p.617-38. Knowlton, *Spatial and Social Mobility of the Syrians and Lebanese in the City of São Paulo, Brazil*, p.58-9. Publicado em português como *Sírios e libaneses*.

12 Hashimoto, Lebanese Population Movement, 1920-1939: Towards a Study, Tabela A.1. In: Hourani; Shehadi (eds.), *The Lebanese in the World: A Century of Emigration*, p.89, 91.

mascates. Esses pequenos comerciantes forneciam utilidades domésticas e gêneros alimentícios secos aos colonos nas fazendas de café ou à população mais pobre das cidades. Uma infinidade de lendas é contada sobre os mascates. Uma das mais curiosas é uma história não confirmada passada em Marataízes, uma cidade do estado costeiro do Espírito Santo. Hoje, Marataízes é a segunda maior cidade da região, tendo quase 35 mil habitantes, mas, em inícios do século XX, era muito menor:

> Havia um grupo de mascates que vendiam suas mercadorias no interior do Espírito Santo e viajavam de um lugar a outro no lombo de mulas. Um dos mascates chamava-se Aziz, e sua mulher (em árabe, o termo coloquial para "mulher" é *marat*) era vista como a líder das mulheres que ficavam em casa enquanto os homens saíam em suas viagens. Todos os dias, essas mulheres iam lavar roupa em um certo local, e a cidade que cresceu em torno dali veio a ser chamada de Marataízes, em homenagem à "marat" de Aziz.

No Oriente Médio, as razões para a emigração eram tão variadas quanto os motivos para a escolha do Brasil de preferência aos Estados Unidos e à Argentina. Da mesma forma que ocorreu com os emigrantes europeus, tanto judeus como cristãos, uma combinação de pressões demográficas, deslocamentos econômicos, perseguições políticas e religiosas e a imagem de uma vida melhor em algum outro país criaram as condições para o surgimento de um potencial de emigração. Agentes de emigração viajavam por toda a região, incentivando os jovens (segundo um estudioso, um quarto da população libanesa em 1915) a deixarem o país.[13] A partir de meados do século XIX, aumentou o número de navios a vapor que cruzavam regularmente o oceano ligando o Oriente Médio ao Brasil (com escalas na Europa), tornando a imigração mais fácil (e, com o tempo, mais barata).

Embora as estatísticas sobre filiação religiosa sejam incompletas, os libaneses e sírios que entraram no Brasil através do porto de Santos entre 1908 e 1941 eram cristãos melquitas ou católicos maronitas (65%) ou gregos

---

13 Issawi, The Historical Background of Lebanese Emigration, 1800-1914. In: Hourani; Shehadi (eds.), *The Lebanese in the World: A Century of Emigration*, p.13-31.

ortodoxos (20% do total, mas a maioria dos que entraram como "sírios"). Outros 15% eram muçulmanos.[14] Essas variações costumavam confundir os brasileiros quanto às diferentes categorias étnicas nas quais se enquadrariam os imigrantes do Oriente Médio. A maioria dos que entraram antes da Primeira Guerra Mundial veio com passaportes otomanos e eram chamados de "turcos", muito embora estivessem fugindo do Império Otomano. No Pará, era comum que os árabes fossem chamados de "judeus", enquanto no Ceará eles eram vistos como "galegos", o termo pejorativo para designar os europeus do Sul em geral, conforme discutido no Capítulo 4. Um dito muito conhecido descrevia essa confusão: ao chegar, os imigrantes eram "turcos", um primeiro emprego fixo os transformava em "sírios" e, mais tarde, a propriedade de uma loja ou de uma fábrica fazia deles "libaneses".

Os mascates se converteram também em uma espécie de serviço postal, transmitindo informações entre os colonos que, muitas vezes, eram proibidos de deixar a fazenda onde trabalhavam. Quando novas ferrovias foram abertas por todo o Brasil, as palavras "mascate" e "turco" tornaram-se sinônimas, e muitos deles começaram a se estabelecer ao longo das linhas férreas, onde abriam pequenas lojas ou fábricas. Esses pequenos lojistas e donos de fábricas sírios e libaneses (cerca de 10% da população imigrante originária do Oriente Médio em 1900) vendiam a crédito aos mascates as peças de pano e utilidades domésticas, que eram então revendidas em suas viagens pelo interior. Relações pessoais calcadas principalmente na aldeia de origem ou em laços de parentesco permitiam que os lojistas e donos de fábricas vendessem a crédito aos mascates. Esse crédito era então estendido aos fregueses, uma inovação radical em um país que apenas recentemente havia passado do trabalho escravo ao trabalho assalariado.

Os mascates rurais usavam mulas, enquanto os urbanos carregavam eles mesmos suas mercadorias (ver Figura 5.1). Grande parte do estoque consistia em sal, peças de pano e chapéus. Como a maioria dos trabalhadores

---

14 Entradas de imigrantes pelo porto de Santos, segundo a religião, 1908-1936, Secretaria da Agricultura, Indústria e Comércio, *Boletim da Diretoria de Terras, Colonização e Imigração*, v.1, n.1, out. 1937, p.64; *Boletim do Serviço de Imigração e Colonização*, v.2, out. 1940, p.155, e *Boletim do Serviço de Imigração e Colonização*, v.4, dez. 1949, p.11 e 53.

rurais tinha pouco dinheiro vivo, o escambo era comum. Produtos como artesanato, conservas e alimentos secos eram então revendidos nas áreas urbanas. Os mascates geralmente ganhavam o dobro da diária média de um trabalhador, e alguns deles começaram a investir seus lucros no setor manufatureiro. Durante as primeiras décadas do século XX, os imigrantes sírios e libaneses transferiram-se para áreas urbanas, onde costumavam agrupar suas lojas em bairros pouco valorizados, morando no andar superior do prédio, próprio ou alugado, onde instalavam lojas ou pequenas fábricas. Esses bairros, geralmente, eram estrategicamente localizados a meio caminho entre os mercados e as estações de trem, por onde os compradores tinham que passar em seu trajeto do trabalho para casa.

Um dos paradoxos das reações populares e da elite aos imigrantes (como vimos no caso dos portugueses) era a dupla acusação de que eles roubavam empregos e, ao mesmo tempo, eram preguiçosos. Um editorial irado publicado em 1888 no jornal *Mariannense*, de Mariana, Minas Gerais, advertia os leitores a terem cuidado com as multidões de "turcos vagabundos": "Vários países têm fechado suas portas a tão maléfica emigração e o ilustre Senador Taunay [...] pediu ao governo que a esses trancassem as portas para que não infiltrassem em nosso organismo, em vez de sangue forte, o vírus maléfico de um povo indolente". O jornal da Sociedade Central de Imigração (ver Capítulo 3), *A Immigração*, assumiu a mesma postura, aplaudindo Alfredo d'Escragnolle Taunay por um discurso antiárabe proferido no Senado, pedindo a aprovação de leis destinadas a impedir a entrada "de turcos que é um perigo [que] convém evitar [...] vêm implantar em nosso paiz o já tão propagado amor pela vagabundagem".[15] Em 1908, um vereador da cidade de São José do Rio Preto, no estado de São Paulo, tentou apagar todos os vestígios "da interferência estrangeira na vida pública", propondo (sem sucesso) que todos aqueles que falassem árabe na proximidade de brasileiros fossem imediatamente multados.[16]

---

15 *A Immigração* – Órgão da Sociedade Central da Imigração, v.5, n.43, mar. 1888, p.3. O artigo do *Mariannense* foi reproduzido na íntegra no *A Immigração*.

16 Almeida, A. T., *Oeste Paulista: a experiência etnográfica e cultural,* p.171-3.

Figura 5.1. Um mascate imigrante. Foto cedida por cortesia do Arquivo Histórico Judaico Brasileiro, São Paulo, Brasil.

Apesar de todo esse racismo, os imigrantes árabes em geral prosperavam. Laços de parentesco se expandiam, consolidando as atividades econômicas urbanas, e novas instituições comunitárias foram fundadas. A imprensa em língua árabe, como a imprensa italiana discutida no Capítulo 3, contribuiu para a preservação da cultura pré-migratória e também para a integração. O primeiro jornal brasileiro em língua árabe foi fundado na cidade de Campinas em novembro de 1895, e um outro, apenas seis meses depois, foi criado em Santos. Em 1902, havia três jornais em língua árabe em São Paulo, e mais dois no Rio de Janeiro. Em 1914, 14 jornais árabes circulavam em São Paulo, e um estudo observou a existência de 95 jornais e revistas em árabe em todo o Brasil em data anterior a 1933.[17] Como ocorria com a quase totalidade dos jornais imigrantes, a publicidade costumava ser em português, ajudando a integrar os imigrantes na língua e na cultura do Brasil (ver Figura 5.2).

Em inícios da década de 1920, na maioria das grandes cidades brasileiras, os imigrantes sírios e libaneses e seus descendentes concentravam-se fortemente na pequena fabricação e na venda de produtos têxteis, e também no comércio de alimentos secos. Da mesma forma que os imigrantes europeus, muitos deles faziam remessas de dinheiro para seus países de origem. O professor de estudos islâmicos Philip Hitti relata que, em inícios do século XX, 41% da renda total do Líbano provinha dessas remessas, e que, em 1950, praticamente todas as aldeias tinham "uma casa de telhado vermelho construída com dinheiro vindo de fora do país".[18] O dinheiro era seguido de pessoas, e as estatísticas do porto de Santos mostram uma alta taxa (quase 46%) de migração de retorno para os imigrantes do Oriente Médio (43.596 entradas para 19.951 saídas de "turcos" e "sírios").[19] Essas altas taxas de retorno fazem lembrar as dos imigrantes espanhóis no Brasil e as dos *golondrinas* italianos na Argentina. O bairro de Al-Sufi, em Beirute,

---

17 Love, *São Paulo in the Brazilian Federation, 1889-1937*, p.91. Traduzido para o português como *A locomotiva: São Paulo na Federação Brasileira — 1889-1937*.

18 Hitti, *Lebanon in History: from the Earliest Times to the Present*, p.474-5.

19 Movimento migratório pelo porto do Santos, 1908-1936, *Boletim da Diretoria de Terras, Colonização e Imigração*, v.1, n.1, out.1937), Tabela A-4, p.54. Após 1923, os judeus turcos representavam parte significativa da emigração de "turcos".

Figura 5.2. O anúncio de uma loja que vendia sedas publicado em *Al-Afkar* [Ideias] é típico dos jornais imigrantes do Brasil, no sentido de que o texto aparece tanto em português como na língua pré-migratória. Agradeço ao dr. Nate Hofer pela tradução do árabe.

tinha sua própria Avenida Brasil, e um padre que visitou o Líbano em 1925 contou que o hino nacional brasileiro foi cantado espontaneamente em sua homenagem.[20] Um jornalista brasileiro que viajou pela região em 1926 ficou perplexo ao descobrir que o jogo do bicho brasileiro era tão popular entre os retornados que o resultado dos sorteios no Rio de Janeiro era telegrafado a Beirute na mesma noite.[21] Em meados da década de 1930, cerca de 70% dos habitantes da cidade libanesa de Zahle falava algum português.[22]

O assentamento nas cidades

Se a migração árabe para o Brasil foi marcada pelo retorno ao Oriente Médio, o ingresso de judeus foi notável por seu caráter permanente, que resultou de uma combinação de fatores de atração e repulsão. Para a maioria dos emigrantes judeus, o retorno à Europa ou ao Oriente Médio tornou-se cada vez mais perigoso ao longo do século XX. O cataclisma gerado pela reconstituição da Polônia, em 1918, provocou a fuga de grandes levas de judeus. O mesmo ocorreu em alguns países árabes, onde os judeus quase sempre se sentiam ameaçados pelos movimentos anticolonialistas. O Brasil da década de 1920, por outro lado, parecia receber a todos de braços abertos. A economia estava em expansão. As restrições à imigração eram poucas e não havia cotas oficiais, ao contrário do que ocorria nos Estados Unidos e no Canadá, países que, ao longo de toda a década de 1920, tentaram limitar a entrada de judeus com cotas altamente restritivas. A essa mesma época, a Argentina passou a emitir vistos apenas nos países de origem dos solicitantes, o que significava que os refugiados judeus que haviam fugido de seus locais de nascimento raramente conseguiam obter um visto por meios legais.

---

20 Como os brasileiros foram recebidos no Líbano – Uma admirável impressão do Padre José de Castro. In: Amarilio Júnior, *As vantagens da immigração Syria no Brasil: em torno de uma polêmica entre os Srs. Herbert V. Levy e Salomão Jorge, no "Diário de São Paulo"*, p.135-56.

21 *Brazilian-American*, 21 ago. 1926.

22 Chanem, *Impressões de viagem (Libano-Brasil)*, p.24-5, 83.

Tabela 5.2. Imigração de judeus e em geral para o Brasil, 1872-1972

Período	Geral	Judeus
1872-1879	176.337	500
1880-1889	448.622	500
1890-1899	1.198.327	1.000
1900-1909	622.407	5.000
1910-1919	815.453	5.000
1920-1929	846.647	30.316
1930-1939	332.768	22.452
1940-1949	114.085	8.512
1950-1959	583.068	15.243
1960-1969	197.587	4.258
1970-1972	15.558	450
1872-1972	5.350.859	93.231

Fonte: Maria Stella Ferreira Levy, O papel da migração internacional na evolução da população brasileira (1872-1972), *Revista de Saúde Pública*, suplemento n.8, 1974, p.72; Jacob Lestschinsky, Jewish Migrations, 1840-1956, *The Jews: their History, Culture and Religion*, Louis Finkelstein (ed.). 3.ed. 2v. Nova York: Harper and Brothers, 1960, p.1356-96; dado citado, v.2, p.1554. IBGE. *Censos demográficos de 1940, 1950, 1960, 1980 e 1991*. Vários volumes. Rio de Janeiro, IBGE; U. O. Schmelz e Sergio Della Pergola, The demography of Latin American Jewry, *American Jewish Year Book*. Nova York: The American Jewish Committee, 1985, p.51-102; dado citado, p.74.

Entre 1924 e 1934, a imigração do Leste Europeu para o Brasil quase que decuplicou, atingindo mais de 93.000 entradas. Em meados da década de 1920, mais de 10% dos judeus que emigraram da Europa escolheram o Brasil como seu destino e, em inícios da década de 1930, a população brasileira de origem judaica era de quase 60.000. Os judeus representavam entre 45 e 50% dos novos imigrantes vindos do Leste Europeu (ver tabelas 5.2 e 5.3), quase 42% dos poloneses que se estabeleceram no Brasil entre 1926 e 1937, e 77,7% dos que chegaram entre 1931 e 1935.[23]

---

23 Lestschinsky, National Groups in Polish Emigration, *Jewish Social Studies*, v.5, n.2, abr. 1943, p.110-1.

Tabela 5.3. Imigração de judeus para o Brasil por data e país de origem

País	1925-1929	1930-1934	1935-1939	1940-1942	Total
Polônia	6.961	6.518	3.549	348	17.376
Alemanha	0	1.198	6.188	410	7.796
Outros	2.595	2.389	1.961	848	7.793
Total	9.556	10.105	11.698	1.606	32.695

Fonte: *Les juifs dans l'histoire du Brésil*, Rapport d'activité pendant la periode 1933-1943, HIAS-Brazil, folder 1, YIVO-NY. Discriminação por nacionalidade dos imigrantes entrando no Brasil no período 1884-1939. *Revista de Imigração e Colonização*, v.1, n.3, jul. 1940, p.617-38.

Os judeus do Leste Europeu que chegaram ao Brasil após a Primeira Guerra Mundial se fixaram principalmente nos estados de São Paulo, Rio Grande do Sul, Minas Gerais e Rio de Janeiro. Seu sucesso, tal como o dos imigrantes originários do Oriente Médio, resultou, em grande parte, de seu trabalho no pequeno comércio ambulante e no setor têxtil, e não do cultivo da terra. Como a maioria dos judeus era composta de refugiados, eles se estabeleceram em áreas urbanas, onde havia maior disponibilidade de serviços de assistência, que iam desde o auxílio com moradia até pequenos empréstimos. A condição de refugiado significava também menores remessas de dinheiro, porque famílias inteiras haviam fugido dos países de origem. O dinheiro excedente era aplicado no Brasil, levando a maiores rendas familiares e à capacidade de apoiar instituições comunitárias. Sinagogas, escolas e grupos de jovens proliferaram rapidamente, fazendo com que um número ainda maior de imigrantes judeus adquirisse confiança em um futuro no Brasil.

A maioria dos judeus que chegaram ao Brasil na década de 1920 veio da Polônia. Representando um pouco mais de 10% da população polonesa, os judeus eram relativamente urbanizados e concentrados em grupos profissionais como alfaiates, mecânicos e sapateiros. Cerca de 35% dos judeus que chegaram ao Brasil não tinham profissão definida nem habilidades demandadas pelo mercado de trabalho, assumindo então o ofício de *clientelchik*, a palavra iídiche-brasileira para vendedor ambulante (equivalente ao termo brasileiro "mascate", já mencionado anteriormente), atividade que não exigia investimento de muito capital inicial. Os *clientelchiks* vendiam peças de pano, roupas e aviamentos de costura, mercadorias que muitas vezes compravam no atacado dos antigos mascates sírios e libaneses que haviam se estabelecido como comerciantes. Em fins da década de 1930, 54% das indústrias da Luz, bairro de São Paulo com um alto percentual de imigrantes judeus, produziam têxteis.

Uma das características notáveis da integração dos judeus e dos árabes no Brasil do entreguerras foram os bancos étnicos e o crédito rotativo. As sociedades de empréstimos de base étnica forneciam aos recém-chegados os fundos iniciais necessários à compra de mercadorias para revenda ou à abertura de uma pequena loja ou fábrica, tirando partido do crescimento de uma baixa classe média urbana, que então adquiria novos padrões de consumo. As interações econômicas com os brasileiros deram estatura a árabes e judeus e, como explicou em 1944 o professor Everardo Backheuser, consultor técnico do Conselho Nacional de Geografia e estudioso da imigração:

Os sírios tiveram [...] um avassalante sucessor: o judeu. O judeu, de todas as nacionalidades [...] é "o turco da prestação", coleante, untuoso, açambarcador, invencível. Constitui, no ponto de vista social e político, verdadeiro perigo, pois, sendo inescrupuloso, vale-se de todos os recursos, não só para enganar o freguês como para disseminar ideias subversivas.[24]

Racismo e reação

Há diversas semelhanças entre os padrões de integração econômica e social de árabes e judeus no Brasil. A atividade de vendedor ambulante era comum, e muitas vezes levou à acumulação do capital necessário para a compra de uma pequena loja ou fábrica, que por sua vez permitiu aos imigrantes mandarem buscar outros familiares e, assim, expandirem o negócio. Esses padrões significam também que judeus e árabes tendiam a se concentrar em bairros pouco valorizados, tornando-os particularmente visíveis aos demais moradores da cidade. A combinação de alguns fatores – árabes e judeus terem chegado inesperadamente, sua ascensão econômica e sua

---

24 Backheuser, Comércio ambulante e ocupações de rua no Rio de Janeiro, *Revista Brasileira de Geografia*, v.6, n.1, jan.-mar. 1944, p.14.

concentração residencial – fez com que, com frequência, membros das elites vissem esses dois grupos como problemáticos, como, por exemplo, em um decreto de 1930, falando dos estrangeiros: "Uma das causas do desemprego se encontra na entrada desordenada de estrangeiros, que nem sempre trazem o concurso útil de quaisquer capacidades, mas [que] frequentemente contribuem para o aumento da desordem econômica e da insegurança social".[25]

Embora as elites não se preocupassem muito com a concentração residencial dos imigrantes europeus cristãos, as áreas urbanas com grandes populações árabes e judias provocavam comentários da imprensa, dos políticos e dos intelectuais, com frequência desproporcional a seu modesto número. Uma das provocações que alcançaram maior repercussão veio do conhecido crítico cultural Guilherme de Almeida. Em 1929, ele escreveu uma série de oito artigos satíricos sobre suas "impressões sobre nossos vários bairros estrangeiros" para o jornal de ampla circulação *O Estado de S. Paulo*. Os artigos sobre os bairros árabes e judeus eram surpreendentemente parecidos. Os comentários de Guilherme de Almeida sobre um bairro com grande concentração de judeus desumanizava os imigrantes com seu foco em pelos faciais: "Cara a cara com a primeira cara do gueto paulistano. Cara? – Barba: barba e nariz. O primeiro judeu".[26] Seu artigo sobre um bairro de imigrantes do Oriente Médio era chamado "O Oriente Mais que Próximo". Nesse artigo, os árabes não eram gente, mas "Bigodes, só bigodes. Bigodes contemplativos nas calçadas; bigodes esperançosos nas portas; bigodes esfumaçados sobre os cafezinhos quentes, nas mesas de mármore fingido; bigodes sonoros, cheios de hh aspiradíssimos, entrando, ficando, saindo, passando. Bigodes". Uma rua com lojas de propriedade de sírio-libaneses transformava-se em um espaço de "venda em grosso de fardos grossos de fazendas grossas, com homens grossos de grossos bigodes, falando grosso". O bairro residencial vizinho tinha "Bigodes, só bigodes".

---

25 Decreto 19.482, 12 dez. 1930, *Coleção da Leis da República dos Estados Unidos do Brasil de 1930*, v.II, Atos da Junta Governativa Provisória e do Governo Provisório (outubro a dezembro), p.82.

26 Almeida, G., Cosmópolis: o "ghetto", *O Estado de S. Paulo*, 31 mar. 1929, p.4.

Ele zombava dos árabes com uma imagem saída diretamente da cultura de bar da elite euro-brasileira: "Receita para se fazer um 'turco': coloca-se no *shaker* da Rua 25 de Março um sírio, um árabe, um armênio, um persa, um egípcio, um curdo; bate-se tudo muito bem e – pronto! – sai um turco de tudo isso. Para São Paulo, é assim: quem mora ali é turco".[27]

Esses estereótipos levaram judeus e árabes a negociarem sua identidade brasileira de forma semelhante, embora totalmente diversa dos meios empregados pelos cristãos europeus. Os líderes das comunidades imigrantes muitas vezes jogaram com a convicção vigente entre as elites de que os primeiros colonizadores portugueses e/ou os povos indígenas eram na verdade judeus ou árabes. Isso lhes permitia afirmar que a identidade nacional brasileira tinha raízes árabes e judias tanto quanto europeias e africanas. Essa estratégia pode ser claramente discernida nas comemorações do centenário da independência brasileira, celebrado em 1922, quando os líderes da comunidade árabe decidiram construir um monumento para a comunidade sírio-libanesa do Brasil.[28] O escultor poderia ter sido qualquer um, e a estátua poderia ter sido colocada em um beco sem importância. Mas não foi isso que aconteceu. Ao contrário, árabes abastados contrataram Ettore Ximenes, um escultor italiano de renome, cujo trabalho era associado ao nacionalismo brasileiro, para construir um monumento localizado no Parque D. Pedro II, a área pública de maior prestígio na maior e mais poderosa cidade do país.

Para todos os interessados, uma estátua de autoria de Ximenes e situado no Parque D. Pedro II significava uma grande vitória. Intitulado *Amizade Sírio-Libanesa*, o monumento era uma torre de bronze e granito com quinze metros de altura (ver Figura 5.3). A base era dividida em quatro seções. Três dos lados traziam relevos representando as contribuições "sírias" à cultura mundial: os fenícios como pioneiros da navegação, a descoberta das Ilhas Canárias por Haitam I e o ensino do alfabeto. O quarto lado simbolizava a "penetração síria no Brasil", representada pelo "comércio [que

---

27 Id., Cosmópolis: o oriente mais próximo, *O Estado de S. Paulo*, 19 maio 1929, p.6.

28 São Paulo (Prefeitura Municipal), *Catálogo das Obras de Arte em Logradouros Públicos de São Paulo: Regional Sé*, p.39.

Figura 5.3. *Amizade Sírio-Libanesa*, São Paulo, 2011. Fotografia de Aron Shavitt Lesser.

levou a] grande prosperidade". No topo do monumento, erguem-se três figuras em tamanho natural. Ao fundo, posta-se uma figura feminina representando a República Brasileira, "cuja glória é a glória da pátria brasileira"; diante dela, "uma puríssima rapariga síria" oferece um "mimo" a seu "irmão brasileiro", um guerreiro indígena, "com o mesmo amor que a acolheu ao chegar nesta terra abençoada por Deus".[29] A mensagem é clara: a grandeza da Antiguidade árabe mudou o mundo, permitindo que o Brasil fosse descoberto para então prosperar. Ao sugerir que os árabes haviam sido os primeiros colonizadores do Brasil, e afirmar que as três figuras do topo eram "irmãs", os líderes da comunidade sírio-libanesa sugeriam que a identidade nacional brasileira era biológica e originalmente árabe.

A inauguração pública do monumento foi um grande acontecimento. A cerimônia celebrou "a tradicional amizade que une a laboriosa colônia síria ao povo brasileiro", e contou com uma parada de 2 mil soldados e um discurso proferido pelo prefeito. A Basílio Jafet, um rico industrial e presidente da

---

29 Ettore Ximenes, citado em *O Estado de S. Paulo*, 3 maio 1928.

comissão que arrecadou fundos para a construção da estátua, foi dada a honra de abrir a cerimônia em nome do presidente da república. Em uma notável exibição coletiva de memória a-histórica, os "sírios e brasileiros" que assistiam à celebração "trocavam as expressões da velha amizade que os une".[30] Nagib Jafet, vice-presidente da comissão do monumento, discursou afirmando que o fenício "era o pai dos colonizadores que vieram depois, o grego, o romano, o português, o espanhol e o inglês". Dessa forma, Jafet apresentou os imigrantes sírio-libaneses e seus descendentes como sendo os primeiros colonizadores do Brasil.

A história do monumento mostra como os líderes da comunidade imigrante árabe fizeram uso de estereótipos para negociar sua identidade nacional brasileira. A relevância desse fato não passou desapercebida aos líderes da comunidade afro-brasileira, que seguiram o exemplo dos árabes em suas próprias tentativas de arrecadar fundos para a construção de uma estátua de Luiz Gama, advogado e fundador, em 1869, juntamente com Rui Barbosa, do jornal *Radical Paulistano*. Gama era um dos mais importantes líderes afro-brasileiros, sendo lembrado por ter fundado, em 1880, a Mocidade Abolicionista e Republicana e por ter libertado centenas de escravos nos tribunais com base na legislação vigente.[31] Os judeus fizeram o mesmo, o que ajuda a esclarecer a razão pela qual o movimento nacional judaico, o sionismo, e os movimentos nacionalistas árabes sempre foram aceitos pelas elites como parte da identidade étnica brasileira. Albert Einstein visitou o Brasil por duas vezes na década de 1920, com o objetivo de promover o sionismo. Os principais cientistas brasileiros formaram uma comissão de recepção, e jornalistas importantes publicaram entrevistas com o cientista.[32]

A atividade sionista teve uma contrapartida à altura no nacionalismo árabe. Essa participação foi particularmente visível no trabalho político

---

30 *O Estado de S. Paulo*, 4 maio 1928.

31 Machado, Sendo cativo nas ruas: a escravidão urbana na cidade de São Paulo. In: Porta (org.), *História da Cidade de São Paulo*. Butler, *Freedoms Given, Freedoms Won: Afro--Brazilians in Post-Abolition São Paulo and Salvador*, p.100.

32 *A Noite*, Rio de Janeiro, 21 mar. 1925; *O Jornal*, Rio de Janeiro, 22 mar. 1925.

da família Sa'adih, de intelectuais greco-ortodoxos libaneses. O dr. Khalil Sa'adih (um médico mais conhecido por ter editado o primeiro dicionário inglês-árabe, em 1911) mudou-se para o Brasil em fins da década de 1910, onde começou a publicar o *Al-Jarida*, um jornal semanal, e o *Al-Majallah*, publicado mensalmente. Antun Sa'adih juntou-se a seu pai em São Paulo na década de 1920 (com a idade de 16 anos, após passar um ano nos Estados Unidos) e passou a escrever artigos a favor da criação de um Estado sírio independente que, segundo ele esperava, se expandiria por boa parte do Oriente Médio. Após a "Grande Revolta" de 1925 contra o mandato francês na Síria, Antun fundou uma organização nacionalista, ao mesmo tempo que lecionava língua e literatura árabe na Escola Sírio-Brasileira, de São Paulo. Suas ideias nacionalistas se firmaram entre muitos emigrantes árabes vivendo na América do Sul e, em 1929, Sa'adih retornou ao Oriente Médio. Em 1932, já em Beirute, ele fundou clandestinamente o Partido Social Nacionalista Sírio, e hoje é lembrado como o pai do nacionalismo sírio, tanto quanto Einstein é lembrado por seu forte sionismo.

Restrição

Em meados da década de 1920, estereótipos negativos sobre árabes e judeus fizeram com que os políticos começassem a se perguntar se as políticas brasileiras de imigração deveriam imitar as restrições em vigor na Argentina, nos Estados Unidos e em muitas outras repúblicas americanas. O nativismo atingiu o auge em fins daquela década, quando, em meio a uma campanha eleitoral para a presidência, duas crises econômicas atingiram o Brasil: uma safra excepcionalmente abundante na lavoura do café, que forçou uma queda dos preços, e a quebra da Bolsa de Nova York, em fins de outubro de 1929. Os preços do café caíram pela metade do que haviam sido no ano anterior. Após a eleição presidencial de 1930, a acusação de fraude generalizada levou o candidato derrotado, Getúlio Vargas, a liderar um golpe de Estado que ficou conhecido como a Revolução de 1930.

O novo regime estava tão interessado em imigração quanto os anteriores, mas com algumas diferenças. Agora, o governo e seus aliados passaram, com intensidade crescente, a usar a discussão sobre imigração para expressar posturas nacionalistas e nativistas. No novo regime, eram muitos os que se sentiam atraídos pelas ideias racistas de regeneração nacional que alcançavam grande aceitação na Europa da época e, portanto, alegavam razões ideológicas para limitar a entrada de estrangeiros. Essas tendências se coadunavam com as ambições de uma pequena, embora crescente, classe média urbana, que desejava mobilidade econômica e social sem a concorrência dos imigrantes. Quando o desemprego urbano passou a crescer em inícios da década de 1930, os imigrantes tornaram-se bodes expiatórios muito convenientes.

Foi nessa atmosfera altamente carregada que, entre 1930 e 1935, os políticos brasileiros mudaram drasticamente seu discurso sobre a imigração e os imigrantes. Os ataques à imigração passaram a fazer parte da agenda do governo, e as velhas ideias sobre o "branqueamento" do Brasil foram reformuladas em termos de políticas federais visando ao "abrasileiramento". Três aspectos da nova legislação merecem especial atenção. O primeiro usava a classe da passagem marítima para o Brasil para definir a condição legal de turista ou imigrante, convertendo todos os passageiros de terceira classe em imigrantes, cuja entrada passou a ser limitada. O segundo era que os pobres tornaram-se oficialmente indesejáveis, uma vez que todos tinham agora que mostrar provas de independência financeira como condição para a entrada no Brasil com uma passagem de terceira classe. A terceira inovação foi a criação das "cartas de chamada". As chamadas, como eram geralmente conhecidas, eram formulários oficiais que permitiam que residentes no Brasil "chamassem" seus familiares, fornecendo garantia de apoio financeiro e uma passagem pré-paga. O sistema de chamada acabou por aumentar os obstáculos burocráticos, uma vez que os formulários tinham que ser aprovados pela polícia e, em seguida, legalizados pelo Departamento de Imigração do Ministério do Trabalho, Indústria e Comércio. De pura frustração, muitas pessoas desistiram de "chamar" seus familiares. Os que persistiram vieram a descobrir que a informação era usada pela polícia e pelo governo federal para fins políticos.

A entrada de estrangeiros no Brasil foi cortada em mais da metade entre 1930 e 1931, sendo que o total permaneceu inferior ao de 1930 até 1951. A guinada de inclusionista a exclusionista significava que encontrar imigrantes para o crescimento agrícola do Brasil deixou de ser prioridade. Ao contrário, a principal preocupação era de que grupos imigrantes indesejáveis fossem identificados, e sua entrada, proibida. A ascensão do totalitarismo na Europa também contribuiu para a transformação do discurso intelectual brasileiro e das políticas de imigração. Intelectuais, diplomatas, políticos e lideranças militares estreitamente ligados ao regime Vargas com frequência assumiram posturas de índole fascista e passaram a pressionar contra a entrada de elementos étnicos "inassimiláveis", como judeus, árabes e japoneses.

Imigração e assimilação figuravam com proeminência nos debates sobre uma nova Constituição, que tiveram início em 1933. Muitos setores do governo e das classes dominantes estavam interessados em mudar a identidade nacional brasileira a partir de dentro, embora preservando as hierarquias raciais. A Constituição de 1934 refletiu assim essa xenofobia que havia se disseminado por todo o Brasil urbano. A carta agradou a essas mesmas classes médias e trabalhadoras urbanas ao garantir eleições livres e centralizar e expandir o papel social e econômico do governo.

A imigração era uma parte importante da nova Constituição. Foi fixada uma cota anual de 2% do número de imigrantes de cada nação que haviam chegado nos cinquenta anos anteriores, e o governo federal tinha agora total autoridade para "garantir a integração étnica e a capacidade física e cívica do imigrante". Era exigido que as empresas agora tivessem uma maioria de brasileiros natos em seu conselho diretor. O exercício das profissões liberais ficou restrito a cidadãos natos ou naturalizados que tivessem servido nas forças armadas brasileiras.[33]

Para alguns setores das elites, a Constituição de 1934 não era suficiente. Em 1937, o presidente Getúlio Vargas instaurou um regime autoritário conhecido como Estado Novo, sob o pretexto de que imigrantes e forças estrangeiras com base no exterior vinham planejando dominar o Brasil. Nesse mesmo ano, uma ordem secreta proibiu a entrada de "semitas", embora tanto árabes quanto judeus continuassem a chegar, porque outros setores das classes dominantes os viam como sendo de importância crítica para

---

33 Constituição de 16 de julho de 1934. Artigo 5º, § 19, alínea g; artigo 121, § 6; artigo 133; Artigo 136, alínea a.

a modernização econômica e cultural do Brasil (ver Figura 5.4). O regime Vargas criou também a campanha da "brasilidade", que tomava como alvo os imigrantes em questões de integração nacional. Em 1941, todos os jornais em língua estrangeira foram fechados, política essa que representou um forte golpe para as ativas imprensas em língua iídiche, árabe e japonesa. Em inícios da década de 1940, a imigração para o Brasil se reduziu a quase nada devido à eclosão da Segunda Guerra Mundial. Mesmo assim, uma das mais notáveis ironias do Estado Novo foi que as instituições étnicas floresceram no Brasil da época, mesmo que a entrada de imigrantes fosse cada vez mais cerceada.

Figura 5.4. Imigrantes judeus chegando em 1937, *após* as restrições secretas à entrada "semita". A foto é cortesia do Arquivo Histórico Judaico Brasileiro, São Paulo.

Pouco após o término da Segunda Grande Guerra, o presidente Vargas foi deposto por um golpe militar, a democracia voltou e muitas das leis contrárias aos estrangeiros foram revogadas. Judeus e árabes continuaram a ser associados como se fossem um grupo único, mas agora como uma presença de importância fundamental para o poderio internacional do Brasil. Os árabes e os judeus, em muitos sentidos, haviam se tornado os "melhores" de todos os grupos imigrantes (juntamente com os japoneses, como veremos no Capítulo 6). Um relato de 1954 que chegou até nós com o título "Getúlio e os dois semitas" deixa isso bem claro:[34]

O Deputado Federal Aziz Maron, líder do PTB (Partido Trabalhista Brasileiro) da Bahia, contou, na sala de imprensa do Palácio Tiradentes [o antigo Congresso Nacional] que estando uma tarde com o Senhor Getúlio Vargas [após ter sido derrubado como ditador em 1945, Getúlio foi democraticamente eleito presidente em 1950] no Catete, ouviu alguém estranhar perante o Presidente a escolha dos senhores Ricardo Jafet e Horácio Lafer, respectivamente, para o Banco do Brasil e o Ministério da Fazenda [Jafet era um paulista de ascendência libanesa e Lafer, filho de imigrantes judeus europeus]. Getúlio quis conhecer o porquê da admiração do interlocutor e este ponderou: "Mas, Presidente, Vossa Excelência nomear um árabe e um judeu! Eles vão guerrear! Vão fazer do seu governo uma verdadeira Palestina!". "Não tenha susto", obtemperou Getúlio. "No fim dá tudo no mesmo. Ambos são semitas, Lafer e Jafet, árabes e judeus brigam pela 'presa' maior, depois se entendem".

Essa história mostra um duplo vínculo entre árabes e judeus. O primeiro seria esperado. Em inícios da década de 1950, quando essa conversa teria ocorrido, a partição da Palestina e a fundação do Estado de Israel em 1948 fizeram com que judeus e árabes parecessem inimigos irreconciliáveis. A resposta de Getúlio Vargas, entretanto, não se referia a guerras contemporâneas no Oriente Médio, mas sim à arraigada ideia de que árabes e judeus são uma raça única dedicada ao Brasil, como pertencentes a um único povo,

---

34 Queiroz Júnior, *222 anedotas de Getúlio Vargas: anedotário popular, irreverente e pitoresco, Getúlio no Inferno, Getúlio no Céu*, p.179.

mais semelhantes que diferentes, e Vargas queria os dois lutando para aumentar a "presa" brasileira.

Um epílogo surpreendente

Árabes e judeus foram imigrantes inesperados. Muitas vezes, eles enfrentaram discriminação e dificuldades, tanto em termos das políticas brasileiras como das expectativas culturais. Duas gerações depois, entretanto, eles haviam ingressado nas classes dominantes brasileiras, em parte por terem chegado em um momento de industrialização e urbanização. Ambos os grupos contavam com a vantagem de não serem trabalhadores rurais e de não serem negros. Os árabes e os judeus conseguiram manipular de forma estratégica as ideias sobre raça, por exemplo, ao mudar seus sobrenomes, enriquecer e passar por brasileiros "típicos". Entretanto, membros de ambos os grupos, em épocas diferentes, tiveram sua entrada proibida no Brasil.

Um cenário diferente, contudo, surgiu em 1932, quando a Liga das Nações passou a enviar grandes esforços para ajudar vinte mil refugiados assírios a deixarem o Iraque. Os assírios eram membros caldeus da Igreja Cristã Nestoriana, que viviam em uma comunidade legalmente separada e semiautônoma dentro do Império Otomano. Dois batalhões assírios comandados por britânicos haviam lutado contra os nacionalistas iraquianos e, quando veio a independência em 1932, o novo regime dominado por muçulmanos negou cidadania aos assírios, transformando-os em refugiados dentro de seu próprio país. Em outubro daquele ano, uma empresa de colonização britânica propôs-se a assentar toda a população assíria em uma enorme gleba de terra no Paraná, a cerca de sessenta quilômetros da cidade de Londrina, em uma região de imigrantes austríacos, tcheco-eslovacos, alemães, italianos, japoneses e poloneses.[35]

O governo Vargas decidiu que aceitar os refugiados assírios traria uma série de vantagens. O assentamento do grupo ajudaria a povoar uma área

---

35 Protection of minorities, *Monthly Summary of the League of Nations*, v.14, n.1, jan. 1934, p.17; Report by the Committee for the Settlement of the Assyrians of Iraq, Submitted to the Council on May 17th, 1934, *League of Nations* – Official Journal, v.6, n.1, jun. 1934, p.545.

relativamente deserta do Paraná, onde estradas de ferro vinham sendo construídas. Os assírios, além disso, cristãos devotos e chegando em grupos familiares, pareciam se encaixar no desejo do regime de retornar a uma sociedade mais tradicional. Raul do Rio Branco, membro da delegação brasileira em Genebra, ressaltou que "são todos católicos [...] chefiados por um patriarca reconhecido pela Santa Sé", repetindo o que já haviam dito os britânicos, que alardeavam que os assírios haviam conservado sua religião cristã, apesar "de terem vivido em meio a povos bastante turbulentos e sem lei de outra religião". Rio Branco, de fato, traçou uma distinção nítida entre os assírios "cristãos" e a maioria dos "muçulmanos fanáticos" que viviam no Iraque.[36]

Nos anos seguintes, diplomatas brasileiros e da Liga das Nações trabalharam no plano, acabando por concordar com a transferência de verbas ao governo brasileiro para ajudar no assentamento e assegurar a repatriação dos refugiados assírios. Quando o plano se tornou público, entretanto, um clamor se levantou no Brasil. O regime Vargas, que via o plano como uma maneira de povoar uma região de fronteira virtualmente a custo zero, tornou-se alvo dos nativistas, que afirmavam que os assírios eram "nômades e maometanos" inassimiláveis.[37] Reportagens sobre o assunto inflamaram os ânimos com o uso de manchetes provocadoras como: "Um grave perigo a remover: só se faz paz com um assírio depois que ele morre" e "Uma imigração indesejável".[38] Uma carta ao ministro das Relações Exteriores atacava os assírios como "semibárbaros que só irão perturbar a ordem e fazer com que a raça brasileira degenere".[39]

---

36 Memorando de Raul P. do Rio Branco (Genebra) para Afrânio de Melo Franco, 20 nov. 1933, 6(04).0034, Lata 401, maço 6048, AHI-R. Sterndalle Bennett para Lopez Olivan (presidente da Comissão dos Assírios da Liga das Nações), 6 abr. 1934, FO371/17836, E2209/l/93, Public Records Office-Londres.

37 Do Adido Militar Sackville para o Embaixador dos Estados Unidos no Brasil, 28 dez. 1933, 832.5593/1, National Archives and Record Administration, Washington (doravante NARA-W).

38 *Correio da Manhã*, 28 mar. 1934; *Diário de Notícias*, 2 abr. 1934.

39 Carta do presidente da Associação dos Agrônomos e Médicos Veterinários do Paraná ao ministro das Relações Exteriores, 1º de março 1934: 15/5 6(04).0034, Lata 401, maço 6048, AHI-R.

Os membros mais destacados da comunidade sírio-libanesa, temendo, e com boa razão, que os ataques aos assírios viessem a atingir também a totalidade dos imigrantes originários do Oriente Médio, muitas vezes confirmaram as acusações nos jornais de língua árabe. A solicitação oficial de visto de entrada mudou a denominação do grupo, que passou de "imigrantes assírios", muito mais positiva, para "refugiados assírios do Iraque". Essa escolha de termos foi de importância crítica, uma vez que os proponentes do plano haviam se esforçado ao máximo para estabelecer uma distinção entre "muçulmanos fanáticos" e "cristãos assírios". Os assírios cristãos foram assim transformados em muçulmanos iraquianos e, por fim, proibidos de entrar no Brasil.

A decisão de proibir o assentamento dos assírios no Brasil teve um precedente curioso. Uma década antes, o corpo diplomático brasileiro viu-se em polvorosa quando um grupo de cidadãos americanos de ascendência africana decidiu se candidatar a vistos de imigração para o Brasil. Segundo a lei brasileira, os cidadãos americanos tinham direito a entrar e se estabelecer no Brasil. As autoridades responsáveis pela formulação de políticas, entretanto, não haviam atentado para o fato de que a legislação que negava o direito de imigração a africanos (e asiáticos) não especificava que essa proibição se estenderia também aos africanos da diáspora. As leis que proibiam a entrada de não brancos no Brasil foram escritas em termos geográficos (africanos e asiáticos), não levando em conta que nem todos os negros eram africanos e nem todos os africanos eram negros.

Ironicamente, o desenvolvimento de um mito de democracia racial fez com que o Brasil aparecesse como um refúgio seguro aos mesmos negros que as leis brasileiras tentavam excluir. Essa impressão foi reforçada por muitos afro-americanos que visitaram o Brasil em inícios do século XX que, devido a seu *status* social elevado, não haviam sentido a segregação e o racismo explícito que sofriam nos Estados Unidos. Talvez o afro--americano mais famoso a ter essa impressão equivocada de que o Brasil era um paraíso racial foi o intelectual e militante dos direitos civis W. E. B. Du Bois, que usou seu jornal, o *Crisis*, para promover a emigração de negros depois que o Brazilian American Colonization Syndicate (Sindicato Brasileiro-Americano de Colonização – BACS), uma empresa de

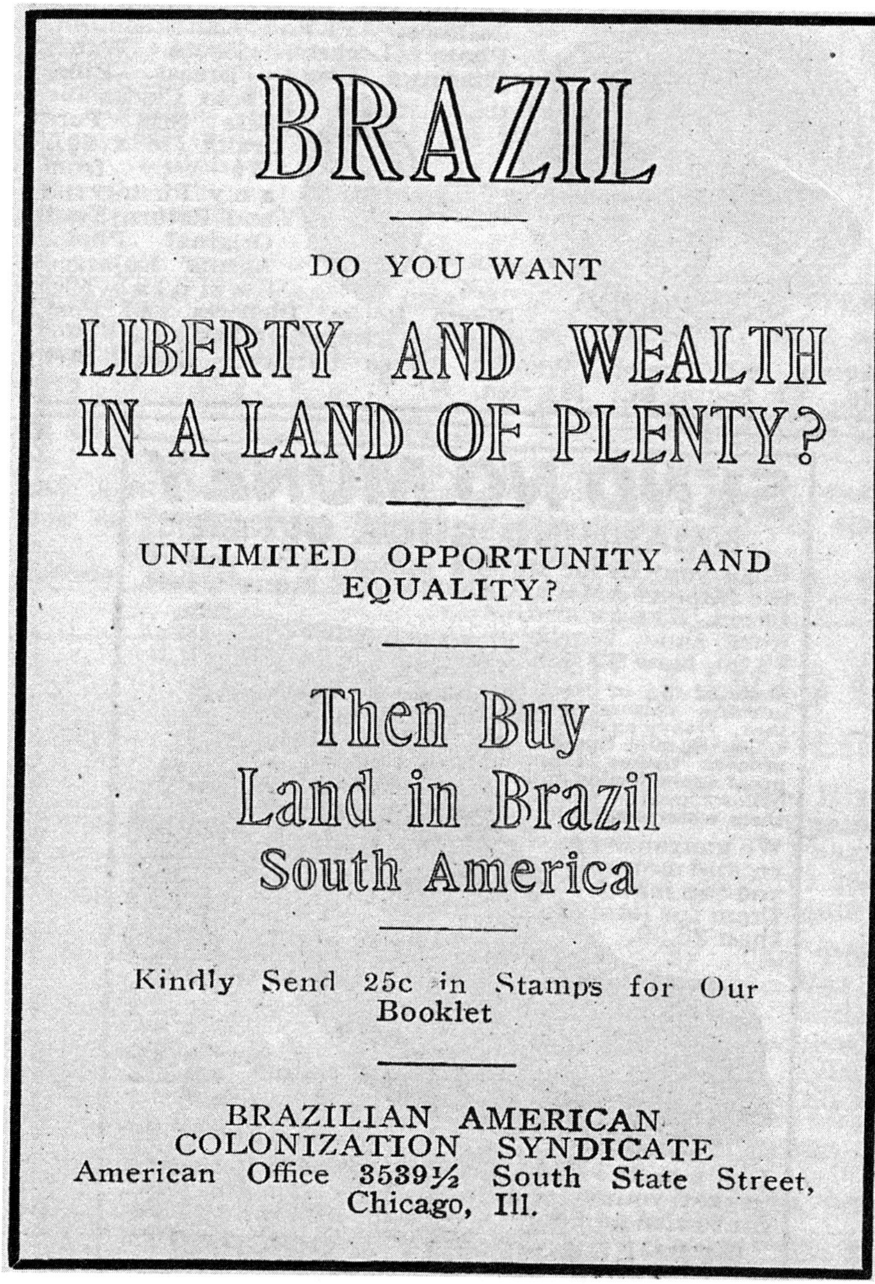

Figura 5.5. Anúncio do BACS publicado no jornal *Crisis* (março de 1921). Cortesia do Carter Woodson Papers, Manuscript, Archives, and Rare Books Library, Emory University.

desenvolvimento agrário de propriedade de um grupo de afro-americanos de Chicago, resolveu, em 1920, comprar terras e estabelecer uma colônia em Mato Grosso, na fronteira com a Bolívia (ver anúncio na Figura 5.5). O BACS, equivocadamente, acreditava que a vigorosa promoção oficial da imigração para o Brasil era isenta de preconceitos raciais. Seus diretores desconheciam o fato de que a legislação de imigração brasileira tinha como objetivo a exclusão de todo e qualquer negro, africano ou não africano.

As autoridades brasileiras tinham agora em suas mãos um problema inesperado: como controlar a possível entrada de imigrantes de ascendência africana que não eram africanos, não sendo, portanto, legalmente impedidos de entrar no Brasil? Diferentemente dos árabes e judeus, que haviam entrado como europeus ou turcos e enfrentaram discriminação após sua chegada, os afro-americanos, vistos como racialmente indesejáveis, não teriam sequer permissão para pôr os pés no Brasil. Por conseguinte, quando as solicitações de visto começaram a chegar no Itamaraty, o ministro das Relações Exteriores, em pânico, enviou instruções à Embaixada em Washington e a todos os consulados brasileiros nos Estados Unidos e em outros países, no sentido de que não fossem concedidos vistos a "imigrantes negros com destino ao Brasil".[40] Simultaneamente, o governo brasileiro desejava projetar uma imagem de harmonia racial vista como necessária para atrair imigrantes brancos e investimentos estrangeiros. A solução encontrada pelo Itamaraty foi negar os pedidos de visto, sem no entanto justificar a recusa, limitando-se a responder que a solicitação era "inconveniente".[41]

Essa recusa inexplicada, entretanto, não fez o problema desaparecer. As instruções sigilosas enviadas a consulados e embaixadas foram lidas por funcionários das agências telegráficas brasileiras e norte-americanas e então vazadas para os jornais, levando o Sindicato Brasileiro-Americano de Colonização a enviar à embaixada brasileira advogados munidos de um

---

40 Telegrama número 18, Azevedo Marques à Embaixada Brasileira em Washington, 15 mar. 1921, em Adriano de Souza Quartim (Itamaraty), Emigração de Negros para o Brasil, Maço 9691/92 (629), p.1, AHI-R.

41 Meade; Pirio, In Search of the Afro-American Eldorado: Attempts by North American Blacks to Enter Brazil in the 1920's, *Luso-Brazilian Review*, v.25, n.1, 1988, p.85-110.

tratado firmado entre o Brasil e os Estados Unidos em 1828, que parecia dizer que todos os cidadãos norte-americanos teriam o direito de imigrar para o Brasil. O Itamaraty, então, viu-se às voltas com um problema complexo e embaraçoso. Os autores da proibição original contida na Constituição de 1890, que proibia a entrada de imigrantes africanos e asiáticos, jamais poderiam ter imaginado que um grupo influente e culto de cidadãos americanos de ascendência africana iria um dia tentar estabelecer uma colônia no Brasil. Além disso, eles não poderiam ter previsto que um grupo de negros estrangeiros (nem, aliás, brasileiros) saberia enfrentar o governo em seus próprios termos. O Itamaraty se viu encurralado em termos legais e diplomáticos.

O argumento legal do BACS baseava-se em uma cláusula do tratado de 1828 que dizia que as "duas altas partes contratantes, desejando igualmente pôr o comércio e navegação de seus respectivos países sobre a liberal base de perfeita igualdade e reciprocidade, convieram mutuamente que os súditos e cidadãos de cada uma delas possam frequentar todas as costas e países da outra, [e lá] residir, e comerciar". Além disso, o tratado dispunha especificamente que seus termos eram aplicáveis "em todas as suas possessões e territórios respectivos, sem distinção de pessoas ou lugares".[42] Esse tratado havia sido reafirmado por diversas vezes após 1828, e, em consonância com seus termos, os afro-americanos, bem como todos os demais cidadãos dos Estados Unidos, pareciam ter o direito de se estabelecer no Brasil.

Não é de surpreender que a assessoria jurídica do Itamaraty tivesse outra interpretação: reafirmar o direito brasileiro de tomar decisões sobre política interna a salvo de comentários estrangeiros. Essa resposta tinha como objetivo colocar o governo norte-americano na defensiva, associando a política brasileira às leis de imigração racistas então em vigor nos Estados Unidos. Apontando que os Estados Unidos haviam proibido a entrada de chineses em fins do século XIX, imigração que só foi legalizada após o governo americano ter revogado um tratado anterior firmado com a China,

---

42 Tratado de Paz, Amizade, Comércio e Navegação, 12 dez. 1828, artigo 1º, em Ministério das Relações Exteriores, Sistema Consular Integrado, Atos Internacionais.

o Itamaraty argumentou que sua política espelhava as de outras repúblicas americanas. A recusa brasileira em conceder vistos havia simplesmente
acompanhado o precedente estabelecido pelos Estados Unidos, e que esse
precedente vinculava a exclusão dos negros à dos chineses (ambos imigrantes indesejáveis, segundo as elites de ambos os países) sem entrar diretamente na questão racial.

O Itamaraty sugeriu também que o Sindicato Brasileiro-Americano
de Colonização seria uma organização politicamente radical, e que seus
filiados trariam "ideias subversivas" dos Estados Unidos, que poderiam
incentivar a disseminação da militância negra no Brasil. Esse perigo de
insurreição seria uma explicação compreensível e aceitável para a recusa da
concessão de vistos de entrada ou, pelo menos, assim esperava o governo
brasileiro. Como afirmava um memorando do Itamaraty, "não é a condição de negros" que determinou a decisão do ministério, uma vez que, "feliz-
mente, no nosso país não há preconceitos de raças". O Brasil tinha o direito
legal e a responsabilidade social de "fechar as portas a todos os estrangeiros —
brancos, negros ou amarelos, que nos trazem problemas sociais".[43]

O Itamaraty e sua assessoria jurídica estavam equivocados ao pensar
que a recusa de concessão de vistos poria fim às tentativas dos afro-americanos de se estabelecer no Brasil. Em inícios de abril de 1922, Hélio Lobo,
cônsul-geral em Nova York, recusou a Clara L. Beasley um visto para uma
visita ao Rio de Janeiro. A princípio, Lobo disse a Clara Beasley que seu
visto havia sido recusado porque ela não "pôde explicar os fins de sua visita
ao Brasil". No dia seguinte, segundo o cônsul-geral, ela reapareceu no consulado acompanhada de um "senhor branco americano", apresentando-
-o como seu noivo. A solicitação do casal foi novamente recusada, dessa
vez "por se tratar de uma mulher de cor preta". Clara Beasley contactou a
Associação Nacional para o Avanço de Pessoas de Cor (NAACP), desenca-
deando uma grande comoção.

A NAACP era *muito* mais influente que o BACS. Os diplomatas brasileiros foram instruídos a manter em sigilo a restrição à concessão de vistos a
pessoas negras, e a responder a todas as perguntas "de forma evasiva". Uma

---

43 "Informação" de A. Alves da Fonseca, 11 ju. 1921, Maço 9691/92 (629), 2,4, AHI-R.

vez que era a colonização, e não o turismo que as autoridades brasileiras temiam, o cônsul Lobo sugeriu "a faculdade de conceder visto [de turista] em casos esporádicos, quando julgar que assim pode fazer".[44] Em outras palavras, a proibição à entrada de afro-americanos seria mantida, salvo quando o solicitante se mostrasse potencialmente capaz de angariar apoio político que causasse embaraço ao Brasil ao expor o racismo de sua política. Nesses casos, a concessão de vistos de turismo, e não de imigração, garantiria que a estada dos afro-americanos no Brasil seria apenas temporária.

Ao longo de toda a década de 1920, o governo brasileiro continuou a ser pressionado com relação à sua política de concessão de vistos para cidadãos americanos de ascendência africana. Em 1923, Robert S. Abbot, o proprietário e editor do *The Chicago Defender*, visitou o Brasil. Ele criou um pandemônio quando declarou à imprensa que as relações raciais no Brasil eram tão avançadas que era sua intenção organizar uma colonização em grande escala por afro-americanos. O jornal carioca *O Paiz* bradou: "Devemos-lhe, de fato, agradecimentos pelos conceitos gentis sobre o nosso povo... [Mas] Ao contrário, é uma ideia a ser combatida. Será mais um sério problema a resolvermos mais tarde, se permitirmos a imigração negra para o Brasil".[45] Os diplomatas temiam uma enxurrada de solicitações de vistos de entrada e providenciaram para que a maioria fosse recusada.

Abbot esperava que os Estados Unidos forçassem o Brasil a interpretar o tratado de forma a favorecer os emigrantes afro-americanos. Seus esforços fracassaram e, à medida que as reclamações cresciam, Du Bois decidiu levar a questão à imprensa. Em 1926, ele escreveu diretamente ao presidente Washington Luís, perguntando se "o governo brasileiro discrimina entre cidadãos americanos que desejam visitar o país e se a nenhuma pessoa de ascendência negra seria permitida essa visita". Du Bois apontou que muitos afro-americanos eram "autores, escritores e cientistas na América, e também empresários e comerciantes. Muitos deles viajam todos os anos,

---

44 Hélio Lobo para Azevedo Marques, 19 abr. 1922, Carta Confidencial 80, "A proibição de imigrantes de côr preta para o Brasil", Maço 9691/92 (629), I, AHI-R.

45 *O Paiz*, Rio de Janeiro, 11 maio 1923; Seigel, *Uneven Encounters: Making Race And Nation in Brazil and the United States*, cap. 5.

muitos visitam a Europa, e estou certo de que muitos gostariam de visitar as Índias Ocidentais e a América do Sul caso lhes fosse assegurado o tratamento geralmente dispensado a cavalheiros e damas".[46]

A carta de Du Bois nunca recebeu resposta e, em inícios de 1927, ele apresentou uma representação formal ao embaixador americano no Brasil, Edwin Morgan. O embaixador já tinha conhecimento de que "não apenas pessoas de cor dos Estados Unidos, mas também todos os indivíduos de cor, independentemente de sua nacionalidade" não teriam permissão para imigrar para o Brasil.[47] A pressão constante de Du Bois e outros acabou por fazer com que diplomatas norte-americanos questionassem (em termos muito suaves) a política brasileira de imigração. Apesar disso, as restrições foram mantidas. Em 1928, o Departamento de Estado dos Estados Unidos recebeu do Itamaraty uma informação falsa que dizia: "Pode responder [aos cidadãos americanos de ascendência africana] que as leis brasileiras não distinguem cor, estando a seleção de pretos subordinada às condições gerais que regem nossos regulamentos de imigração".[48] Embora o governo dos Estados Unidos se desse conta de que isso não era verdade, a declaração do governo brasileiro foi aceita e repassada a todos os interessados.

As autoridades brasileiras viram as tentativas de colonização afro--americana como um sinal de alerta e, mais que rapidamente, passaram a criar políticas para evitar a entrada de imigrantes considerados não brancos. Em 1930, um grupo já contratado de 500 trabalhadores rurais da Índia teve sua entrada repentinamente barrada porque, de acordo com o Departamento Nacional de População, o Brasil "sempre se opusera ao imigrante hindu [que] é indesejável [...] devido à sua incapacidade física, bem como por outros defeitos, que dificultam ou tornam talvez impossível a

---

46 W. E. B. Du Bois para Washington Luís, 16 nov. 1926, Maço 9691/92 (629), AHI-R.

47 Telegrama de Edwin V. Morgan ao Secretário de Estado, 24 mar. 1926, Records of the Foreign Service Posts of the Department of State, Brazil (Embaixada do Rio de Janeiro), 1926 (X), 855 (Immigration), NARA-W.

48 Adriano de Souza Quartim (Itamaraty), Emigração de negros para o Brasil, Maço 9691/92 (629), 4, AHI-R.

assimilação".[49] Naquele mesmo ano, os assírios antes mencionados foram recusados, e um diplomata brasileiro recomendou ao Itamaraty que não "visasse-se passaportes de chineses e negros".[50]

A política brasileira de imigração nunca foi explícita. Em muitos casos, as políticas secretas foram mais importantes que as oficiais. Um dos grandes desafios a essa política e à intenção das elites de reconstruir o país por meio da imigração surgiu com os imigrantes japoneses, que começaram a chegar em 1908, para se converter em um dos maiores grupos imigrantes, em um momento em que o país parecia estar fechando suas portas. Como veremos no Capítulo 6, uma combinação de reinterpretação racial, política de poder e ambições capitalistas iria contribuir para tornar o Brasil o país com a maior população de ascendência japonesa de todo o mundo.

---

49 Octavio Pacheco para Cavalcante de Lacerda, 10 mar. 1932, Maço 29.625/29 (1291), AHI-R.
50 Gabriel de Andrade (Consulado Brasileiro, Chicago) ao ministro das Relações Exteriores Octavio Mangabeira, 30 jul. 1930, Maço 9691/92 (629), AHI-R.

Apêndice

Documento 5.1
Trecho de livro publicado em inglês para atrair imigrantes ao Rio Grande do Sul

As primeiras colônias foram fundadas por emigrantes alemães, patrocinados pelo governo, que lhes forneceu passagens gratuitas, subsídios pecuniários e muitos favores e privilégios. Esse sistema de oferta de passagens gratuitas e subsídios continuou até 1895, quando as terras públicas e o serviço de colonização foram transferidos do governo central para os estados. O governo estadual, percebendo que o antigo sistema levava a incontáveis abusos e a desperdício de verbas públicas, descartou-o, e agora os emigrantes voluntários recebem todo o tipo de incentivo e proteção, mas não passagens gratuitas e subsídios.

No início, os colonos eram quase que exclusivamente alemães. Em seguida, um certo número de italianos foi admitido e, nos últimos anos, também espanhóis, portugueses, austríacos, poloneses, suecos e imigrantes de outras nacionalidades. O elemento alemão e italiano, entretanto, continua a ter forte predominância, constituindo as maiores populações das colônias imigrantes. Eles são os melhores imigrantes e, após alguns anos de trabalho pesado, a sina de todo colono, eles passam a desfrutar de confortos e de uma prosperidade nunca sonhada em seu país natal.

Assim, dos 1.350.000 habitantes do Rio Grande do Sul, mais ou menos 400.000 podem ser vistos como representando o elemento agrícola estrangeiro. Mas, embora a colonização venha se desenvolvendo há cerca de sessenta ou setenta anos, ainda existem vastas extensões de ricas terras silvestres e inabitadas, que vêm sendo mapeadas e, pouco a pouco, colonizadas, povoadas e desenvolvidas por meio dos esforços contínuos do governo. Ao mesmo tempo, muitos empreendimentos privados vêm comprando terras públicas despovoadas a fim de colonizá-las por conta própria. Assim, há apenas alguns meses, a "Associação de Colonização Judaica", concessão do Barão Hirsch, comprou uma vasta extensão de terras às margens da ferrovia que liga Santa Maria e Cruz Alta, que agora vem sendo colonizada por famílias judias do Sudeste Europeu.

Fonte: Eugenio Dahne (org.), *Descriptive Memorial of the State of Rio Grande do Sul, Brazil, Organised By Order of the President, Dr. Antonio Augusto Borges de Medeiros, for the International Exhibition, S. Luiz,* 1904. Porto Alegre: Steam Printing Shops of the "Commercial Library", 1904, p. 29.

6.
Velhas identidades para um novo Brasil

Figura 6.1. Selo comemorando a chegada dos japoneses no Brasil.

A Avenida Paulista é a Fifth Avenue de São Paulo. No fim da tarde, deze-nas de milhares de pessoas caminham pelas calçadas do imponente *boule-vard*. Muitas param nas pequenas carrocinhas que vendem *yakisoba*, um prato japonês de macarrão refogado, carne e vegetais, para um almoço rápido ou para levar para casa. Os imigrantes que vendem *yakisoba* falam um portu-guês com sotaque carregado, em geral atribuindo seus erros linguísticos à sua chegada recente do Japão. Mas há um detalhe curioso. Esses imigrantes "japoneses" na verdade vieram da China e estão vendendo o que, para eles, se chama *lo-mein*, um prato chinês mais que tradicional. No Brasil, eles rebati-zaram o prato ao perceberem que suas vendas e seu *status* de recém-chegados aumentariam muito caso eles se apresentassem como japoneses.

Virar japonês faz todo o sentido no Brasil. Os nipo-brasileiros (muitas vezes chamados de *nikkei*) e as referências culturais japonesas estão por toda a parte em consequência da maciça migração ocorrida no século XX (como mostra a Figura 6.1). Qual a razão de tantos imigrantes japoneses terem se estabelecido em um país tão comprometido com a ideologia da branquidão e as políticas de branqueamento? Como foi que os 1,5 milhão de pessoas que hoje se definem como *nikkei* passaram a ser vistos, tanto na cultura popular como no discurso da elite, como imigrantes-modelo e brasileiros por excelência? As respostas a essas perguntas têm muito a nos contar sobre as transformações pelas quais passou a identidade nacional brasileira.

A imigração japonesa

O ano de 1868 marca um dos pontos iniciais da fixação dos japoneses no Brasil. O fim do xogunato Tokugawa (1603-1868) levou a um período de modernização conhecido como Era Meiji, que duraria até 1912. A industrialização e a ocidentalização se converteram nas marcas da Era Meiji e, à medida que crescia a população rural, os camponeses passavam fome e a inquietação aumentava. A emigração incentivada pelo Estado tinha como objetivo aliviar as pressões sobre a terra e, ao mesmo tempo, criar colônias no exterior para o cultivo de alimentos a serem exportados de volta para o Japão. A princípio, o governo japonês direcionou essas correntes migratórias para a Ásia e os Estados Unidos, mas logo passou a considerar outras regiões do mundo (ver Tabela 6.1). O Brasil, com sua economia agrícola e sua demanda aparentemente insaciável por imigrantes, foi captado pelo radar japonês.

Tabela 6.1. Imigração japonesa, 1899-1941

País de destino	Número
Estados Unidos	87.848
Havaí	165.106
Canadá	31.052
Brasil	188.209
Filipinas e Guam	53.120
Outros	93.023
Total	618.358

Fonte: Koji Sasaki, Between emigration and immigration: Japanese emigrants to Brazil and their descendants in Japan, in Yamashita et al. (eds.), *Transnational Migration in East Asia Senri Ethnological Reports*, n.77, 2008, p.53-66.

As elites brasileiras também tinham interesse no Japão. As tentativas de contratar mão de obra chinesa haviam fracassado. Os fazendeiros e seus aliados políticos estavam insatisfeitos com os europeus, que pareciam gastar mais tempo lutando por seus direitos do que "branqueando" o país. Os judeus e os árabes pareciam estar por toda a parte, menos nas fazendas. Com a restauração Meiji, entretanto, o Japão havia se tornado um país moderno e poderoso. As elites japonesas costumavam promover o Japão como o país "branco" da Ásia, o que despertou o interesse do Brasil. Um diplomata que visitou o Japão em 1882 resumiu essas impressões:

> Há menos de trinta anos os viajantes, os geógrafos e os publicitários do Ocidente viam os japoneses como uma raça desprezível, e neste curto lapso de tempo, esse povo vem nos assombrando com seu poder de assimilar tudo quanto tem de mais requintado a civilização europeia, nas letras, nas ciências, nas artes, nas indústrias, e até mesmo nas instituições políticas.[1]

Em inícios da década de 1890, na esteira da Proclamação da República e do aumento do ingresso de imigrantes europeus e do Oriente Médio, os governos brasileiro e japonês deram início à negociação de um acordo. O diplomata brasileiro encarregado desse trabalho, José da Costa Azevedo, elogiou a "fácil tendência do povo do Japão para receber a civilização e os costumes de povos cultos [...] os japoneses têm, em geral e naturalmente, qualidades jamais consideradas nos chineses".[2] Henrique Lisboa, outro estadista que também trabalhava no projeto, mostrou-se igualmente deslumbrado: "Quando penso na deliciosa pátria de Mme. Chrysantème, a minha imaginação só pode vê-la coberta de coloridas e mimosas flores e inundada de alegres raios solares...".[3]

Em 1894, o diplomata japonês Sho Nemoto chegou ao Brasil para levar adiante as negociações. Em um artigo de próprio punho publicado

---

1 Jaceguay (barão Artur da Motta Silva), *O dever do momento: carta a Joaquim Nabuco*, p.11-2.

2 *Relatório apresentado ao Presidente da República dos Estados Unidos do Brazil pelo Ministro do Estado das Relações Exteriores Carlos Augusto de Carvalho em maio de 1895*, p.44-5.

3 Lisboa, *Os chins do Tetartos*, p.149, 152. O império japonês era conhecido como "O trono do Crisântemo".

na primeira página do influente jornal *Correio Paulistano*, ele escreveu sobre seu "encantamento" com o Brasil, onde os imigrantes japoneses "poderiam perfeitamente se instalar", e onde "poderemos elevar nosso padrão de vida, comprar propriedades, educar nossos filhos e viver felizes".[4] Os imigrantes japoneses foram apresentados como sendo tudo o que os imigrantes europeus não eram: tranquilos, trabalhadores e ansiosos por se tornarem brasileiros. O tratado foi assinado um ano depois e, em 1897, o Brasil abriu representações diplomáticas em Tóquio e Yokohama. Lisboa, agora ministro plenipotenciário, mal conseguia conter seu entusiasmo:

> Durante os perto de dois meses que permaneci neste país, já pude convencer-me das vantagens que poderão resultar para o Brasil do estabelecimento de uma corrente de emigração japonesa e do fomento de um comércio direto [...] estou persuadido de que o braço japonês poderá contribuir em muito ao maior desenvolvimento de várias culturas já conhecidas entre nós, mas às quais falta aplicar métodos científicos e econômicos [...] o caráter deste povo é inexcedível para o aperfeiçoamento do trabalho [...] que tanto distingue o trabalhador chinês, possui o japonês um espírito de iniciativa, invenção e adaptação que lhe permite realizar com rapidez, economia e perfeição, certos trabalhos que o trabalhador chinês só efetua com grande dispêndio de tempo e paciência.[5]

A chegada dos imigrantes

Bem cedo numa manhã de meados de junho de 1908, o Kasato Maru completou sua viagem de 51 dias e mais de 20 mil quilômetros partindo do Japão. Quando o navio fundeou no porto de Santos (ver Figura 6.2), os primeiros 781 integrantes do que viria a ser a maior comunidade japonesa fora do Japão desceram a rampa de desembarque.[6] A política japonesa de declarar

---

4 *Correio Paulistano*, 20 out. 1894.

5 Henrique Lisboa (Delegação em Tóquio) para Dionísio E. de Castro Cerqueira (Itamaraty), 1 nov. 1897: I. Missões Diplomáticas Brasileiras, Tóquio – Ofícios – 1897–99 – 26/232/2/1. Arquivo Histórico Itamaraty, Rio de Janeiro [doravante AHI-R].

6 Secretaria da Agricultura – Diretoria de Terras, Colonização e Immigração, 30 jun. 1908. Arquivo Wilson, Sons and Co. Ltd., n.121, p.3-7. Setor Manuscritos – Secretaria

que o Japão era um país "branco" surtiu efeitos inequívocos. Muitos políticos e intelectuais de grande influência trataram os recém-chegados como não asiáticos, em posição hierárquica igual ou superior aos europeus.[7]

O inspetor de agricultura de São Paulo, J. Amândio Sobral, foi recepcionar os imigrantes no desembarque. Ele ficou impressionado ao saber que quase 70% dos colonos eram alfabetizados e que, "contrastando flagrantemente com [...] nossos operários", eles não tinham aparência pobre. Igual espanto lhe causou o fato de que os imigrantes usavam roupas europeias, compradas e fabricadas no próprio Japão, e estavam "penteados com cuidado, perfeitamente em harmonia com a gravata que todos usam". Os alojamentos e refeitórios do Kasato Maru estavam em estado de perfeita limpeza, e todos usavam "roupas limpas", tinham "corpos limpos", e todos traziam bolsas com escovas de dente, escovas de cabelo e navalhas, algo que apenas os brasileiros mais ricos levavam em suas bagagens. "A raça é muito diferente, mas não inferior", disse o entusiástico Sobral.[8]

Figura 6.2. Cartão-postal brasileiro do Kasato Maru fundeado no porto de Santos, 1908.

---

da Agricultura – Requerimentos Diversos. Ano – 1908: Maço 38, Caixa 39, Ordem 7255. Arquivo do Estado de São Paulo [doravante AESP].

7 *Correio da Manhã*, Rio de Janeiro, 30 nov. 1908.

8 Sobral, Os japonezes em S. Paulo, *Correio Paulistano*, 25 jun. 1908.

A maioria dos imigrantes ficou igualmente satisfeita: um estranho capricho do destino fez com que o desembarque coincidisse com uma festa junina, levando os recém-chegados a acreditar que os fogos de artifício estavam sendo lançados em sua honra.[9] No século XXI, a chegada do Kasato Maru ainda é lembrada e celebrada como um evento de máxima importância para a construção da identidade nacional brasileira. (Ver Documento 6.1. Uma lembrança do Kasato Maru, 1994, no Apêndice deste capítulo.)

Os japoneses recém-chegados eram cidadãos de uma potência mundial, fato esse que não escapou a outros grupos imigrantes. O *Fanfulla*, jornal ítalo-brasileiro, publicou três matérias na edição que se seguiu à chegada do Kasato Maru em 1908. Um editorial expressava a preocupação de que "já tínhamos o perigo alemão e o italiano, agora começa o japonês". Em outro artigo publicado no mesmo dia sob o título "Uma revelação", os leitores eram aconselhados a "manter a calma", porque "os mais terríveis combatentes da antiguidade e os mais afortunados dos tempos modernos, os pequenos japoneses", estavam no Brasil para cultivar novos produtos e não para competir com os outros imigrantes.[10]

O deputado federal Nestor Ascoli associou a vitória militar japonesa sobre o império russo à modernização do Brasil: "O pequeno e feio japonês zombou há pouco e deu o que fazer, vencendo-o, ao alto e formoso russo. O japonês é, presentemente, maior elemento de progresso do que o russo e outros povos europeus; e por isso, por este lado, nada temos a perder". Segundo Ascoli, a introdução do "sangue" japonês na mistura racial brasileira "terá melhor ação na população nacional que o sangue preto ou qualquer outro não branco". Insistindo na ideia de que "intelectualmente o japonês é de uma superioridade espantosa", Ascoli sugeria que o Brasil, em breve, começaria a se igualar à indústria japonesa em termos de produtividade.[11]

Como já vimos repetidamente, os imigrantes raramente atendem às expectativas e exigências irrealistas das elites. Com os japoneses, não foi diferente.

---

9 Teijiro Suzuki, secretário da Hospedaria dos Imigrantes, citado em Handa, *Memória de um imigrante japonês no Brasil*, p.80.

10 *Fanfulla*, 19 jun. 1908.

11 Ascoli, *A immigração japoneza na Baixada do Estado do Rio de Janeiro*, p.22.

Fazendeiros, que esperavam colonos dóceis, descobriram que os japoneses eram tão evidentemente avessos a maus-tratos quanto os outros imigrantes. Os imigrantes que pensavam que ficariam ricos em pouco tempo sentiram-se logrados, e alguns reemigraram para a Argentina, onde os salários eram mais altos. Nos estados de Minas Gerais, Paraná, Rio de Janeiro e São Paulo, muitos fugiram das fazendas para áreas urbanas. Outros se transferiram para a construção de estradas de ferro, e Campo Grande, uma grande cidade próxima à fronteira da Bolívia, ainda é conhecida por sua numerosa população descendente de okinawanos (Okinawa é uma província japonesa, com uma cultura distinta da do restante do país). Esses imigrantes chegaram com a estrada de ferro em inícios do século XX. Hoje, o *soba* de Okinawa, um prato de macarrão, é vendido em todo o país como uma comida típica do oeste brasileiro.

Riukiti Yamashiro, de 19 anos, era um típico imigrante da primeira leva de japoneses. Ele chegou de Okinawa em 1912, depois de ouvir falar do Brasil através de vizinhos seus que tinham parentes que já haviam emigrado. Depois de passar uma semana na Hospedaria dos Imigrantes, em São Paulo, Yamashiro, sua mulher e 15 outras famílias foram mandados para uma fazenda onde trabalharam lado a lado com imigrantes espanhóis. Poucos meses depois, Yamashiro e seus amigos mudaram-se para a cidade portuária de Santos, na esperança de ganharem mais como estivadores.[12] Suas experiências foram resumidas em uma canção muito popular entre os imigrantes: "Mentiu quem disse que o Brasil era bom, mentiu a companhia de emigração...".[13] Um outro imigrante, Shuhei Uetsuka, compôs um haicai sobre a vida nas fazendas em inícios do século XX, aqui traduzido sem preocupação com a forma poética:

Anoitecer: à sombra d'árvore choro colhendo café
Penso no migrante que fugiu, estrela luz em prado seco[14]

---

12 Parte do diário manuscrito de Riukiti Yamashiro foi traduzida para o português por seu filho. José Yamashiro, *Trajetória de duas vidas: uma história de imigração e integração*, p.20-31.

13 Handa, *O imigrante japonês: história de sua vida no Brasil*, p.164.

14 Kiyotani; Yamashiro, Os imigrantes do Kasato Maru. In: Comissão de elaboração da história dos 80 anos da imigração japonesa no Brasil, uma epopeia moderna, *80 anos da imigração japonesa no Brasil*, p.73.

Um tipo diferente de colonização

Embora os japoneses tenham sofrido como todos os outros imigrantes, eles contavam com a proteção, em seu país de origem, de um regime mais forte que os da maioria dos demais. O governo japonês providenciou para que a vida nos navios fosse bem organizada, que houvesse comida abundante e atendimento médico a bordo. As crianças frequentavam uma escola em horário regular enquanto os adultos faziam ginástica e participavam de sessões de apoio moral. Eram exibidos filmes sobre o que esperar na chegada (não muito diferentes dos filmes mostrados hoje a bordo de aviões, ensinando como passar pela alfândega) e sobre a vida nas colônias.[15] O capitão de um navio japonês ficou tão constrangido quando sua tripulação negou ajuda a um imigrante cuja bagagem havia sido extraviada no porto de Santos que apresentou um pedido de desculpas público.[16] Que diferença do que acontecera um século antes, quando, como narrado no Capítulo 2, o capitão de um navio alemão mandou executar passageiros imigrantes que se queixaram de seus métodos!

Quando trabalhadores italianos, espanhóis ou portugueses eram maltratados, o máximo que seus governos podiam fazer era proibir novas saídas subsidiadas. Os funcionários do governo japonês, para assegurar que os imigrantes permaneceriam no Brasil, agiam de forma bem diferente. Quando, em 1908, uma greve por melhores salários atingiu a Fazenda São Martinho, da poderosa família Prado, um diplomata japonês se encarregou pessoalmente das negociações entre o proprietário e os trabalhadores, e providenciou para que o líder da greve e sua família fossem transferidos para outra fazenda. Quando uma comissão do governo japonês descobriu que mais da metade dos imigrantes vinha fugindo das fazendas um ano após sua chegada, empresas público-privadas japonesas, conjuntamente com o governo do estado de São Paulo, começaram a organizar colônias

---

15 L. H. Gourley para o Secretário de Estado, 3 mar. 1927: 894.5632/2, National Archives and Records Administration, Washington [doravante NARA-W].

16 Notas sobre uma entrevista de Hiroshi Saito com K. Nakagawa, 10 out. 1953, Donald Pierson Papers (Box 8), Smathers Library, University of Florida.

exclusivamente japonesas. Essas grandes glebas situavam-se em áreas consideradas inutilizáveis pelos fazendeiros brasileiros, interessados exclusivamente nas lavouras de café e algodão. Em 1917, grandes colônias japonesas vinham cultivando produtos novos, como seda e frutas. Em 1908, a safra brasileira de arroz não atendia sequer o consumo interno, mas, quinze anos mais tarde, o arroz havia se tornado um produto de exportação.

Colônias patrocinadas por governos externos eram uma maneira inédita de encarar o assentamento rural. Do lado brasileiro, os caros subsídios concedidos a trabalhadores que, com frequência, fugiam das fazendas foram substituídos por doações de terras em regiões de pouco desenvolvimento agrícola. Para os japoneses, as colônias administradas pelo Estado significavam o fim das dores de cabeça com os fazendeiros, que muitas vezes agiam como se a abolição da escravatura nunca houvesse ocorrido. Voltadas para o assentamento e a produção, as novas colônias geravam lucros que em boa parte retornavam aos imigrantes, desencorajando-os de voltar para o Japão e incentivando mais emigração, à medida que se espalhavam as notícias de sucesso no Brasil. Essa situação diferia nitidamente do que normalmente ocorria nas fazendas, onde a permanência era caminho certo para a pobreza.

Os sistemas educacionais funcionavam bem nas colônias japonesas, onde o ensino era universal para meninos e meninas. Os currículos tomavam como modelo os adotados no Japão imperial, e o governo japonês enviava a maior parte do material didático. Escolarização e leitura contribuíram para que os filhos dos imigrantes nascidos no Brasil alcançassem posições de destaque em um país onde as oportunidades educacionais e a alfabetização estavam longe de serem universais. Uma comparação dos livros importados da Itália e do Japão ressalta essas diferenças. Em meados da década de 1930, o volume total do material escolar japonês era muito maior do que o que chegava da Itália, país de origem da maioria dos imigrantes.[17]

Em todas as colônias imigrantes, os jornais eram um fator da maior importância para a criação de identidades locais, e com os japoneses não foi diferente. O *Shukan Nambei* [Semanário Sul-Americano], fundado em

---

17 Hallewell, *Books in Brazil: A History of the Publishing Trade*, Tabela 40, p.432. Publicado em português como *O livro no Brasil – sua história*.

1916, foi o primeiro de três jornais publicados para japoneses e nipo-brasileiros, dos quais entre 80% e 90% viviam em áreas rurais. O *Nippak Shimbun*, fundado seis meses depois com três edições semanais, atingiu, em fins da década de 1920, uma tiragem de 30 mil exemplares. Em 1929, o *Nippak Shimbun* passou a trazer algumas páginas em português, dirigidas ao crescente número de jovens nascidos no Brasil que não sabiam ler o japonês. Era comum que esses jornais publicassem matérias traduzidas de jornais em língua portuguesa, dando aos imigrantes uma visão da vida nas áreas urbanas.

A luta contra os estereótipos

Os imigrantes japoneses e seus descendentes enfrentaram basicamente os mesmos desafios que os demais grupos imigrantes, fossem eles esperados, como os católicos do Sul da Europa, ou inesperados, como os judeus e os árabes. Para cada intelectual ou político de destaque favorável à imigração japonesa, havia um outro que se opunha a ela. O dr. Arthur Neiva, o microbiologista que dirigia o serviço de saúde de São Paulo, era de opinião que "Se, porém, tivéssemos de solucionar os problemas da falta de braços com preocupação científica e com os olhos fitos no futuro do Brasil, veríamos que as raças orientais são inassimiláveis pelas ocidentais [...] e os imigrantes hindus ou japoneses fatalmente se enquistarão entre nós."[18]

Esses ataques não ficaram sem resposta do governo japonês. Diplomatas escreviam matérias nos jornais rejeitando essas afirmativas antijaponesas. Intelectuais de prestígio internacional vinham ao Brasil para encontros com representantes da elite acadêmica. O dr. Mikinosuke Miyajima, especialista em doenças infecciosas, chegou a convidar o dr. Neiva e sua esposa para uma viagem ao Japão, com todas as despesas pagas, a fim de visitar o Instituto Kitasato de Doenças Infecciosas de Tóquio. O casal aceitou com

---

18 Neiva, Discurso na inauguração do Horto Oswaldo Cruz, São Paulo, 1918, apud Coroacy, *O Perigo Japonês*, p.140-1.

prazer o convite e, em resultado, a linguagem usada pelo dr. Neiva para se referir aos imigrantes japoneses mudou de forma bastante significativa.[19]

Em 1924, o número do ingresso de japoneses saltou para quase 5 mil ao ano e, na década seguinte, aproximadamente 130 mil imigrantes chegaram ao Brasil (ver Tabela 6.2). Na década que se seguiu a 1924, o número de imigrantes japoneses superou o de italianos e alemães em 2:1 e o de espanhóis em 2,5:1, só sendo superado pelo dos portugueses.[20] Os japoneses representavam 2,3% do total de imigrantes que chegaram em São Paulo em 1923, 4,0% em 1924, 8,7% em 1925 e 11,6% em 1926.

Tabela 6.2. Imigração japonesa para o Brasil, 1908-1941

Anos	Número
1908-1914	15.543
1915-1923	16.723
1924-1935	141.732
1936-1941	14.617
Total	188.615

Fonte: Hiroshi Saito, Alguns aspectos da mobilidade dos japoneses no Brasil, *Kobe Economic and Business Review 6th Annual Report*, n.50, 1959, p.49-59.

Uma série de fatores explica o forte aumento da entrada de japoneses a partir de meados da década de 1920. Um deles foi a política de imigração dos Estados Unidos, que culminou em 1924 com a Lei das Origens Nacionais (National Origins Act), que fechava as portas do país à maioria dos asiáticos. O interesse brasileiro pela economia japonesa, que então apresentava crescimento explosivo, foi de igual importância, e diplomatas de ambos

---

19 M. Miyajima (Tóquio) para Arthur Neiva, 11 novembro 1919; S. Kitasato to Arthur Neiva, 20 novembro 1919. Papers of Artur Neiva [doravante AN] 16.11.27, Centro de Pesquisa e Documentação de História Contemporânea do Brasil, Fundação Getúlio Vargas, Rio de Janeiro [doravante CPDOC-RJ].

20 Os números exatos foram os seguintes: portugueses – 242.381; japoneses – 131.354; italianos – 72.684; alemães – 65.357; e espanhóis – 53.384. Discriminação por nacionalidade dos imigrantes entrando no Brasil no período 1924-1933 e 1934-1939, *Revista de Imigração e Colonização*, v.1, n.3, jul. 1940, p.633-8.

os países atrelaram o comércio à imigração. Em inícios de 1925, o Ministério das Relações Exteriores japonês patrocinou, em Tóquio, uma exposição de 60 *toneladas* de produtos brasileiros, incluindo café, cacau, algodão, ferro e aço, no mesmo momento em que uma exposição de produtos japoneses da mesma dimensão estava sendo preparada para ser enviada ao Brasil.

A emigração, de modo geral, estava a cargo da empresa público-privada Kaigai Kogyo Kabushiki Kaisha (KKKK, ou Empresa de Desenvolvimento Exterior) que, em 1920, administrava a maioria das colônias japonesas no Brasil. No Japão, a KKKK tinha como alvo o segundo e o terceiro filho de um camponês, cujos minúsculos lotes de terra significavam pobreza para toda a família. Os governos municipais e locais costumavam patrocinar palestras públicas sobre o Brasil, saudando a emigração por sua contribuição à harmonia internacional.[21] Verbas alocadas pelo governo ajudavam a cobrir os custos das viagens. Ken-ichi Nakagawa, que veio para o Brasil da província de Hyogo em 1926, com 24 anos de idade, lembra-se de histórias de batatas-doces "tão grandes que davam para alimentar crianças por um dia inteiro".[22] A propaganda sobre o Brasil era igualmente fantástica: "Vamos! Leve sua família para a América do Sul", conclamava um cartaz multicolorido de 1923, que mostrava um jovem musculoso, enxada em punho, apontando para o Brasil com um filho nos braços, a criança acenando uma bandeira japonesa. Um outro cartaz mostrava um grande mapa da América do Sul pontilhado de fotografias da vida colonial. Superposto à imagem, via-se um navio de imigrantes entrando na Baía de Guanabara, com um belíssimo Pão de Açúcar ao fundo.

Em 1927, foi fundada uma nova empresa público-privada, a Brasil Takushoku Kumiai (Empresa de Colonização do Brasil) que, dois anos mais tarde, comprou quatro grandes glebas de terra em São Paulo e no Paraná. Foi oferecida aos imigrantes a possibilidade de pagar uma entrada ainda no Japão, receber sua passagem e um lote de 25 hectares, e amortizar o restante

---

21 Ver a tradução do anúncio em Document File from Mr. Woods (U.S. Embassy, Tokyo) to Secretary of State, 22 maio 1924: 832.5594/29, NARA-W.

22 Notas sobre uma entrevista de Hiroshi Saito com K. Nakagawa, 10 out. 1953, Donald Pierson Papers (Box 8), Smathers Library, University of Florida.

do empréstimo à medida que a terra fosse sendo desenvolvida. Ao final da década de 1920, navios de passageiros levando cerca de 800 imigrantes cada faziam regularmente a viagem de 45 dias entre as cidades portuárias de Kobe e Santos. A população de imigrantes japoneses cresceu rapidamente, de 49.400 em 1925 para 116.500 em 1930, até chegar a quase 193.000 em 1935.

É claro que entre os imigrantes vieram também vigaristas. O mais infame deles foi Mitsuyo Maeda, hoje lembrado como o Conde Koma, professor da família Gracie que "fundou" o estilo brasileiro de jiu-jitsu, que se converteu em moda mundial. Sua história mostra como a imagem de força, diligência e honestidade passada pelos japoneses conferia uma suposta autenticidade até mesmo a mentiras de todos os tipos. Koma chegou em 1914 e foi para Belém do Pará, a mesma cidade da foz do Amazonas onde judeus marroquinos haviam se instalado em fins do século XIX. Em 1915, ele atuava em uma equipe de acrobatas que fazia exibições de jiu-jitsu como parte do espetáculo. Logo, Koma estava dando aulas de artes marciais, embora tivesse também um "emprego" paralelo, tendo conseguido convencer a gente do lugar e também um crédulo diplomata norte-americano que ele era o cônsul não oficial do Japão no Brasil. Gerald Drew (o diplomata) chegou, por um tempo, a acreditar que Koma seria um agente secreto trabalhando em um plano de ocupação da Amazônia.[23]

Os usos da visibilidade

A década de 1920 foi um período de ingressos cada vez maiores de japoneses no Brasil. Embora a maioria dos recém-chegados se estabelecesse em áreas rurais, a população urbana cresceu sem cessar, especialmente em São Paulo e Curitiba, a maior cidade do Paraná. O grande número de japoneses somado à crise econômica mundial provocaram um crescente sentimento antijaponês em meio às elites e às classes trabalhadoras, que frequentemente viam todos os imigrantes como elementos inassimiláveis que

---

23 Memorando de Gerald A. Drew, vice-cônsul dos Estados Unidos no Brasil, para o Dr. Munroe, 27 jun. 1930: 832.52 J27/68, NARA-W. Edwin L. Neville, charge d'affaires, U.S. Embassy, Tokyo to Secretary of State, 26 fev. 1931: 832.52 J27/69, NARA-W.

vinham para roubar empregos. O imperialismo japonês, particularmente, era motivo de grande preocupação. Era raro que os nativistas acusassem países fracos como a Itália, a Espanha ou a Síria de urdirem planos para dominar o Brasil, mas o poderio militar japonês fez com que alguns setores da elite passassem a temer uma possível intenção japonesa de colonizar o Brasil. Apesar dos protestos estridentes da facção antijaponesa, outros grupos da elite apoiavam a continuação da imigração em razão do grande sucesso alcançado pela agricultura das colônias japonesas. Na década de 1920, a produção de arroz cresceu em 400%, a de algodão, em 30% e a de cana-de-açúcar, em 100%.

Os imigrantes japoneses usaram seu sucesso econômico como um trunfo na negociação de seu lugar na sociedade brasileira. Além disso, eles também lançaram mão de um enfoque cultural, divulgando a teoria de que os povos indígenas da Amazônia seriam uma tribo perdida do Japão (lembre-se de que os árabes construíram um monumento para mostrar o parentesco entre eles próprios e os povos indígenas brasileiros). A teoria da tribo perdida foi também usada pelos imigrantes japoneses que se estabeleceram nos países andinos e, em data recente, já na década de 1990, o então presidente do Peru, Alberto Fujimori, vestia-se tanto de samurai quanto de inca em suas campanhas políticas, invocando uma relação de ancestralidade direta com ambos.

A hipótese de que os índios brasileiros e os imigrantes japoneses eram da mesma cepa biológica, o que assegurava a possibilidade de sua assimilação, encontrou apoio nos meios intelectuais brasileiros. O professor Bruno Lobo, da Faculdade de Medicina do Rio de Janeiro, afirmou que "O sangue mongólico [...] incontestavelmente existe no Brasil pelos seus índios e os descendentes destes por mestiçagem [...]".[24] Edgar Roquette-Pinto, antropólogo e professor do Museu Nacional, foi ainda mais longe. Segundo ele, o povo japonês moderno resultava da mistura de brancos (os ainus como europeus), amarelos (os mongóis como índios) e negros (os indonésios como africanos), replicando assim o desenvolvimento racial tripartido do Brasil.[25] Essas afirmativas sobre identidade nacional foram de grande

---

24 Lobo, *Japonezes no Japão: no Brasil*, p.151-2, 157.
25 Roquette-Pinto, *Ensaios de Antropologia brasileira*, p.103.

importância. Ao longo de todo o século XX, os imigrantes japoneses foram vistos como peças essenciais na construção de um Brasil moderno.

A opinião das elites de que os imigrantes japoneses, mais que quaisquer outros, seriam capazes de se integrar e melhorar o Brasil atingiu um público mais amplo de várias maneiras. Os intelectuais e políticos japoneses costumavam exortar os emigrantes a se converterem ao catolicismo, e cerimônias públicas de batismos em massa eram frequentes. Na década de 1930, havia mais católicos "japoneses" no Brasil que no Japão (esse número, é claro, inclui os filhos de japoneses nascidos no Brasil).[26]

Outro método era a publicação de fotografias de crianças de aparência "brasileira" que eram, pelo menos ao que parecia, filhas de pais japoneses e brasileiros (ou europeus).[27] Essas fotografias vinham em livros ou folhetos publicados com apoio financeiro, aberto ou disfarçado, do governo japonês. Todas mostravam homens japoneses casados com mulheres brasileiras (ou imigrantes europeias) brancas que haviam gerado filhos brancos. O simbolismo das fotografias era uma afirmação agressiva da possibilidade de assimilação e da similaridade. Da mesma forma que os europeus, os japoneses iriam produzir crianças brancas.

Outra maneira de expressar essa especial capacidade dos japoneses de se tornarem brasileiros eram os jogos de apostas. O famoso jogo do bicho brasileiro, oficialmente proibido mas altamente popular, costumava ser usado como prova dessa capacidade. É pouco provável que os imigrantes ganhassem com mais frequência que os demais jogadores, mas as histórias sobre a competência japonesa no jogo do bicho tornaram-se lendárias. A história a seguir não fala apenas de um imigrante que ficou rico, mas também da união auspiciosa de duas comidas tipicamente nacionais: a banana brasileira e o arroz japonês:

---

26 Lobo, *De Japonez a Brasileiro*, p.142-4, 183; Kaigai Kogyo Kabushiki Kaisha, *Aclimação dos emigrantes japonezes*, p.41-5.

27 *Folha da Manhã*, São Paulo, 5 jul. 1934; Lobo, *Japonezes no Japão: no Brasil*, p.159; Calvino Filho (ed.), *Factos e opiniões sobre a immigração japoneza*, p.17, 33, 97, 112; *Cruzamento da ethnia japoneza: hypóthese de que o japonez não se cruza com outra ethnia*.

Um dia, um imigrante japonês, sem saber em que bicho jogar, estava comendo uma banana onde grudou um grão de arroz. O imigrante deu-se conta de que o ideograma para arroz podia ser dividido em três partes, uma das quais representava o número 88. O número 88, no jogo do bicho, corresponde ao tigre, e o imigrante ganhou muito dinheiro com sua aposta.[28]

Uma história muito conhecida sobre os japoneses serem brasileiros perfeitos surgiu em meados da década de 1930. As forças militares do estado de São Paulo, com forte apoio popular, lançaram-se à breve e fracassada Revolução Constitucionalista a favor da convocação de eleições para a presidência, que o presidente Getúlio Vargas há muito vinha postergando. Alguns imigrantes se juntaram às forças revolucionárias, e dois jovens nipo-brasileiros acabaram por se converter em heróis populares. Cássio Kenro Shimomoto havia chegado do Japão ainda bebê, e era aluno da Faculdade de Direito do Largo de São Francisco, em São Paulo, quando se apresentou como voluntário, juntamente com José Yamashiro, um outro estudante nascido no Brasil. Ambos foram louvados por sua decisão quando Shimomoto declarou a um jornalista do *Diário de São Paulo* que ele era, "antes de tudo [...] um brasileiro".[29] O momento de glória de Yamashiro chegou quando uma carta de seu pai foi traduzida para o jornal pró-revolucionário *O Estado de S. Paulo*. O pai usou a cultura altamente nacionalista do Japão para mostrar que *nikkeis* como seu filho eram singularmente brasileiros: "Como brasileiro e paulista, [você] obedeceu ao natural impulso ao pegar em armas para defender o seu Estado".[30] Quem seria o melhor brasileiro senão aquele cuja lealdade era natural?

Apesar da participação de nipo-brasileiros na Revolução de 1932, o governo federal chegou a decretar uma trégua para que um navio lotado de imigrantes japoneses pudesse atravessar o cerrado bloqueio do porto de Santos. Embora a revolução tenha fracassado, sua lembrança ainda é forte no estado de São Paulo. Em 9 de julho, feriado estadual, escolas e escritórios

---

28 Handa, *O imigrante japonês*, p.185.
29 *Brasil e Japão: duas civilizações que se completam*, p.238-40.
30 *O Estado de S. Paulo*, 19 set. 1932.

fecham as portas, e a malfadada revolta é comemorada com pizzas. A vinculação da pizza com os direitos do Estado mostra a importância dos imigrantes italianos, mas os diferentes tipos de pizza provam até que ponto todos os imigrantes deixaram sua marca na cultura nacional. No século XXI, entre as pizzas mais pedidas estão a "portuguesa", com azeitonas, presunto e ovos cozidos, e a "shitake-shimeji", com cogumelos japoneses.

Cotas

A imigração foi objeto de acalorados debates durante a Assembleia Nacional Constituinte de 1934 (ver Capítulo 5). Os discursos dos delegados se resumiam a duas posturas bastante simples. Os partidários da imigração retratavam os japoneses como biologicamente superiores aos brasileiros de ascendência africana ou mista, enfatizando sua modernidade e produtividade (em 1931, os agricultores japoneses foram responsáveis por 46% do algodão, 57% da seda e 75% do chá produzidos no Brasil, embora representassem menos de 3% da população).[31] Os contrários à entrada de imigrantes japoneses usavam argumentos nativistas sobre roubo de empregos e de terras, argumentos racistas sobre degeneração biológica e argumentos militaristas sugerindo que as aspirações imperiais japonesas na Ásia logo iriam se transferir para o Brasil.

Os debates constitucionais mostram o quão profundamente a imigração estava associada à identidade nacional brasileira na década de 1930. Fica também evidente o incomum apoio prestado pelo governo japonês aos imigrantes. A KKKK colocou grandes anúncios nos principais jornais, promovendo os altos níveis de produtividade.[32] Diplomatas e empresários japoneses e brasileiros esforçavam-se para assegurar que o comércio e a imigração não seriam afetados. Mesmo assim, as estratégias usadas não foram de todo eficazes. Uma cláusula da Constituição de 1934, calcada na Lei das Origens Nacionais de 1924, dos Estados Unidos, impôs limites à entrada

---

31 Normano; Gerbi, *The Japanese in South America: An Introductory Survey with Special Reference to Peru*, p.39.

32 *Folha da Manhã*, 5 jul. 1934; 28 mar. 1935.

de imigrantes. Uma cota anual foi fixada em 2% do número de imigrantes de cada nação chegados nos últimos cinquenta anos, dando tratamento preferencial aos agricultores. O governo federal assumiu total autoridade sobre a imigração.[33] Embora essa cláusula parecesse impor fortes restrições à imigração japonesa, o governo brasileiro pretendia "causar o mínimo de ofensa possível", uma vez que o Japão comprava do Brasil grandes quantidades de algodão, lã, manganês e níquel. Além disso, muitos setores das elites viam os recém-chegados como fatores de mudança positiva para o Brasil.[34]

A cota oficial para a imigração japonesa em 1935 foi fixada em um patamar inferior a 3 mil, nitidamente inferior aos 23 mil que haviam entrado em 1933. No entanto, em atenção ao poderio japonês e à flexibilidade brasileira, autoridades de ambos os governos criaram maneiras inovadoras de contornar as restrições. Oscar Correia chegou a Kobe em 1934 como cônsul-geral do Brasil no momento em que a nova Constituição estava sendo promulgada. Ele minimizou a importância das cotas assim que pôs os pés fora do navio, declarando à imprensa local: "Penso que acabaremos por encontrar uma saída para essa situação delicada".[35] O chanceler japonês Hirota mostrou-se igualmente confiante. Durante uma visita a Nova York, ele afirmou que "o Japão, agora, provavelmente irá enviar quase tantos colonos quanto no passado, uma vez que há razões para crer que a emenda não será seguida à letra".[36]

Os diplomatas estavam certos. Apesar da cota limitando a imigração a 3 mil pessoas, 10 mil japoneses se estabeleceram no Brasil em 1935. Esse número representava uma redução de 50% com relação ao ano anterior, embora superasse em 300% a cota estabelecida. Em 1936, a cota oficial subiu para 3.480 porque que foram acrescentadas à cota japonesa as vagas não preenchidas por outros países que então vinham enviando poucos imigrantes. Mais de 8 mil japoneses entraram naquele ano, e as relações entre

33 Constituição de 16 de Julho de 1934, artigo 5, para. § 19, alínea g, e artigo 121, § 6.
34 Relatório de Joseph C. Grew (Embaixada dos Estados Unidos em Tóquio), 4 ago. 1934: 739.94/2 NARA-W. John M. Cabot, terceiro-secretário, Embaixada dos Estados Unidos, Rio de Janeiro para o Secretário de Estado, 31 maio 934: 832.55/94, NARA-W.
35 *The Osaka Mainichi* e *The Tokyo Nichi-Nichi Shimbun*, 29 maio 1934.
36 Ibid., 29 set. 1934.

o Japão e o Brasil parecem ter sobrevivido à crise. No total, mais de 50 mil imigrantes chegaram ao Brasil nos oito anos que se seguiram a 1934, mais do dobro do permitido pela cota oficial.

Em 1937, um novo senso de urgência foi sentido no Itamaraty. Oswaldo Aranha, o chanceler pró-Estados Unidos e ex-embaixador em Washington, acreditava que o Japão vinha conspirando com a intenção de repartir a América do Sul em colônias. Alguns oficiais militares eram da mesma opinião. Os Estados Unidos pressionaram os militares brasileiros servindo no Japão no sentido de que minimizassem o contato com os habitantes locais.[37] Em inícios de novembro de 1937, o Pacto anti-Comintern firmado entre o Império Japonês e a Alemanha Nazista (um acordo contrário à Internacional Comunista apoiada pela União Soviética) foi ampliado para incluir a Itália. O Brasil, agora, viu-se repleto de imigrantes das três grandes potências militares do Eixo. Quatro dias depois, o presidente Vargas pôs fim à limitada democracia brasileira com a imposição do Estado Novo ditatorial.

A partir de abril de 1938, novos decretos foram assinados a fim de reduzir a influência estrangeira no Brasil, alterando-o funcionamento das comunidades imigrantes. Uma vasta campanha de brasilidade passou a tomar como alvo imigrantes japoneses e alemães, além de judeus, árabes e outros. Esse programa de homogeneização buscava dissolver elementos distintivos e culturas minoritárias. A entrada de estrangeiros passou a ser estritamente controlada, e os imigrantes residentes foram proibidos de se congregar em agrupamentos residenciais, tais como colônias étnicas. Foi decretado que apenas brasileiros natos poderiam ser diretores de escolas, e todo o ensino teria que ser em língua portuguesa e incluir tópicos "brasileiros". Em inícios de 1939, o ministro da Justiça determinou que todas as publicações em língua estrangeira teriam que vir acompanhadas de traduções em português. O Ministério da Guerra passou a convocar filhos de residentes estrangeiros para prestar serviço militar, lotando-os em regiões distantes de seu local de nascimento.

---

37 Jefferson Caffery (Embaixada dos Estados Unidos, Rio de Janeiro) para o Secretário de Estado, 11 jul. 1938: 732.94/4 LH. Memorando Confidencial do Tenente-Coronel Harry Creswell (adido militar dos Estados Unidos em Tóquio), 1 jun. 1939: 732.94/7 LH, NARA-W.

Ficou proibido falar línguas estrangeiras em público, e os filhos brasileiros de residentes estrangeiros foram proibidos de viajar para o exterior.[38]

Apesar da campanha da brasilidade, nem o governo brasileiro nem o japonês tinham a intenção de cortar relações. Os laços comerciais eram intensos, e não eram poucos os partidários do regime Vargas que olhavam com inveja para o fascismo japonês. Em fins de 1939, o Conselho de Imigração e Colonização (CIC) enviou dois de seus funcionários a colônias japonesas e alemãs (mas não às italianas) dos estados de São Paulo, Santa Catarina e Paraná. Chegando à colônia japonesa de Bastos (hoje uma cidade de mais de 20 mil habitantes) em inícios de 1940, eles verificaram que a biblioteca possuía apenas dois livros em português, um dos quais era um dicionário japonês-português que ninguém conseguia encontrar. O único jornal em língua portuguesa era usado para proteger da poeira um tabuleiro de xadrez. Os registros de casamentos eram feitos no consulado japonês, e não em um cartório brasileiro. O sistema educacional japonês "clandestino" funcionava abertamente.[39] Mesmo assim, os representantes da CIC levaram em conta a intensa atividade econômica da colônia e recomendaram que nenhuma providência fosse tomada. E assim foi.

A repressão tornou-se mais intensa em inícios de 1941. O regime Vargas baniu todos os jornais em língua estrangeira, fechando quatro diários em língua japonesa com uma tiragem total de 50 mil exemplares. Quando um funcionário municipal de uma vila rural decidiu aplicar ao pé da letra as medidas de brasilidade, acabou pondo na cadeia quase todos os residentes japoneses. Mesmo assim, até fins de 1941, Vargas tentou manter relações tanto com as potências Aliadas quanto com as do Eixo. Em dezembro, após o ataque a Pearl Harbor, entretanto, o Brasil transferiu-se inequivocamente para o campo Aliado. Em março de 1942, o Brasil rompeu relações diplomáticas com o Japão. Cinco meses depois, submarinos alemães começaram a afundar navios nas costas brasileiras e, de repente, o Brasil viu-se em guerra. O governo Vargas começou a usar todas as oportunidades para

---

38 Decreto-Lei 1.545 (25 ago. 1939), artigos 1, 4, 7, 8, 13, 15, 16.

39 Camara; Neiva, Colonizações nipônica e germânica no Sul do Brasil, *Revista de Imigração e Colonização*, v.2, n.1, jan. 1941, p.39-120.

atacar os imigrantes dos países do Eixo. Histórias fantasiosas e falsas sobre uma suposta "quinta-coluna" se espalharam pelo país. A polícia recebeu ordens de arrebanhar cidadãos japoneses e alemães (mas não italianos) e retirá-los de locais estratégicos. Judeus foram ameaçados por falarem iídiche (que a polícia supunha tratar-se de alemão) em público.

Um jovem imigrante de nome Tomoo Handa lembra-se de ter sido preso com um grupo de amigos enquanto pescavam no mar. Uma unidade policial trazendo uma bandeira japonesa apareceu de repente na praia e ordenou que os jovens a empunhassem. Quando eles se recusaram, um policial sacou de um revólver e forçou-os a postar-se em frente à bandeira. Um fotógrafo imigrante que havia sido sequestrado pela polícia foi forçado a fotografar os "traidores", que então foram entregues às autoridades e acusados de espionagem. Funcionários do governo japonês no Brasil apresentavam frequentes queixas não apenas sobre as prisões injustificadas, mas também sobre policiais brasileiros que roubavam mercadorias e dinheiro das lojas de propriedade de japoneses.[40] Depois que o presidente Vargas determinou o confisco dos bens de empresas e indivíduos dos países do Eixo, todas as colônias japonesas foram postas sob a supervisão do governo, medida essa que, ao que se conta, rendeu ao governo um total líquido de pelo menos 100 milhões de dólares.[41]

Com a entrada do Brasil no campo Aliado, todos aqueles que tinham aparência asiática corriam o sério risco de serem tachados de agentes japoneses infiltrados. Dois comerciantes não japoneses da cidade de Belo Horizonte chegaram ao ponto de colocar na vitrine de sua loja um cartaz com os dizeres: "Atenção: somos chineses". Essa confusão era embaraçosa, uma vez que a China era agora aliada do Brasil. Uma tentativa de resolver o problema partiu da polícia política, que passou a circular panfletos grosseiros falando de aparência e etnicidade. Os alemães se distinguiam dos demais europeus por "tolerarem o adultério" e "terem quase nenhuma moral sexual".[42] Um outro

---

40 Handa, *O imigrante japonês*, p.635. Artigo de primeira página: Brazil Warned for Treatment of Immigrants, nos jornais *The Japan Chronicle* e *The Japan Mail*, 27 set. 1947.

41 *New York Times*, 12 abr. 1942; 4 e 29 out. 1943.

42 Atividades nazistas no Brasil, especialmente no Distrito Federal, Minas Gerais, e Santa Catarina, Polícias Políticas, Alemão: Caixa 1, Relatório 21.5.1940 (21 maio

folheto intitulado "Como distinguir um chinês de um japonês" trazia figuras e dicas úteis: "Os chineses são racialmente menos complexos que os japoneses [...]. Os japoneses são maus, os chineses são bons; os japoneses são falsos, os chineses são sinceros; os japoneses são rudes, os chineses são amáveis".[43]

A Segunda Guerra Mundial foi mais penosa para os japoneses e seus descendentes que para os imigrantes dos demais países do Eixo. Os japoneses, entretanto, não sofreram internamento em campos de concentração, como ocorreu com os imigrantes japoneses e seus descendentes com cidadania norte-americana nos Estados Unidos. Além disso, o Brasil não deportou japoneses para os Estados Unidos, como fizeram o Peru e a Bolívia.[44] Essas decisões, entretanto, nada tinham a ver com direitos humanos, resultando, ao contrário, do fato de políticos e militares brasileiros temerem, em primeiro lugar, que a população japonesa fosse grande e bem-armada demais para ser internada ou deportada sem o risco de provocar uma rebelião e, em segundo lugar, que o Japão poderia atacar e derrotar o Brasil no caso de haver internação de cidadãos japoneses.

O Japão "ganha" a Segunda Guerra

Os historiadores adoram usar grandes acontecimentos políticos, por exemplo, guerras mundiais, como marcos temporais, mas às vezes a realidade pesquisada não se encaixa nas periodizações tradicionais dos livros de História. A história da imigração japonesa, portanto, inclui um episódio incomum, que teve início em 1942 e só foi terminar em 1950. A Segunda Grande Guerra fez parte dessa história, mas de maneira totalmente diferente do que se possa imaginar.

1940), Arquivo Estadual do Rio de Janeiro. Meus agradecimentos a Glen Goodman por me ceder esse documento.

43 Tradução sem data do DOPS de um relatório do agente "Nagai" ao agente "Hayão". Como distinguir um Chinez de um Japonez, 22 fev. 1943. Pasta I. Arquivo Público do Estado, Rio de Janeiro, *Time*, 22 dez. 1941.

44 Gardiner, *Pawns in a Triangle of Hate: The Peruvian japanese and the United States*. Para uma versão atualizada dessa história, ver Golden, Held in War, Latins Seek Reparations, *New York Times*, 29 ago. 1996.

A partir de inícios de 1940, alguns imigrantes passaram a contestar a campanha oficial de brasilidade enfatizando suas identidades japonesas. Muitos deles haviam sido educados com ideias sobre a invencibilidade do Japão, e o culto ao Imperador ganhou importância. A imprensa clandestina de língua japonesa (lembre-se de que apenas jornais e rádios em língua portuguesa eram permitidos) passou a denunciar enfaticamente os imigrantes que não demonstravam sua lealdade ao Japão. Boatos se espalharam como fogo na palha sobre bebês que nasciam com tamanho adulto, falando japonês e predizendo que o Japão estava prestes a ganhar a guerra.[45] No entanto, essa lenda de bebês-monstros perde importância em face das sociedades secretas surgidas ao final da Segunda Guerra. Esses grupos atraíram a atenção do público em 1942, quando destruíram algumas culturas de bicho-da--seda de propriedade de imigrantes japoneses, na crença de que a seda estava sendo vendida aos Estados Unidos para a fabricação de paraquedas.[46]

O que desencadeou a expansão maciça das sociedades secretas japonesas foi a decisão do presidente Vargas, tomada em julho de 1944, de enviar tropas brasileiras compostas de 25 mil soldados para lutar na Itália ao lado das forças Aliadas. A Força Expedicionária Brasileira incluía um grande número de soldados de ascendência imigrante, entre eles, alguns jovens *nikkeis*. No entanto, a chegada dos pracinhas na Europa desencadeou um intenso sentimento de nacionalismo, xenofobia e hostilidade contra o Eixo. Um filme estrelado por Bela Lugosi, *O perigo amarelo*, era exibido a grandes multidões nas grandes cidades, e até canções populares passaram a atacar os japoneses. Belmonte, um dos mais famosos cartunistas políticos do Brasil, colocava negros e imigrantes na mesma categoria de forasteiros (ver Figura 6.3). Nesse cartum, são representados árabes, japoneses, afro-brasileiros, portugueses, italianos e judeus. Note-se que judeus e japoneses são associados pelo fato de ambos estarem acompanhados de suas filhas, e que os pelos faciais são enfatizados como um indicador de diferença, tal como Guilherme de Almeida o fizera duas décadas antes, como vimos no Capítulo 5.

---

45 Handa, *O imigrante japonês*, p.640.
46 *New York Times*, 15 nov. 1942; *O Estado de S. Paulo*, 16 dez. 1942.

Figura 6.3. Tirinha dizendo: "Dize-me em que rua andas e eu te direi quem és".

Fonte: *Folha da Manhã*, 15 out. 1944, p.15. Cortesia do Arquivo Histórico Judaico Brasileiro, São Paulo.

A tardia entrada do Brasil na Segunda Guerra Mundial veio apenas poucos meses antes de a perspectiva de vitória Aliada ter se consolidado na Europa. No entanto, o Brasil declarou guerra ao Japão em maio de 1945 para que as forças armadas americanas pudessem continuar a usar as bases aéreas do Nordeste para reabastecer seus aviões a caminho da África. Como a Itália e a Alemanha haviam se rendido, os imigrantes japoneses, de repente, viram-se como os últimos "estrangeiros inimigos" em território brasileiro.

A maior sociedade secreta japonesa a surgir no Brasil foi a *Shindo Renmei* (Liga do Caminho dos Súditos do Imperador). Esse grupo ganhou particular importância *após* o término da Segunda Guerra Mundial e depois de o Estado Novo de Vargas ter sido derrubado por um golpe de Estado, em 1945. Os líderes da sociedade eram imigrantes que haviam se aposentado como oficiais do exército japonês. Seu objetivo era manter no Brasil um espaço permanentemente niponizado, com a preservação da língua, da cultura e da religião, e reivindicando a reabertura das escolas japonesas. A Shindo Renmei afirmava que o Japão havia vencido a Segunda Guerra Mundial e, em dezembro de 1945, o grupo contava com 50 mil membros.[47]

---

47 Ver tradução dos objetivos e estatutos da Shindo Renmei em um relatório de João André Dias Paredes para o major Antonio Pereira Lira (chefe da polícia estadual, Paraná), 30 abr. 1949. Secretaria de Estado de Segurança Pública, Departamento

De importância crítica para o crescimento da Shindo Renmei foi seu monopólio da informação resultante da proibição da imprensa em língua estrangeira. As circulares e os jornais secretos publicados pelo grupo mesclavam fato e ficção. Os relatos da derrota do Japão veiculados na imprensa brasileira eram descritos como propaganda norte-americana. Foi dito que os jornais do Rio de Janeiro haviam anunciado a vitória japonesa, e que o general Douglas MacArthur havia sido preso como criminoso de guerra.[48] Foram divulgadas fotos do presidente Harry Truman se curvando perante o imperador Hirohito, além de relatos sobre o desembarque das tropas japonesas em São Francisco e sua marcha rumo a Nova York. Corriam boatos de que Getúlio Vargas estaria a caminho de Tóquio para assinar os documentos de rendição.[49] Uma semana depois de o imperador Hirohito ter lido sua verdadeira mensagem de rendição, transmitida por rádio de ondas curtas em 15 de agosto de 1945, a Shindo Renmei lançou sua própria versão do acontecimento:

O Imperador Hirohito foi forçado a abdicar em favor do Regente por ter aceito as condições impostas pela Declaração de Potsdam. A frota imperial recebeu ordens para ação imediata, e em uma furiosa batalha que teve lugar nas águas de Okinawa, a marinha e a aeronáutica japonesas destruíram cerca de quatrocentos navios de guerra Aliados, decidindo assim o curso da guerra. Os japoneses empregaram pela primeira vez sua arma secreta, a "Bomba de Alta Frequência". Apenas uma dessas bombas matou mais de cem mil soldados americanos em Okinawa, [o que levou à] rendição incondicional dos Aliados e ao desembarque das forças expedicionárias japonesas na Sibéria e nos Estados Unidos.[50]

Na esteira dos falsos relatos, vieram os vigaristas. Um dos golpes aplicados dizia que um príncipe japonês estava a caminho do Brasil, e que os

---

da Polícia Civil, Divisão de Segurança e Informações, n.1971, Sociedade Terrorista Japonesa, Arquivo Público Paraná, Curitiba.

48 Os documentos foram encontrados em uma batida policial na sede da Shindo Renmei em Santo André e publicados em tradução em Neves, *O processo da "Shindo Renmei" e demais associações secretas japonesas*, p.288-90.

49 *O Estado de S. Paulo*, 26 mar. 1946; *Correio da Manhã*, 6 abr. 1946; *A Noite*, 13 abr. 1946.

50 Republicado no *Paulista Shinbun*, 29 abr. 1947.

imigrantes deveriam contribuir com dinheiro para as celebrações da chegada do contingente que aportaria em Santos e marcharia para diversas comunidades japonesas. Em algumas cidades, todas as peças de pano de cor branca e vermelha desapareceram das prateleiras das lojas, compradas pelos imigrantes para a confecção de bandeiras para saudar o "príncipe". Um "agente secreto" vendeu medalhas sem nenhum valor, afirmando que o dinheiro arrecadado iria para os soldados japoneses que estavam vindo para ocupar o Brasil. Outros trapaceiros vendiam fotografias dos generais aliados aceitando a derrota a bordo do USS Missouri. O mais comum, contudo, era a circulação de notas falsas de 100 ienes e a venda de falsas passagens para o Japão e de lotes de terra nos países que haviam sido "conquistados" pelos japoneses "vitoriosos".[51]

Os vigaristas, entretanto, não mataram ninguém. Mas os assassinatos passaram a fazer parte da estratégia da Shindo Renmei, tendo começado em março de 1946, quando os imigrantes japoneses se dividiram em dois campos: os *kachigumi* (os "vitoristas") e os *makegumi* (os "derrotistas"). A Shindo Renmei denunciou os "traidores" e lançou feitiços contra os derrotistas. Jovens fanáticos foram recrutados para abater a tiros os que falavam da derrota japonesa.[52] Houve sequestros, o resgate sendo a promessa de nunca mais falar da derrota japonesa.

Entre março e setembro de 1946, 16 imigrantes foram assassinados por insistirem em que o Japão havia perdido a guerra. Trinta *makegumi* ficaram gravemente feridos em ataques lançados pelos *kachigumi*. Centenas de outros foram ameaçados de morte e marcados com o símbolo da Shindo Renmei, um crânio com ossos cruzados. Muitos agricultores que trabalhavam no cultivo de seda, algodão e hortelã tiveram suas casas e seus campos destruídos. As autoridades brasileiras ficaram perplexas com esses desdobramentos, principalmente quando um *kachigumi* capturado declarou à polícia que "O Japão não perdeu a guerra. Enquanto houver um japonês vivo na face da

---

51 Yamashiro, Algumas considerações sobre o "fanatismo japonês", *Paulista Shimbun*, 29 abr. 1947; *A Noite*, Rio de Janeiro, 25 maio 1946.

52 Entrevista de Jeffrey Lesser com Masuji Kiyotani, 27 jul. 1995, no Centro de Estudos Nipo-Brasileiros (São Paulo).

Terra, ainda que seja o último, o Japão nunca se renderá".[53] O governo pós-guerra do Japão enviou documentos ao Brasil provando a vitória Aliada, mas os *kachigumi* os ignoraram como falsos.[54]

A polícia invadiu a sede da Shindo Renmei no início de 1946. Lá, foram encontradas pilhas de material de propaganda, um mimeógrafo usado para imprimir o jornal semanal da organização e uma lista de 30 mil filiados. Quatrocentos líderes foram presos e 80 deles tiveram decretada sua deportação para o Japão. Então, antes que irrompesse uma violência em larga escala, algo extraordinário aconteceu. O representante do governo brasileiro, o ex-chanceler José Carlos de Macedo Soares, convidou a polícia, oficiais militares e membros da sociedade secreta, inclusive os que estavam presos, para um encontro no Palácio do governador de São Paulo.

Cerca de 600 pessoas se reuniram naquela noite, a maioria delas integrantes da Shindo Renmei. Macedo Soares pediu o fim da violência. Ele chamou os imigrantes japoneses de "tesouros" e de "a parte mais importante da população brasileira". Como o Japão, nos meses que se seguiram ao fim da Segunda Guerra, não tinha diplomatas no Brasil, o país foi representado por um diplomata sueco, que também saudou os japoneses presentes. A ironia dessa reunião não escapou a Jorge Americano, reitor da Universidade de São Paulo e importante comentarista cultural:

Não sei se o alto, corado e louro "representante do Japão", talvez falando inglês, e fixando os olhos azuis nos apertados olhos pretos dos japoneses, não sei se conseguiu convencê-los, não já de que Japão perdera a guerra, mas ao menos de que ele, sueco, alto, corado, louro, de olhos azuis, falando inglês, era o defensor dos interesses dos japoneses no Brasil.[55]

A reunião terminou quando uma líder da Shindo Renmei, Sachiko Omasa, para o deleite de seus correligionários, pontificou a Macedo Soares e ao

---

53 Handa, *O imigrante japonês*, p.673.
54 As atividades das sociedades secretas japonesas e a ação repressiva da polícia de São Paulo, publicadas pela imprensa, *Arquivos da Polícia Civil de São Paulo*, v.12, n.2, p.523-30, 1946.
55 Americano, Shindo Renmei (1946), *São Paulo atual, 1935–1962*, p.186-7.

representante sueco: "Nós, japoneses, não acreditamos [...] na derrota do Japão. Se Vossa Excelência desejar sustar as disputas e atos terroristas entre japoneses, comece por comunicar a vitória do Japão e mande suspender imediatamente a propaganda falsa da derrota".[56]

Macedo Soares fez exatamente o que Omasa queria. Ele proibiu os jornais brasileiros de publicarem notícias sobre a derrota japonesa e determinou que o termo "rendição incondicional" fosse retirado de todos os comunicados oficiais. A Corte Suprema decidiu que os réus condenados pelos assassinatos não poderiam ser deportados. A Shindo Renmei, entretanto, viu esse tratamento brando como prova da vitória japonesa, assumindo então posições ainda mais inflexíveis. Quando um integrante da Shindo Renmei disse, em um bar da cidade de Oswaldo Cruz, no estado de São Paulo, que ele mataria "uns três ou quatro brasileiros" que insistiam em que os Aliados haviam ganho a guerra, uma revolta foi deslanchada. Diz-se que três mil brasileiros foram ao encalço dos imigrantes gritando "Linchem os japoneses!". Quando o exército interveio para acalmar a situação, os membros da Shindo Reinmei receberam os soldados com um tiroteio.[57]

Em 1947, a Sociedade ainda crescia, armazenando armas de fogo e circulando listas. Cento e cinquenta membros da Kokumin Zenei-tai (Unidade de Vanguarda Nacional) de São Paulo foram presos com bombas, fuzis e fotografias de reconhecimento das casas de suas próximas vítimas. A propaganda da Shindo Renmei costumava associar o governo brasileiro aos "judeus do Rio" (lembrem-se das restrições à imigração judaica decretadas por Getúlio Vargas), tentando discriminar entre amigos e inimigos com o uso de linguagem econômica e étnica. Os que negavam a vitória do Japão eram "capitalistas ocidentais", "comunistas", "judeus", ou "chineses", termos esses perfeitamente intercambiáveis.[58]

---

56 Informações sobre o encontro em *Correio Paulistano*, 20 jul. 1946; *Diário de São Paulo*, 20 jul. 1946; *A Gazeta*, 20 jul. 1946; *Jornal de São Paulo*, 20 jul. 1946.

57 *Revista Cruzeiro*, Rio de Janeiro, 31 ago. 1946.

58 Relatório confidencial não assinado do DOPS de São Paulo, Atividades atuais no seio da colônia japonesa sobre rearticulação do movimento fanático-terrorista--chantagista, mar. 1950. Secretaria da Segurança Pública do Estado de São Paulo

O fim das sociedades secretas só ocorreu em 1950. Foi nesse ano que o campeão olímpico de natação, o japonês Masanori Yusa, chegou ao Brasil com sua equipe de "Peixes Voadores". Seis mil pessoas se acotovelaram no Aeroporto de Congonhas para receber os atletas. Uma partida-espetáculo realizada no estádio do Pacaembu teve todos os ingressos esgotados, contando com uma apresentação da Banda da Polícia Militar de São Paulo e a presença do governador. Em uma entrevista, os integrantes dos Peixes Voadores mostraram-se chocados quando apresentados à ideia de que o Japão havia *ganho* a Segunda Guerra. Não tardou para que os *kachigumi* começassem a afirmar que os nadadores eram coreanos disfarçados de japoneses. Os imigrantes e seus filhos se ofenderam, e a acusação dirigida pelo governo brasileiro contra 2 mil membros da Shindo Reinmei foi recebida com alívio.[59]

Era 1950. A Segunda Guerra Mundial finalmente chegara ao fim no Brasil.

Conclusão

Este capítulo dá ênfase a uma série importante de perspectivas globais e locais relativas à associação da imigração à identidade nacional brasileira. Mudanças ocorridas na estrutura econômica do Japão durante a Era Meiji colocaram grandes pressões sobre a demografia rural. O governo japonês via a imigração como uma válvula de escape, no exato momento em que as elites brasileiras começavam a acreditar que os imigrantes japoneses poderiam ser a solução para os problemas de mão de obra rural gerados por seu desapontamento com a militância trabalhista dos imigrantes europeus. No entanto, como já vimos repetidamente, os maus-tratos infligidos pelos fazendeiros aos imigrantes sempre levavam aos mesmos resultados de fuga e revolta. A diferença foi que os japoneses deixaram as fazendas tradicionais para formar suas próprias comunidades agrícolas. Em meio às elites, esse fato só fez reforçar a imagem dos japoneses como mais modernos e, portanto, mais brancos que os europeus. Os imigrantes japoneses se

---

— Departamento de Ordem Política e Social #108981-Ordem Política / Shindo Remmey — v.1, AESP.

59 *Folha da Noite*, 21 mar. 1950.

encaixaram tão bem nos objetivos de identidade nacional que seus números vieram a superar a soma dos japoneses dos demais países das Américas.

A migração japonesa, além disso, ressalta diferenças importantes nos padrões da imigração para o Brasil. Ao contrário da maioria dos outros imigrantes, os japoneses contavam com o apoio de um governo poderoso, interessado e profundamente comprometido com o sucesso dos imigrantes instalados no exterior, para assegurar que houvesse poucos casos de retorno. Os diplomatas faziam todo o possível para oferecer aos imigrantes maltratados e desiludidos opções que não a fuga. Na década de 1920, eram poucos os imigrantes que sofriam tratamento abusivo por parte dos fazendeiros e de seus capangas porque, àquela época, os japoneses já vinham se estabelecendo em colônias patrocinadas pelo governo japonês.

Hoje, mais de 1,5 milhão de brasileiros se dizem de ascendência japonesa. O legado da produção agrícola local e da imagem do poderio mundial

Figura 6.4. Uma versão do Kasato Maru – primeiro barco que trouxe imigrantes japoneses para o Brasil – no carnaval carioca de 2008. Foto cedida por Anna Toss (anna_t no Flickr).

do Japão continuam fazendo com que boa parte da elite e do povo em geral vejam os imigrantes japoneses e seus descendentes como peças fundamentais na construção de um Brasil moderno. Os descendentes de japoneses contam com a vantagem de serem considerados "os melhores brasileiros", e essa atitude cultural contribuiu para que muitos deles ascendessem aos escalões superiores da sociedade em termos de classe, educação e locais de residência. Hoje, os nipo-brasileiros podem ser encontrados em virtualmente todos os setores da sociedade brasileira, da política às forças armadas, das profissões liberais às artes e indústria.

No entanto, até mesmo os estereótipos positivos têm seu preço. Como iremos ver no Epílogo, os nipo-brasileiros (entre outros) começaram a emigrar em grandes números em fins do século XX, quando a história da imigração brasileira inverteu sua direção.

Apêndice

Documento 6.1
Uma lembrança do Kasato Maru, 1994

Em 1994, uma das mais famosas escolas de samba do Rio de Janeiro escolheu a imigração japonesa como enredo. Um os carros alegóricos era uma réplica realista do Kasato Maru, o primeiro navio a chegar ao Brasil trazendo imigrantes japoneses (ver Figura 6.4). Já um outro carro era menos tradicional – um vidro de *shoyu* de mais de quatro metros de altura com sushis e sashimis gigantes girando em torno dele. A maioria dos participantes eram não *nikkeis* maquilados para "parecerem" japoneses e carnavalescamente fantasiados de samurais, gueixas e sushimen.

O samba cantado por eles dizia: "Burajiru, meu Japão brasileiro":

Gueixas com quimonos estampados,

Ensinadas a servir e seduzir com muito amor...

Monges, guerreiros, samurais, Buda, imagem da religião,

E no judô o meu Brasil é campeão...

Do país do futebol ao império do sol nascente,

Misturei saquê com samba pra alegrar a nossa gente.

Misturei saquê com samba pra alegrar o nosso carnaval.

Fonte: Sociedade Educativa e Recreativa Escola de Samba Unidos do Cabuçu, Rio de Janeiro, Carnaval de 1994.

Epílogo:
Novos imigrantes e velhas ideias: construindo o Brasil após a Segunda Guerra Mundial

Novas políticas para uma nova era

O Brasil se transformou de forma marcante entre a Grande Depressão e o fim da Segunda Guerra Mundial. O café, o motor da economia a partir de fins do século XIX, entrou em declínio à medida que os preços caíam e a fatia do mercado internacional se reduzia. Fazendas de café de São Paulo e do Rio de Janeiro foram abandonadas, divididas ou vendidas. Muitas das fazendas que funcionaram durante séculos como feudos familiares foram compradas por grandes empresas, que passaram a cultivar produtos como soja e cana-de-açúcar para o mercado interno e internacional.

As mudanças na produção agrícola, os novos ingressos de capital internacional e uma orientação cada vez mais intensa à exportação levaram ao crescimento industrial. A partir do século XIX, alguns fazendeiros passaram a investir em fábricas, tendência essa que teve continuidade. O mesmo fizeram muitos imigrantes e seus descendentes. Com isso, cem anos depois, o Brasil industrial produzia de tudo, de automóveis a aviões.

Os padrões mundiais de imigração também mudaram durante os anos da Segunda Guerra Mundial. Entre 1942 e 1945, a maior parte dos portos foi fechada ao transporte de passageiros e as viagens transoceânicas se tornaram cada vez mais perigosas. Nos Estados Unidos, o número de novos residentes permanentes caiu para menos de 30 mil ao ano (durante os quarenta anos anteriores, a média foi de até meio milhão ao ano, chegando, em alguns anos específicos, a mais de um milhão).[1] Os números correspondentes à Argentina também caíram substancialmente. No Brasil, o declínio foi mais extremo. A entrada de imigrantes praticamente estancou, caindo para menos de 2 mil ao ano.

Em 1943, com a guerra em plena ebulição na Europa e na Ásia, o Conselho de Imigração e Colonização brasileiro (CIC) começou a discutir novas políticas de imigração. Uma das principais ideias foi proposta por Roberto Simonsen, político, empresário e autoridade em políticas econômicas. Simonsen acreditava que a imigração deveria estar ligada ao desenvolvimento industrial, e não à produção agrícola. Apenas os imigrantes europeus, em sua opinião, tinham as qualificações técnicas e a cultura social e política necessárias para modernizar o Brasil. Em outras palavras, com exceção da substituição da agricultura pela indústria, suas ideias não eram tão diferentes daquelas propostas durante o século XIX.

Partindo do conceito de Simonsen, os membros do CIC examinaram quatro opções para uma nova política de imigração a ser adotada no pós-guerra. Uma delas era uma política de portas abertas, baseada na ideia de que o Brasil era um *melting pot* — um caldeirão que assimilaria facilmente todos os imigrantes. Nenhum membro do CIC apoiou essa posição. No outro extremo estava a concepção política veementemente representada por Ernani Reis, Secretário do Ministério da Justiça. Ele defendia que o Brasil fosse fechado a todos que não os portugueses e os povos "latinos do Mediterrâneo", argumentando que a população existente teria uma alta taxa natural de crescimento, e poucos imigrantes seriam necessários. Uma terceira opção centrava-se em manipular as cotas de imigração definidas na Constituição de 1934: todos os demais seriam simplesmente proibidos de entrar no Brasil.

A maior parte dos membros do CIC, no entanto, apoiava uma quarta estratégia: uma política de portas abertas preferencial teria como alvo imigrantes que se enquadrassem na "composição étnica" da população brasileira, mas selecionando imigrantes "mais convenientemente [...] em suas

---

1 U.S. Department of Homeland Security, *Yearbook of Immigration Statistics: 2009*, Tabelas 1 e 5.

origens europeias".[2] Africanos, asiáticos e seus descendentes continuariam banidos, seguindo a legislação de 1890, para que o Brasil permanecesse, conforme imaginavam, "o único grande país branco da área tropical".[3] O entusiasmo por trabalhadores urbanos no Brasil do pós-guerra mostrou que os industriais, mais que os fazendeiros, eram agora os atores econômicos dominantes. Mas a política de imigração da década de 1940 não era tão diferente daquela do século anterior, quando a política de branqueamento também era um componente de importância fundamental.

A guerra chega ao fim

A Segunda Guerra Mundial terminou em 1945. O presidente Vargas, um ditador, declarou o país vitorioso na luta pela democracia. A ironia não passou desapercebida aos brasileiros, muitos dos quais ficaram radiantes quando os militares o depuseram em um golpe não violento, em outubro daquele ano. O novo governo democrático que substituiu Vargas tinha uma postura relativa à imigração muito semelhante à do governo anterior, em parte porque muitos dos integrantes do antigo regime permaneceram no poder (o próprio Vargas foi eleito para o Senado Federal em 1946, e para presidente da república em 1950). Não é de se surpreender que uma política preferencial de portas abertas viria a definir as regras de imigração ao longo da década seguinte.

O fim da Segunda Guerra Mundial e a queda do regime Vargas, portanto, não alteraram imediatamente os padrões de imigração. Os deslocamentos de escala global das décadas de 1930 e 1940 continuaram a exercer um impacto profundo sobre os fluxos migratórios. Mesmo depois de o Brasil ter começado a desativar o sistema de cotas, em 1945 (o que ocorreu rapidamente na prática e mais lentamente pela via legislativa), o número de

---

2 Regulamentação do Conselho de Imigração e Colonização, 12 mar. 1948 (revisada em 30 abr. 1948). In: Brasil, Ministério da Justiça e Negócios Interiores, *Estrangeiros: Legislação, 1940-1949*, p.689.

3 Tewell para o Secretário de Estado dos Estados Unidos Cordell Hull, 12 jun. 1944: 832.111/319, National Archives and Records Administration, Washington.

entradas permaneceu baixo. Em inícios da década de 1950, as coisas começaram a mudar. A migração voltou a ser uma opção segura. Novos abalos políticos e econômicos encorajaram as pessoas a considerarem a possibilidade de mudar de país. Os avanços na tecnologia dos transportes tornaram a movimentação mais rápida, mais barata e mais fácil. As cidades brasileiras vinham crescendo rapidamente, abrindo novos espaços culturais e econômicos para os recém-chegados. Em duas décadas, São Paulo viria a se tornar a maior cidade no hemisfério ocidental austral, e a população brasileira estaria entre as dez maiores do mundo.

Uma combinação de generosidade e atitudes imperialistas entre as potências anteriormente aliadas levou à reconstrução de muitas das nações do Eixo. Em fins da década de 1950, a Alemanha e o Japão vinham se tornando gigantes econômicos, e não mais militares. A Itália tentava tomar a mesma direção. Essas nações haviam fornecido grande parte dos imigrantes que chegaram ao Brasil antes da guerra, e sua recuperação renovou esses fluxos migratórios. Portugal e Espanha, no pós-guerra, continuaram tendendo ao fascismo do período anterior, levando a que a imigração para o Brasil muitas vezes resultasse de fuga a perseguições políticas. Outros imigrantes portugueses vieram da África na época em que Angola e Moçambique deram início ao processo que acabaria por levar à independência do domínio colonial.

Com relação às origens nacionais europeias, a imigração que ocorreu no pós-guerra, portanto, não foi diferente da verificada nos sessenta anos anteriores à guerra. Uma política adotada em 1948 determinou que a concessão de vistos se restringiria aos imigrantes com "boa saúde, boa conduta, sem antecedentes criminais, que nunca houvessem praticados atos contra a segurança nacional e que se encaixassem bem na composição étnica da população brasileira".[4] Essa política continuou em vigor até cerca de 1960 e abriu espaço para a aceitação de trabalhadores não especializados, mas de origens étnicas "aceitáveis", proibindo todos os demais grupos, com exceções individuais para os que fossem definidos como economicamente úteis. Em outras palavras, mesmo com a entrada do Brasil na Segunda Guerra

---

4 Paulo, *Aqui também é Portugal: a colônia portuguesa do Brasil e o salazarismo*, p.143-4.

Mundial ao lado das forças Aliadas e suas afirmativas de ser uma "democracia racial", a esfera da imigração manteve, no período pós-guerra, as diretrizes da época anterior.

Logo após a guerra, o fluxo de imigrantes portugueses diminuiu porque seu país teve participação limitada no Programa de Recuperação Europeia (PRE) do pós-guerra, geralmente conhecido como Plano Marshall. Parte desse plano consistia em ajudar os países europeus devastados pela guerra a enviar para o exterior como emigrantes parcelas de suas populações. Como Portugal relutou em aceitar muitas das regras estabelecidas pelo Plano Marshall, o país acabou por não receber muita assistência na área da emigração. Entre 1950 e 1955, entretanto, os padrões emigratórios se alteraram, como mostra a Tabela E.1. A primeira data corresponde à suspensão pelo Brasil de toda e qualquer exigência relativa à concessão de vistos a imigrantes portugueses, incluindo os nascidos em Angola e Moçambique. A data mais recente coincide com a decisão portuguesa de promover, com incentivos materiais, o assentamento de população branca em Angola, o que fez com que um número menor de emigrantes escolhesse o Brasil.

Ao contrário de Portugal, a Itália tirou o máximo partido do Plano Marshall, recebendo mais de 10% das verbas alocadas entre 1948 e 1952. Como os italianos sofriam as maiores taxas de desemprego da Europa Ocidental do pós-guerra, a emigração prometia o duplo benefício de reduzir a população do país e injetar dinheiro na economia por meio de remessas monetárias. Enquanto o Brasil buscava imigrantes com qualificação industrial, a Itália, por outro lado, estava interessada em enviar trabalhadores agrícolas. Essa discrepância de interesses nacionais ajuda a explicar por que o súbito salto registrado na entrada de italianos em 1952 manteve-se por apenas uns poucos anos. De fato, muitos imigrantes italianos que vieram para o Brasil no pós-guerra com patrocínio oficial acabaram repatriados por não conseguirem empregos. Em 1955, o Brasil deixou de ser desejável aos italianos como destino emigratório, ao contrário da Argentina que, entre 1950 e 1957, recebeu um número de imigrantes italianos três vezes maior que o Brasil. Em 1960, Brasil e Itália assinaram um novo acordo de migração visando a aumentar esse fluxo, mas, como sugerem as estatísticas mostradas na Tabela E.2, o padrão decrescente não sofreu alterações.

Tabela E.1. Imigração posterior à Segunda Guerra Mundial

Período	Alemães	Espanhóis	Italianos	Portu-gueses	Japoneses	Outros
1945	22	74	180	1.414	—	1.928
1946	174	203	1.059	6.342	6	5.525
1947	561	653	3.284	8.921	1	5.333
1948	2.308	965	4.437	2.751	1	11.106
1949	2.123	2.197	6.352	6.780	4	6.361
1950	2.725	3.808	7.342	14.739	33	7.296
1951	2.858	9.636	8.285	28.731	106	12.978
1952	2.364	14.898	15.207	42.815	261	12.605
1953	2.305	13.677	15.543	33.735	1.928	13.054
1954	1.952	11.338	13.408	30.062	3.119	12.369
1955	1.122	10.738	8.945	21.264	4.051	9.046
1956	844	7.921	6.069	16.803	4.912	8.257
1957	952	7.680	7.197	19.471	6.147	12.166
1958	825	5.768	4.819	21.928	6.586	9.463
1959	890	6.712	4.233	17.345	7.123	8.217
1960	842	7.662	3.341	13.105	7.746	7.811
1961	703	9.813	2.493	15.819	6.824	7.937
1962	651	4.968	1.900	13.713	3.257	6.649
1963	601	2.436	867	11.585	2.124	6.246
1964	323	616	476	4.249	1.138	3.193
1965	365	550	642	3.262	903	4.116
1966	377	469	643	2.708	937	3.041
1967	550	572	747	3.838	1.070	4.575
1968	723	723	738	3.917	597	5.823
1969	524	568	477	1.933	496	2.615
1970	535	546	357	1.773	435	3.241
1971	354	281	254	807	260	4.422
1972	635	470	535	1.095	472	5.560
1973	404	225	402	581	25	4.294
1974	641	244	478	426	75	4.902
1975	1.248	410	1.358	959	111	7.480

Fonte: Brasil: 500 Anos de Povoamento Rio de Janeiro: IBGE, 2000, Apêndice: Estatísticas de 500 anos de povoamento, p.226. Disponível em: http://www.ibge.gov.br/seculoxx/arquivos_pdf/populacao.shtm.

Tabela E.2. Migração em massa para o Brasil, Argentina e Venezuela, 1950-1957

	Italianos	Espanhóis	Portugueses	Total	% Italianos
Brasil	74.600	75.800	192.900	456.800	16.3
Argentina	220.800	129.700	15.029	439.800	50.2
Venezuela	188.400	175.100	40.800	487.800	38.6
Total	483.800	380.600	248.729	1.384.400	34.8

Fonte: Gloria La Cava, *Italians in Brazil: the post-World War II experience*, Nova York: Peter Lang, 1999, Tabela 7, p.59.

A entrada de asiáticos no pós-guerra

A entrada de japoneses no Brasil ganhou novo ímpeto em meados da década de 1950. O Departamento de Emigração do Japão concentrou-se no arquipélago de Okinawa, sob ocupação militar direta dos Estados Unidos a partir de 1945 (assim permanecendo até 1972). As novas bases militares desalojaram um grande número de pessoas, intensificando as pressões emigratórias em Okinawa. Os Estados Unidos, no entanto, proibiram a imigração de japoneses após a guerra, e a Lei de Imigração e Nacionalidade de 1952 (também conhecida como Lei McCarran-Walter) excluiu os imigrantes provenientes dos países antes pertencentes ao Eixo.

A combinação da proibição da entrada de japoneses nos Estados Unidos e a ocupação norte-americana de Okinawa fez com que a América Latina passasse a se constituir em uma boa opção emigratória. Em 1951, a Administração Civil das ilhas Ryukyu (o nome oficial de Okinawa) contratou um acadêmico norte-americano para a realização de um estudo sobre a emigração de Okinawa para a América Latina.[5] O relatório foi encorajador, e logo novos fluxos migratórios começaram: entre 1954 e 1964, 3.200 okinawanos formaram a Colônia Uruma, próxima a Santa Cruz, na Bolívia. Entre 1953 e 1963, quase 55 mil japoneses se estabeleceriam no Brasil seguindo os 200 mil que imigraram antes da guerra.

---

5 Tigner, The Okinawans in Latin America, *Scientific Investigations in the Ryukyu Island (SIRI) Report #7*.

As elites brasileiras, de modo geral, receberam bem os imigrantes japoneses do pós-guerra, como o haviam feito cinquenta anos antes. As atitudes positivas dos recém-chegados, aliadas ao fato de que mais de 40% deles tinham parentes que haviam imigrado antes da guerra para o Brasil, fez com que a integração se desse de forma relativamente tranquila. Algumas áreas de tensão cultural se fizeram sentir, entretanto, especialmente entre os imigrantes mais antigos e os mais recentes. Japoneses que há muito residiam no Brasil frequentemente se chocavam com o comportamento dos jovens japoneses com relação a tudo, desde o que viam como falta de reverência ao Imperador até a maior liberdade dos jovens em relação à sexualidade. Os recém-chegados se sentiam igualmente confusos: eles tinham dificuldade em compreender os dialetos antigos repletos de palavras em português niponizado e se perguntavam se os imigrantes mais antigos não teriam se tornado *Brasil-bokê* ("senilizados pelo Brasil"). Os novos imigrantes, além disso, trouxeram práticas religiosas que não existiam no Japão de antes da guerra. A mais difundida era a escola de zen-budismo Sôtô Zenshu, com foco na meditação como o principal caminho para a elevação espiritual. No Brasil, o budismo foi uma experiência de fortalecimento comunitário, mas a religião se difundiu também entre os não *nikkeis*. Para estes, adotar uma nova religião japonesa era como ouvir um rádio transistor – era uma maneira de ser "moderno" e participar do "Primeiro Mundo". Consequentemente, em 2005, mais de 250 mil brasileiros se consideravam budistas, sendo a maioria deles não *nikkeis* urbanos.[6]

Os imigrantes de Okinawa que imigraram no pós-guerra também passaram a "abrasileirar" suas tradições, focando a veneração dos ancestrais. Na década de 1960, surgiu uma série de seitas sincréticas que praticavam rituais de possessão por espíritos, misturando divindades católicas, africanas e okinawanas. Essas seitas, frequentemente conduzidas por xamãs mulheres, cada vez mais, vêm se tornando parte da rede global da identidade okinawana. A partir de fins do século XX, muitos brasileiros de origem okinawana passaram a enterrar seus ancestrais no Brasil, que então se converteu também em terra-mãe.

---

6 Rocha, *Zen in Brazil: The Quest for Cosmopolitan Modernity*.

A "niponização" do Brasil e o "abrasileiramento" dos japoneses se tornaram fatores importantes da identidade cultural brasileira. Por essa razão, entre os publicitários, se tornou frequente o uso de frases como "os nossos japoneses são melhores que os dos outros" e "precisamos de mais brasileiros como os japoneses". Essa linguagem remete ao início do século XX, quando setores das elites muitas vezes afirmaram que os japoneses eram mais "brancos" que os europeus. A proeminência dos imigrantes japoneses e de seus descendentes também exerceu forte impacto quando outros asiáticos se estabeleceram no Brasil. Os dois maiores grupos vieram da Coreia do Sul e da China, em ambos os casos refletindo os padrões mais gerais de migração para as Américas (ver Tabela E.3).

A partir de meados da década de 1950, o governo sul-coreano passou a usar a emigração como meio de controlar o crescimento da população, reduzir o desemprego e receber divisas em forma de remessas monetárias. Os sul-coreanos esperavam que a economia brasileira fosse capaz de absorver um grande número de novos imigrantes, mas as políticas de imigração do pós-guerra dificultaram a entrada. Os imigrantes coreanos, no entanto, não se deixaram abater. Muitos deles dirigiram-se ao Paraguai e à Bolívia, onde vistos de fronteira eram oferecidos a estrangeiros no ato de entrada, mediante o pagamento de uma taxa. Eles então reemigravam sem documentação oficial para o Brasil, onde a economia era mais forte e o alto *status* social conferido aos asiáticos oferecia vantagens culturais. Estima-se que 200 mil coreanos tenham migrado para o Paraguai e a Bolívia entre 1975 e 1990, e cerca da metade deles transferiu-se em seguida para o Brasil. Em 2011, o governo sul-coreano estimou uma população de cerca de 50 mil, com base no número das famílias que se registraram nos diversos consulados sul-coreanos no Brasil.[7] Estatísticas não oficiais mais recentes sugerem um total de aproximadamente 100 mil imigrantes (não levando em conta o grande número de crianças nascidas no Brasil).

---

7 Korean Ministry of Foreign Affairs and Trade, disponível em: http://www. mofat. go.kr/ENG/countries/latinamerica/countries/20070803/1_24583.jsp?menu= m_30_30 (acesso em: 16 maio 2012).

Tabela E.3. "Outros" imigrantes para o Brasil após a Segunda Guerra Mundial

Período	Líbano	China	Coreia	Estados Unidos	Argentina	Chile	Polônia
1945	4			788	99		44
1946	155			975	79		706
1947	581			732	52		561
1948	925			633	50		2.439
1949	850			825	68		360
1950	707			911	125		127
1951	1.868						
1952	2.515						
1953	1.704						
1954	1.186	265		1.236	485		
1955	1.518						
1956	1.481						
1957	900						
1958	629						
1959	1.061			1.462			
1960	653			1.184			
1961	734			1.208			
1962	612			973			
1963	547			971			
1964	202	253	—	764	572		49
1965	188	402	—	979	515		47
1966	178	232	—	823	516		27
1967	360	766	—	1.261	462		21
1968	299	1.066	—	1.537	597		43
1969	11	432	—	406	97		32
1970	9	444	—	810	270		71
1971	9	226	1.895	675	276		224
1972	7	897	1.190	1.068	370		305
1973	46	358	204	874	628		860
1974	não dis-ponível			não dis-ponível			
1975	—	118	—	1.414	1.095		1.203

Fonte: Brasil: 500 anos de povoamento Rio de Janeiro: IBGE, 2000, Apêndice: Estatísticas de 500 anos de povoamento, p.226. Disponível em: http://www.ibge.gov.br/seculoxx/arquivos_pdf/populacao.shtm.

Atualmente, a maior parte dos coreanos reside legalmente no país, graças aos programas brasileiros de anistia para imigrantes sem documentação. As dimensões da economia brasileira e a sofisticação tecnológica de muitos de seus setores fizeram com que muitos coreanos e seus filhos brasileiros passassem a ver o Brasil como um lugar de mobilidade social. A população em geral passou a contar com as novas mercadorias disponíveis nas pequenas lojas de propriedade de imigrantes, especialmente produtos tecnológicos e de vestuário baratos. A maioria dos imigrantes coreanos no Brasil e nas Américas é fortemente vinculada à religião cristã protestante. A filiação religiosa funciona tanto como uma fé quanto como um exercício de unificação comunitária, já que os rituais são conduzidos em ambas as línguas, o coreano (que se tenta preservar vivo) e o português (como um esforço de aculturação).

A esmagadora maioria (90%) dos coreanos mora em bairros de São Paulo que durante muito tempo vêm abrigando imigrantes. Entre esses bairros estão a Liberdade, o bairro tradicional japonês, e o Brás, bairro anteriormente habitado por imigrantes italianos, onde se localizava a Hospedaria dos Imigrantes tratada no Capítulo 3. Há também uma grande presença coreana no Bom Retiro, um bairro tradicionalmente associado aos imigrantes judeus do Leste Europeu. Em 2001, os moradores do Bom Retiro se surpreenderam ao descobrir que um estudante coreano-brasileiro matriculado na escola judaica situada naquele bairro havia ganho o prêmio anual de melhor domínio da língua hebraica.

Os imigrantes coreanos geralmente têm uma visão globalizada de sua imigração e têm parentes próximos residindo em outros países, do Paraguai ao Canadá. De fato, é muito comum que coreanos sejam educados em um país para, subsequentemente, mudarem-se para outro a fim de trabalhar em um negócio familiar. Não é raro encontrar imigrantes coreanos que falam inglês, espanhol e português, além da sua língua nativa. Para mim, esses padrões ficaram evidentes no Malka, um pequeno restaurante de falafel administrado por uma senhora que conta ter deixado o Iêmen para se estabelecer primeiramente em Israel e depois no Brasil:

O pequeno restaurante Malka situa-se no bairro paulistano do Bom Retiro, conhecido durante a maior parte do século XX por sua população judia e, mais recentemente, por seus moradores coreanos e bolivianos.
Não é de surpreender, portanto, que o cardápio venha escrito em português, hebraico e coreano. Um dia, fui almoçar no Malka, e o encontrei fechado. Dirigi-me então a um pequeno restaurante coreano localizado perto dali. O homem que estava à porta insistiu que eu não iria gostar da comida. Quando

não me deixei convencer (eu estava com fome!), fui informado, em português, que o cardápio era em coreano. Como eu sabia o nome coreano do prato que queria pedir e conseguia reconhecer no cardápio os caracteres coreanos para o nome desse prato, fui deixado entrar. Depois de uma refeição deliciosa, o garçom veio falar comigo e ficou surpreso ao descobrir que eu havia nascido nos Estados Unidos: "Cara", exclamou o cara jovem em inglês sem sotaque, "eu acabei de me mudar para cá de Los Angeles". Depois de se formar na Universidade da Califórnia, ele foi mandado para São Paulo para ajudar no negócio da família e estava morando com primos cujos filhos estavam estudando hebraico na escola judaica mencionada anteriormente.

Imigrantes coreanos no Brasil geralmente têm um padrão de vida de classe média, em grande parte por chegarem com algum dinheiro para investir. Esse já não é o caso de muitos imigrantes chineses que vieram para o Brasil após a Segunda Guerra. Como já vimos antes, ao longo de todo o século XIX, as tentativas de trazer trabalhadores chineses sempre terminaram em fracasso e, nesse aspecto particular, o Brasil difere dos Estados Unidos, do Canadá, de Cuba e do Peru. Na década de 1980, entretanto, a imigração chinesa passou a aumentar paralelamente às relações comerciais Brasil-China. Enquanto o relatório de 2005 da Comissão de Assuntos Comunitários Exteriores da República da China (Taiwan) estima o número de imigrantes em 150 mil, matérias publicadas na imprensa falam de números duas vezes maiores.

Os imigrantes chineses muitas vezes entram no Brasil através do Paraguai, e frequentemente vão e voltam entre os dois países. Cerca de 75% deles vivem em São Paulo, onde alguns trabalham no setor de vestuário popular como produtores, vendedores ou ambos. Outros se dedicam ao comércio varejista e atacadista de produtos importados baratos, como brinquedos, canetas e lapiseiras, relógios e eletrônicos. Embora muitos entrem no Brasil sem documentação completa, os chineses se beneficiaram dos frequentes programas de anistia para imigrantes. Da mesma forma que os coreanos, a grande maioria dos chineses vive nos bairros tradicionalmente associados a imigrantes. De fato, muitas lojas dos antigos bairros "árabes" de São Paulo, do Rio de Janeiro e de Porto Alegre agora pertencem a imigrantes chineses. Os recém-chegados também compraram um grande número de lanchonetes localizadas nas zonas centrais das cidades e no entorno de estações rodoviárias que servem aos migrantes pobres. Ali, os fregueses comem esfias "árabes" e sopas "wonton" chinesas, lado a lado com o arquetipicamente brasileiro feijão com arroz.

À medida que os imigrantes coreanos e chineses ascendem na escala econômica, outros imigrantes da Ásia passam a ver o Brasil como um país onde é possível começar do zero. O censo brasileiro de 2010 mostrou que 1 milhão de pessoas a mais do que no censo de 2000 se declararam como de raça "amarela" (cor é o critério usado para a classificação de raça no censo brasileiro. Em 2010, quase 51% da população se declararam "negros" ou "pardos"). Os mais de 2 milhões de entrevistados que se declararam "amarelos" representam mais de 1% do total da população brasileira. Esse aumento pode ser atribuído, em grande parte, aos imigrantes chineses e ao crescente número de brasileiros de pais de raças diferentes que se definem como asiático-brasileiros.[8] A maioria dos imigrantes chineses, como os coreanos e os japoneses em décadas passadas, têm grandes ambições educacionais para seus filhos que, em números cada vez maiores, frequentam escolas em bairros de classe média baixa. Muitos desses filhos de imigrantes conseguem ingressar nas universidades, o que fez com que uma nova versão de uma antiga e preconceituosa piada sobre os *nikkeis* começasse a circular em meio à elite paulista: "Para entrar na Universidade de São Paulo você precisa primeiro matar um asiático" (na versão original, era "japonês", no lugar de "asiático").

Os estereótipos também têm seu papel na imigração de judeus e árabes para o Brasil ocorrida no pós-guerra. Ao fim da guerra, Oswaldo Aranha, ex-ministro das Relações Exteriores e ex-embaixador do Brasil nos Estados Unidos, se tornou presidente da Assembleia Geral da ONU, que aprovou os planos propostos pela Comissão Palestina da ONU para a criação de um Estado moderno de Israel e um outro Estado árabe. O Brasil e Aranha, cuja atuação foi de importância central na decisão da ONU, eram considerados amigos de Israel e do sionismo. Em Tel Aviv, uma rua recebeu o nome de

---

8 Em 10 anos, país ganha 1 milhão de moradores que se declaram amarelos, *O Estado de S. Paulo*, 23 jul. 2011, caderno A20.

Aranha, assim como um centro cultural de um *kibbutz* estabelecido por judeus brasileiros. Com tantas homenagens, até mesmo o comentário atribuído a Aranha de que a criação de Israel significaria que o bairro de Copacabana, no Rio de Janeiro, seria devolvido aos "brasileiros", passou despercebido.

Na década de 1950, logo após a guerra de 1956 em torno do Canal de Suez e o crescimento do nacionalismo árabe, cerca de 5 mil judeus do Egito e de outros países do Oriente Médio migraram para o Brasil. Os padrões da imigração não judia do Oriente Médio para a América Latina também mudaram drasticamente após a Segunda Guerra Mundial. O número de imigrantes sírios e libaneses diminuiu, enquanto o de palestinos aumentou a partir da década de 1960. Apesar de faltarem números exatos, tudo indica que o Brasil tenha atualmente uma população palestina de cerca de 50 mil pessoas. Esse número não se compara aos 500 mil do Chile, mas está próximo aos 67 mil dos Estados Unidos e aos 54 mil de Honduras.[9] Enquanto alguns se estabeleceram no Brasil após a anexação pela Jordânia, em 1948, do que tinha sido parte da Palestina Britânica, um número muito maior chegou em 1967, logo após a Guerra dos Seis Dias entre Israel e vários países árabes, e também durante a guerra civil libanesa que começou em 1975.

Muitos imigrantes palestinos se estabeleceram no Sul do Brasil, mais notadamente na cidade de Foz do Iguaçu, no Paraná. Ao contrário dos imigrantes mais antigos do Oriente Médio, que eram principalmente cristãos, os novos palestinos são muçulmanos na sua maioria, e a mesquita Omar Ibn Al-Khattab da cidade é a maior fora do Oriente Médio. Uma das consequências dessa nova imigração é que a tríplice fronteira, onde o Paraguai, a Argentina e o Brasil se encontram, vem sendo vista com suspeita pelos governos, devido a uma suposta ligação com o terrorismo. Um detalhe curioso é que alguns líderes da comunidade de descendência árabe estabelecida no Brasil se sentem desconfortáveis com a presença dos palestinos. Uma lei de "reunificação familiar" datada do ano 2000, que permitiu que brasileiros se casassem com pessoas residentes no exterior e retornassem ao

---

9 Schulz; Hammer, *The Palestinian Diaspora: Formation of Identities and Politics of Homeland*; Gonzalez, *Dollar, Dove, and Eagle: One Hundred Years of Palestinian Migration to Honduras.*

Brasil, foi muito criticada por árabes brasileiros de fé cristã por incentivar a criação de enclaves muçulmanos no Brasil.[10]

A imigração para o Brasil após a Segunda Guerra Mundial também foi marcada por muitas entradas provenientes de outros países da América Latina, notavelmente os do Cone Sul (ver Tabela E.4). Por vezes, essas migrações eram de curto prazo, quando a ditadura em um país fazia com que pessoas buscassem asilo em outro. Outras vezes, foram os salários sendo pagos nos diferentes países que motivaram os deslocamentos. Em 1991, o Mercado Comum do Cone Sul (Mercosul) foi criado entre Brasil, Paraguai, Uruguai e Argentina, com Chile, Bolívia, Peru, Venezuela, Equador e Colômbia tornando-se, posteriormente, membros associados. Em 2004, os países do Mercosul começaram a regulamentar as políticas de migração, o que levou a uma maior circulação de pessoas e mercadorias entre Brasil, Argentina, Uruguai e Bolívia.

Os imigrantes latino-americanos apresentaram desafios singulares à identidade nacional brasileira. Por exemplo, centenas de milhares de brasileiros e seus descendentes (as estimativas variam entre 300 mil a 450 mil) viveram durante mais de cinquenta anos no Paraguai, representando quase 10% da população. Chamados de *brasiguaios*, a maioria deles migrou de áreas do Sul do Brasil, áreas essas com grande presença de núcleos alemães, italianos e poloneses desde o século XIX. Esses brasiguaios migraram nas décadas de 1960 e 1970, quando o ditador paraguaio ofereceu terras baratas a agricultores. Hoje, os brasiguaios possuem grandes extensões de terra e ocupam posições econômicas de destaque em seu novo país. Seus fenótipos europeus e seu uso do português como primeira língua, ou como uma das duas primeiras, muitas vezes se negando a aprender o guarani, uma das duas línguas oficiais do Paraguai, enfureceram muitos paraguaios. Muitos dos brasiguaios não possuem cidadania brasileira, de modo que as pressões colocadas sobre o governo brasileiro pedindo proteção para seus "cidadãos no exterior" entram em conflito frequente com a definição de descendência e cidadania postulada no direito internacional.

---

10 Karam, *Another Arabesque: Syrian-Lebanese Ethnicity in Neoliberal Brazil*, p.96.

Tabela E.4. Migrantes latino-americanos residentes no Brasil, 1970-2000

País de Nascimento	1970	1980	1990	2000
Bolívia	10.712	12.980	15.691	20.398
Argentina	17.213	26.633	25.468	27.531
Uruguai	13.582	21.238	22.143	24.740
Paraguai	20.025	17.560	19.018	28.822
Peru	2.410	3.789	5.833	10.841
Chile	1.900	17.830	20.437	17.131
TOTAL	65.842	100.030	108.590	129.463

Fonte: Iara Rolnik Xavier, *Projeto migratório e espaço: os migrantes bolivianos na Região Metropolitana de São Paulo*, Tese (Mestrado), Departamento de Demografia do Instituto de Filosofia e Ciências Humanas, Universidade Estadual de Campinas, 2010, p.42.

Enquanto brasileiros se mudavam para o Paraguai, dezenas de milhares de bolivianos se transferiram para o Brasil.[11] A migração boliviana é parte de um padrão mais amplo de emigração interna na América Latina, principalmente para a Argentina, onde muitos bolivianos vivem em Buenos Aires e trabalham principalmente em construção civil. No Brasil, os bolivianos costumam se estabelecer em São Paulo, onde as estimativas populacionais variam de 60 mil (segundo o consulado boliviano) a mais de 200 mil (segundo um grupo religioso que trabalha especificamente com bolivianos). Outras populações significativas vivem nos estados brasileiros de Mato Grosso e Mato Grosso do Sul, mais próximos à fronteira com a Bolívia.

Muitos imigrantes bolivianos no Brasil não têm documentação e frequentemente trabalham em *sweatshops* (oficinas de costura clandestinas que exploram o trabalho dos imigrantes pagando salários irrisórios) administradas por outros imigrantes. As repúblicas americanas adotaram posturas diferentes para lidar com os imigrantes sem documentação, mas a legislação brasileira é mais tolerante que a de muitos países, devido, talvez, à própria construção da identidade nacional brasileira, que supõe que os imigrantes

---

11 Buechler, Sweating it in the Brazilian Garment Industry: Korean and Bolivian Immigrants and Global Economic Forces in São Paulo, *Latin American Perspectives*, v.31, n.3, maio 2004, p.99-119.

são "melhores" que os brasileiros natos. O Brasil teve programas de anistia de imigrantes sem documentação em 1980, 1988, 1998 e 2009. Os três últimos programas regularizaram a situação de mais de 100 mil residentes estrangeiros, sendo mais de 40 mil deles provenientes da Bolívia, e quase 25 mil da China. Outros grupos significativos representados nas solicitações de regularização foram os do Líbano, Coreia do Sul e Peru.[12]

Emigração

Durante a maior parte dos últimos duzentos anos, o Brasil vem sendo destino para imigrantes. No entanto, na década de 1980, essa situação começou a mudar quando uma grave crise econômica afetou todos os setores da população. Mesmo no início do século XXI, com uma economia recuperada, o Brasil ainda tem mais emigrantes do que imigrantes. A maioria dos brasileiros residindo no exterior trabalha em atividades subalternas, apesar de uma parcela significativa deles ser qualificada e com alto nível de escolaridade. Em 2010, o Ministério da Justiça brasileiro estimou que 4 milhões de brasileiros viviam no exterior, com grande concentração nos Estados Unidos, Paraguai (ver a discussão sobre os brasiguaios acima), Japão, Reino Unido, Portugal, Itália, Suíça e Angola. A partir de 2000, a média anual da emigração de brasileiros foi de 100 mil ao ano, sendo cerca de 50% deles provenientes de estados do Sudeste, Sul e Centro-Oeste, como Minas Gerais, Paraná, São Paulo e também Goiás.

A emigração de brasileiros resulta da confluência de vários fatores. Um deles, claro, é o salário e o desejo de ascensão econômica e social, os mesmos fatores que motivaram tantas pessoas a imigrarem para o Brasil antes da Segunda Guerra Mundial. As remessas de dinheiro são, portanto, uma parte importante da economia brasileira. Em 2002, por exemplo, 4,6 bilhões de dólares americanos foram enviados ao Brasil por cidadãos que vivem no exterior, o que representa 1% do Produto Interno Bruto brasileiro. Um segundo fator foi que a economia de Portugal cresceu com sua entrada no Mercado Comum Europeu, e o livre fluxo entre esse país e sua antiga

---

12 Xavier, *Projeto migratório e espaço: os migrantes bolivianos na Região Metropolitana de São Paulo*, p.67.

colônia criou uma grande população de brasileiros em Portugal. Por fim, muitos países europeus em certa medida facilitam a obtenção de segundos passaportes por filhos e netos de imigrantes. Consequentemente, os emigrantes brasileiros, com frequência, são descendentes de imigrantes que vieram antes para o Brasil. Esse fenômeno também é perceptível na Argentina, e em ambos os países as filas à porta dos consulados italianos estão repletas de latino-americanos ansiosos para se tornarem cidadãos do Mercado Comum Europeu.[13]

A emigração brasileira para os Estados Unidos é especialmente intensa, embora os números nem sempre sejam claros. Em 2000, o Ministério de Relações Exteriores brasileiro estimou que havia quase 800 mil brasileiros residindo nos Estados Unidos, enquanto o Censo nos Estados Unidos daquele mesmo ano trouxe uma estimativa de 212.430. A população de residentes brasileiros em 2008, de acordo com o Departamento do Censo norte-americano, era de 351.914, embora outras estimativas calculem que essa população esteja mais próxima de 1 milhão.[14] Os brasileiros são imigrantes latino-americanos pouco comuns nos Estados Unidos, devido a seu alto nível educacional, que geralmente inclui escolaridade de ensino médio.[15] As migrações brasileiras caracterizam-se por sua forma ponto a ponto, de uma cidade específica a outra. Assim, a área de Boston tem um número muito grande de imigrantes vindos de Minas Gerais, muitas vezes da região de Governador Valadares, onde, na década de 1950, empresas da Nova Inglaterra operavam com gemas semipreciosas. Em Atlanta, muitos imigrantes são do estado de Goiás e vêm por intermédio de redes de igrejas.

---

13 Schneider, *Futures Lost: Nostalgia and Identity among Italian Immigrants in Argentina.*

14 U.S. Census Bureau, *United States-Selected Population Profile in the United States (Brazilian [360–364]).*

15 Margolis, *An Invisible Minority: Brazilians in New York City.*

Tabela E.5. Cidadãos brasileiros registrados no Japão, 1989-2009

1989	15.000*
1990	56.000
1991	119.000
1992	148.000
1993	155.000
1994	160.000
1995	176.000
1996	202.000
1997	233.000
1998	222.000
1999	224.000
2000	254.000
2001	266.000
2002	268.000
2003	275.000
2004	287.000
2005	302.000
2006	312.979
2007	316.967
2008	312.582
2009	267.456

*Números arredondados para o milhar mais próximo.
Fonte: Disponível em: http://www.moj. go.jp/content/000058065.pdf, Tabela 4.2, p. 122; Koji Sasaki, *A Ruptured Circuit: the Recession and the Breakdown of the dekassegui System,* documento de trabalho apresentado no 109º Encontro Anual da Associação Americana, New Orleans, nov. 2010, usado com permissão do autor.

Um outro foco da emigração brasileira é o Japão, onde o fenômeno conhecido por *dekasegui* (um termo em japonês que significa "trabalhando longe de casa", e veio a definir os descendentes de japoneses e suas famílias que migraram para o Japão) começou com força em 1990. A população brasileira no Japão é de mais de 250 mil (ver Tabela E.5), e a motivação para migrar para o Japão tinha natureza dupla. Um fator era a estagnação da economia brasileira em fins da década de 1980. O outro foi uma emenda à lei japonesa de Controle de Imigração e Reconhecimento de Refugiados, de 1990, que permitiu que descendentes de japoneses (chamados de *nikkeijin* no Japão) até a terceira geração, bem como seus cônjuges, obtivessem vistos de trabalho. Funcionários do governo acreditavam que o incentivo à entrada de descendentes de japoneses poria um fim à imigração ilegal (principalmente do Oriente Médio) e forneceria trabalhadores para as fábricas com falta de mão de obra. Embora alguns *nikkeis* da Bolívia, do Peru e da Argentina tenham tirado partido da nova legislação, o grupo proveniente do Brasil é, de longe, o maior.

Em 2005, os brasileiros totalizavam cerca de 80% da população de mais de 300 mil latino-americanos residindo no Japão. Muitos tinham alto nível de escolaridade e, geralmente, pertenciam à classe média brasileira. No Japão, entretanto, eles passaram a trabalhar em fábricas, muitas vezes em cidades de porte médio, onde empresas do setor automotivo e eletrônico enfrentavam uma perda de mão de obra japonesa, à medida que os jovens se mudavam para centros urbanos maiores. Os trabalhadores brasileiros fica-ram famosos por sua disposição a trabalhar em empregos "três Ks": *Kitsui, Kitani* e *Kiken* – duros, sujos e perigosos. Eles recebiam salários modestos para o padrão japonês, que, entretanto, valiam entre cinco e dez vezes mais que o salário médio brasileiro. Uma estratégia importante era trabalhar horas extras, remuneradas em níveis de 1,5 a 2 vezes maiores que o salá-rio regular. Apenas em 2005, 2,65 bilhões de dólares americanos foram remetidos do Japão para a América Latina, tendo 2,2 bilhões sido enviados para o Brasil, 365 milhões para o Peru, e apenas 100 milhões para a Bolívia, Paraguai e Colômbia somados.[16] Não é de surpreender que as remessas de dinheiro para o Brasil estivessem diretamente relacionadas aos estados que receberam a maior parte dos imigrantes japoneses, e que hoje têm grandes populações *nikkeis*: São Paulo recebeu 1,25 bilhões, o Paraná, 650 milhões, o Mato Grosso do Sul, 100 milhões e o Pará, 25 milhões.[17]

A migração brasileira para o Japão na década de 1990 não foi muito diferente da imigração de europeus para o Brasil no século anterior. Bancos

---

16 Inter-American Development Bank, Multilateral Investment Fund, *Remittances to Latin America from Japan* (Fact Sheet), Okinawa, Japan: April 2005. Disponível em: http://idbdocs.iadb.org/wsdocs/getdocument.aspx?docnum=546696.

17 Nishimori, Remessas continuam impulsionando economia: valor enviado pelos dekasseguis ao Brasil deve aumentar em 15% este ano, *International Press*, 2006.

brasileiros abriram filiais para facilitar as remessas de dinheiro (ver o anúncio na Figura E.1). Agentes de emigração vendiam uma visão muitas vezes irrealista do Japão, e as fraudes eram comuns. Na chegada, os imigrantes brasileiros costumavam ser maltratados no ambiente de trabalho e nas interações sociais. Os filhos e netos de imigrantes japoneses se surpreendiam ao constatar que se esperava que eles agissem como japoneses, apesar de serem brasileiros.

Com o crescimento da economia brasileira verificado na década de 2000 e o enfraquecimento da economia do Japão, os padrões migratórios apresentaram uma ligeira mudança. Em 2006, remessas do Japão para o Brasil caíram para 2,2 bilhões (comparadas com os 2,7 bilhões remetidos dos Estados Unidos e o 1 bilhão remetido da Europa, de um total de 6,4 bilhões), e essas somas continuam a cair. Em 2009, apenas 15 mil *novos nikkeis* brasileiros se inscreveram oficialmente para trabalhar no Japão, depois do pico de mais de 46 mil registrado em 2005. Os salários equivaliam a

Figura E.1. Um anúncio incentivando os *nikkeis* brasileiros a fazerem com que seus familiares no Japão enviassem remessas de dinheiro: "Receba remessas do Japão pelo Itaú" (out. 2006, Liberdade, São Paulo). Fotografia de Koji Sasaki, usada com permissão.

apenas 80% do que tinham sido uma década atrás, e as horas extras deixaram de ser permitidas. Mesmo assim, seguindo os padrões tradicionais do estabelecimento de imigrantes, os brasileiros permaneceram no Japão. No entanto, ao contrário do que ocorre nas Américas, o local de nascimento, no Japão, não é associado à cidadania, fazendo com que a geração de crianças lá nascidas e criadas continuasse a ser brasileira, diferentemente do que ocorreu no caso dos brasiguaios.

Em abril de 2009, o governo japonês, após a economia ter entrado em queda e terem surgido movimentos contrários à imigração, adotou uma nova política que oferecia aos imigrantes latino-americanos uma quantia de 3 mil dólares para passagens aéreas e 2 mil dólares por dependente, em troca de eles concordarem em deixar o país em caráter permanente e da promessa de não buscarem trabalho no Japão em data futura. O programa terminou em março de 2010, e dos 21.675 *nikkeis* que aceitaram o acordo, 20.053 eram brasileiros, 903 eram peruanos e 719 eram de outras nacionalidades, principalmente bolivianos.[18] Segundo o Ministério da Justiça japonês, o número de brasileiros que moravam no Japão em 2009 ainda passava de 250 mil, embora fosse significativamente menor que o pico atingido em anos anteriores.

Conclusão

Os *dekaseguis* brasileiros demonstram o fato de que a emigração e a imigração não podem ser simplesmente associadas às diferenças nos salários ou à busca de melhores condições de vida e oportunidades econômicas. Tal como no passado, a decisão de emigrar envolve fatores de todos os tipos, incluindo a etnia, a maneira como as pessoas imaginam suas novas vidas e a ligação entre identidade pessoal e cidadania nacional. Como seus equivalentes europeus do século XIX, os imigrantes nipo-brasileiros acreditavam que estavam migrando temporariamente para enriquecer e depois retornar. No entanto, com o tempo, os imigrantes estabeleceram novas vidas, formaram

---

18 Japan, Ministry of Health, Labor and Welfare (2011), *The Result of a Program to those Unemployed of Japanese Descent Wishing to Return to Home Country*.

famílias e acabaram ficando. Eles, muitas vezes, viam sua antiga terra como distante e se acomodavam na nova terra. Os nativos foram igualmente afetados pela imigração. As expectativas irrealistas da elite, como vimos, levaram a um padrão que oscilou entre entusiasmo e desencantamento. No Brasil, o racismo e a discriminação existiram lado a lado a uma crença cada vez forte de que os imigrantes estariam criando um país melhor.

Na década atual, os imigrantes continuam a ser uma parte importante e crescente da população brasileira em todas as categorias formais (entradas com vistos, naturalização e residência permanente). Segundo o Ministério da Justiça, o Brasil tem quase 1 milhão de residentes estrangeiros legais. Outras centenas de milhares deles não possuem documentação formal. Esses números representam tanto os antigos quanto os novos grupos de imigrantes, mas não incluem as crianças nascidas no Brasil nem os cidadãos naturalizados. Atualmente, os maiores grupos de pessoas nascidas no exterior, de acordo com estatísticas oficiais, são portugueses (270 mil), japoneses (92 mil), italianos (69 mil), espanhóis (58 mil), argentinos (39 mil), bolivianos (33 mil), alemães (28 mil), uruguaios (28 mil), norte-americanos (28 mil), chineses (27 mil), coreanos (16 mil), franceses (16 mil), libaneses (13 mil) e peruanos (10 mil).[19] Os paraguaios vêm entrando em números crescentes. Vem ocorrendo também o ingresso de angolanos, que começaram a imigrar quando o país se tornou independente de Portugal, em 1975, e de nigerianos, que fazem parte de uma grande diáspora encontrada por toda a América.

As idas e vindas dos imigrantes são particularmente visíveis nos anos de Copa do Mundo, quando o campeonato internacional de futebol atinge mais telespectadores que qualquer outro evento esportivo em todo o mundo. Em 2006, 60 milhões de pessoas assistiram ao Brasil derrotar a Croácia na semana de abertura do campeonato. Mais de dez vezes esse número viu o jogo final em 2010. No Brasil, vários canais transmitem simultaneamente os jogos dos times nacionais. Em muitas partes do país, outro fenômeno ocorre. Alguns torcedores apoiam os times de seus

---

19 Disponível em: http://portal.mj.gov.br/data/Pages/MJA5F550A5ITEMIDBA915
BD3AC384F6C81A1AC4AF88BE2D0PTBRNN.htm (acesso em: 15 maio 2012).

ancestrais, mas a maioria torce pelo Brasil. Os restaurantes étnicos se enchem de fãs entusiasmados, a maioria torcendo contra o time do país cuja comida eles estão consumindo. Quando a Copa do Mundo foi realizada no Japão, em 2002, muitos nipo-brasileiros passaram a usar camisetas com a imagem do sol-nascente e a frase "nunca vou te visitar", demonstrando que, entre os *nikkeis* brasileiros, o Japão não teria lugar na expressão pública de identidade nacional. Muitos torcedores do Flamengo encararam isso de forma diferente. Sua lealdade era para com o maior jogador do time, Zico, que em 2002 era o técnico da seleção japonesa. Ao mesmo tempo que os nipo-brasileiros torciam aos gritos pelo Brasil, os flamenguistas roxos torciam pelo Japão.

Como vimos ao longo dos capítulos deste livro, a história da imigração do Brasil e para o Brasil está longe de terminar. Os movimentos culturais e sociais associados à etnia, as concepções e as políticas estatais e a discussão sobre a identidade nacional são temas sempre dinâmicos e renovados, mesmo quando se repetem padrões anteriores, e os séculos XIX e XX parecem se embaralhar no que se refere a questões de imigração e de construção da identidade nacional brasileira.

Posfácio historiográfico à edição brasileira

Por muitos anos, os estudos étnicos associados à imigração foram tópicos secundários na bibliografia da história brasileira, se comparados às pesquisas sobre raça e relações inter-raciais. Diversos fatores contribuíram para esse resultado, entre eles, a ideia, rejeitada por este livro, de que os imigrantes se aculturaram em uma "brasilidade" geral e indefinida, ou então que, como estrangeiros permanentes, eles, supostamente, estariam fora da esfera de interesse dos estudos brasileiros. Outro fator decorreria da concepção de que a imigração, no Brasil, não foi uma questão de política nacional, mas associada apenas a determinados estados, e que suas implicações seriam apenas de ordem regional e local.

Essa sensação generalizada de que a "raça" (leia-se: negros e brancos) era importante, mas a etnicidade não o era, fez com que um grande número de pesquisas tratasse os grupos imigrantes como um tema que interessava apenas aos estudos de temas "estrangeiros", para o qual era necessário o domínio de várias línguas, o que intimidava a muitos. Ao mesmo tempo, outras pesquisas veem os imigrantes e seus descendentes como um tema situado à margem das grandes questões sociais e culturais da sociedade nacional, embora os considerando como pertencentes às classes dominantes. Como resultado, o estudo dos imigrantes e de seus descendentes foi tratado como um tema de abrangência subnacional, percepção essa que contribuiu para que as questões da etnicidade imigrante fossem desconsideradas pelo trabalho intelectual, muitas vezes em favor da questão da raça, privilegiando em especial as pesquisas sobre os descendentes de africanos e indígenas.

Dessa forma, boa parte da historiografia passou a se concentrar em uma linha assimétrica que comprimia os conceitos de etnicidade, identidade nacional, raça e cor da pele, ao colocar os africanos (negros) em uma ponta e os brancos (europeus) em outra. Uma série de estudos defende essa ideia no próprio título: *Brancos e negros em São Paulo*, de Roger Bastide e Florestan Fernandes; *Preto no branco*, de Thomas Skidmore; *Nem preto nem branco*, de Carl Degler; *Retrato em branco e negro*, de Lilia M. Schwarcz; *Onda negra, medo branco*, de Célia Maria Marinho de Azevedo; e *Negros e brancos em São Paulo, 1888-1988*, de George Reid Andrews, para citar apenas alguns dos exemplos mais conhecidos.[1]

A menor prioridade dada ao estudo da imigração e da etnicidade como questões nacionais teve diversas implicações. Embora os estudos sobre imigração sejam importantes em determinadas comunidades acadêmicas brasileiras (nos estados do Sul, por exemplo), essas pesquisas têm distribuição limitada (tente comprar um livro sobre a história do Rio Grande do Sul no Rio Grande do Norte!). Essa falta de percepção sobre a importância nacional do tema significa também que, com frequência, as próprias obras produzidas tenham um foco apenas regional, e as pesquisas sejam realizadas em arquivos locais, e não em arquivos nacionais ou internacionais. Muitas das obras "nacionais" são estudos sobre direito, política e sobre os discursos das elites, nas quais está ausente a aplicação concreta, regional e local. No entanto, um exame concreto da imigração, fazendo uso de pesquisas em arquivos de diferentes tipos e de diferentes locais, mostra que a discussão nacional desse tema é importante e útil para a compreensão do Brasil.

Outra consequência da baixa prioridade dada às questões da imigração é que muitos estudos são realizados fora da esfera acadêmica formal. Boa parte desses trabalhos é de autoria de historiadores não vinculados a universidades, que se concentram no estudo ou de instituições comunitárias ou de personalidades de destaque. Ao mesmo tempo, boa parte do trabalho

---

1 Bastide; Fernandes, *Brancos e negros em São Paulo: ensaio sociológico sobre aspectos da formação, manifestações atuais e efeitos do preconceito de cor na sociedade paulistana*; Skidmore, *Preto no branco*; Degler, *Nem preto, nem branco: escravidão e relações raciais no Brasil e nos Estados Unidos*; Schwarcz, *Retrato em branco e negro: jornais, escravos e cidadãos em São Paulo no final do século XIX*; Azevedo, C. M. M., *Onda negra, medo branco: o negro no imaginário das elites século XIX*; Andrews, *Negros e brancos em São Paulo, 1888-1988*.

realizado nos meios acadêmicos enfoca o tratamento dado aos imigrantes pelas elites. Esse enfoque tende a representar os imigrantes e seus descendentes basicamente como vítimas, privilegiando as vozes das elites que os atacam. Só recentemente, propostas de "Novos Estudos Étnicos" começaram a produzir mudanças nos tipos de estudos realizados no Brasil, principalmente ao sugerir que há traços em comum entre as experiências de diferentes grupos de imigrantes e seus descendentes. É provável que, ao longo das próximas décadas, venhamos a saber mais sobre a interação entre imigrantes e não imigrantes, e possamos contar com estudos que tratem os descendentes de imigrantes como brasileiros, e não como estrangeiros.

Por fim, uma abordagem comparativa mais ampla sobre a imigração nas Américas faz-se necessária. Embora tenhamos algum conhecimento sobre nações específicas que receberam grandes números de imigrantes (como Brasil, Argentina, Uruguai, Estados Unidos e Canadá), não sabemos muito sobre as semelhanças entre elas, uma vez que os estudos nacionais tendem a enfatizar as diferenças entre os países.

Existem centenas de obras publicadas em português sobre os assuntos tratados neste livro. Assim, a bibliografia que se segue contém apenas uma reduzida fração dos livros mais recentes não citados nas notas de rodapé. Cada uma destas obras, por sua vez, contém bibliografias e notas de rodapé que indicarão aos leitores interessados uma ampla gama de fontes secundárias e primárias, em português, espanhol, inglês e outras línguas.

Bibliografia recomendada

Obras gerais

BASSANEZI, M.; SCOTT, A.; BACELLAR, C. A. P. *Atlas da Imigração Internacional em São Paulo, 1850-1950*. São Paulo: Editora Unesp, 2008.

CARNEIRO, J. F. *Imigração e colonização no Brasil*. Rio de Janeiro: Faculdade Nacional de Filosofia, 1950.

DEBIAGGI, S. D. *Psicologia, e/imigração e cultura*. São Paulo: Casa do Psicólogo, 2004.

DIÉGUES JR., M. *Imigração, urbanização e industrialização*: estudo sobre alguns aspectos da contribuição cultural do imigrante no Brasil. Rio de Janeiro: Ministério da Educação, 1964.

FAUSTO, B. *Fazer a América*: a imigração em massa para a América Latina. São Paulo: Edusp, 1999.

_____. *Historiografia da imigração para São Paulo*. São Paulo: Editora Sumaré/ Fapesp, 1991.

_____. et al. *Imigração e política em São Paulo*. São Paulo: Editora Sumaré/ Fapesp, 1995.

FELDMAN-BIANCO, B. (Org.). *Nações e diásporas* – estudos comparativos entre Brasil e Portugal. Campinas: Editora da Unicamp, 2010.

GERTZ, R. E. *O aviador e o carroceiro*: política, etnia e religião no Rio Grande do Sul dos anos 1920. Porto Alegre: EDIPUCRS, 2002.

INSTITUTO BRASILEIRO DE GEOGRAFIA E ESTATÍSTICA, Brasil. *500 anos de povoamento* (Centro de Documentação e Disseminação de Informações, 2000). Disponível em: http://biblioteca.ibge.gov.br/visualizacao/livros/liv6687.pdf; http://biblioteca.ibge.gov.br/visualizacao/livros/liv6687.pdf.

JARDIM, D. F. (Org.). *Cartografias da imigração* – interculturalidade e políticas públicas. Porto Alegre: Ed. UFRGS, 2007.

LUCHESE, T. A.; KREUTZ, L. *Imigração e educação no Brasil*. Santa Maria (RS): Editora UFSM, 2011.

PATARRA, N. (Coord.). *Emigração e imigração internacionais no Brasil contemporâneo*. São Paulo: FNUAP, 1995.

PÓVOA NETO, H. (Org.). *Deslocamentos e reconstruções da experiência migrante*. Rio de Janeiro: NIEM/UFRJ; Garamond, 2010.

REIS, R. R.; SALES, T. (Orgs.). *Cenas do Brasil migrante*. São Paulo: Boitempo, 1999.

Política imigratória

KOIFMAN, F. *Imigrante ideal:* o Ministério da Justiça e a entrada de estrangeiros no Brasil (1941-1945). Rio de Janeiro: Civilização Brasileira, 2012.

LEÃO, V. C. *A crise da imigração japonesa no Brasil (1930-1034):* contornos diplomáticos. Brasília: IPRI/ Fundação Alexandre de Gusmão, 1989.

LESSER, J. *O Brasil e a questão judaica*: imigração, diplomacia e preconceito. Rio de Janeiro: Imago Editora, 1995.

SALES, T. (Org.). *Políticas migratórias*: América Latina, Brasil e brasileiros no exterior. São Paulo: Editora Sumaré/ Fapesp, 2002.

TUCCI CARNEIRO, M. L. *O anti-semitismo na Era Vargas*: fantasmas de uma geração (1930-1945). São Paulo: Brasiliense, 1988.

UNESP. *Repertório de Legislação brasileira e paulista referente à imigração*. São Paulo: Editora Unesp, 2008.

Estudos sobre imigração produzidos no século XIX

ABRANTES, Visconde de. *Memória sobre meios de promover a colonisação.* Berlim: Typographia de Unger Irmãos, 1846.

CARVALHO, F. A. de. *O Brazil, colonização e emigração* – esboço histórico baseado no estudo dos systemas e vantagens que offerecem os Estados Unidos. 2.ed. Porto: Imprensa Portugueza, 1876.

FABRI, C. *Memorial sobre a questão de immigração apresentado aos illustres membros do Congresso Nacional.* Rio de Janeiro: Typographia do *Jornal do Commercio,* 1893.

JAGUARIBE FILHO, D. J. N. *Reflexões sobre a colonização no Brazil.* São Paulo/ Paris: A. L. Garraux e Cia., 1878.

MOREIRA, N. J. *Relatório sobre a imigração nos Estados Unidos da América apresentado ao Exmo. Sr. Ministro da Agricultura, Commercio e Obras Públicas.* Rio de Janeiro: Typ. Nacional, 1877.

PENNA, G. *Immigração chineza para o estado de Minas Gerais.* Juiz de Fora: Typ. Pereira, 1892.

SOUZA, C. M. de. *O trabalho dos chins no Norte do Brazil, na Amazonia, nos Estados do Rio de Janeiro e de Minas Gerais.* Rio de Janeiro: Typ. do *Jornal do Brasil,* 1892.

WERNECK, L. P. de L. *Idéas sobre colonização precedidas de uma succinta exposição dos principios geraes que regem a população.* Rio de Janeiro: Eduardo e Henrique Laemmert, 1855.

Imigração asiática e etnicidade *nikkei*

CARDOSO, R. C. L. *Estrutura familiar e mobilidade social.* Estudos japoneses no estado de São Paulo. São Paulo: Primus Comunicação Integrada, 1995.

CENTRO DE ESTUDOS NIPO-BRASILEIROS. *Pesquisa da população de descendentes de japoneses residentes no Brasil, 1987-1988.* São Paulo: Centro de Estudos Nipo-Brasileiros, 1990.

COMISSÃO DE ELABORAÇÃO DA HISTÓRIA DOS 80 ANOS DA IMIGRAÇÃO JAPONESA NO BRASIL. *Uma epopeia moderna: 80 anos da imigração japonesa no Brasil.* São Paulo: Editora Hucitec, 1992.

COMISSÃO DE RECENSEAMENTO DA COLÔNIA JAPONESA. *The Japanese immigrant in Brazil.* 2 v. Tóquio: University of Tokyo Press, 1964.

HANDA, T. *O imigrante japonês*: história de sua vida no Brasil. São Paulo: T. A. Queiroz/ Centro de Estudos Nipo-Brasileiros, 1987.

KISHIMOTO, A. *Cinema japonês na Liberdade.* São Paulo: Estação Liberdade, 2013.

LESSER, J. *Uma diáspora descontente*: os nipo-brasileiros e os significados da militância étnica, 1960-1980. São Paulo: Paz e Terra, 2008.

LESSER, J.; SAKURAI, C. *Kasato Maru* – uma viagem pela história da imigração japonesa. São Paulo: Imprensa Oficial, 2009.

NOMURA, T. (Org.). *Universo em segredo*: a mulher nikkei no Brasil. São Paulo: Aliança Cultural Brasil-Japão/ Editora Nova Stella, 1991.

NÚCLEO HANA. *Travessias em conflito:* O Lado B da imigração japonesa no Brasil. Disponível em: https://www.facebook.com/pages/Travessias-em-Conflito/104847556327993.

OI, C. A. (Org.). *Cultura japonesa*: São Paulo, Rio de Janeiro, Curitiba. São Paulo: Aliança Cultural Brasil-Japão, 1995.

SAITO, H.; MAEYAMA, T. (Orgs.). *Assimilação e integração dos japoneses no Brasil*. São Paulo/ Petrópolis: Vozes/ Edusp, 1973.

YAMASHIRO, J. *Trajetória de duas vidas*: uma história de imigração e integração. São Paulo: Aliança Cultural Brasil-Japão/Centro de Estudos Nipo-Brasileiros, 1996.

Imigração europeia (cristãos, judeus, outros)

CENNI, F. *Os italianos no Brasil*. São Paulo: Edusp, 2003.

FRANZINA, E. *A grande emigração* – o êxodo dos italianos do Vêneto para o Brasil. Campinas: Editora da Unicamp, 2006.

GRINBERG, K. *Os judeus no Brasil* – inquisição, imigração e identidade. Rio de Janeiro: Civilização Brasileira, 2005.

MENDES, J. S. R. *Laços de sangue*. Privilégios e intolerância à imigração portuguesa na Brasil (1822-1945). São Paulo: Edusp, 2011.

PEREIRA, M. H. *A política portuguesa de emigração (1850-1930)*. Bauru (SP): Edusc, 2002.

TRENTO, Â. *Do outro lado do Atlântico*. São Paulo: Studio Nobel, 1988.

Imigração do Oriente Médio e etnicidade sírio-libanesa

BASTOS, W. de L. *Os sírios em Juiz de Fora*. Juiz de Fora: Edições Paraibuna, 1988.

GRÜN, R. *Negócios e famílias*: armênios em São Paulo. São Paulo: Editora Sumaré, 1992.

HAJJAR, C. F. *Imigração árabe*: 100 anos de reflexão. São Paulo: Ícone Editora, 1985.

OSMAN, S. A.. *Imigração árabe no Brasil*: história de vida de libaneses muçulmanos e cristãos. São Paulo: Editora Xamã, 2012.

SAFADY, J. *O café e o mascate*. São Paulo: Editora Safady, 1973.

TRUZZI, O. M. S. *De mascates a doutores*: sírios e libaneses em São Paulo. São Paulo: Editora Sumaré, 1991.

_____. *Patrícios.* São Paulo: Editora Unesp, 2009.

Imigração latino-americana

BAENINGER, R. (Org.). *Imigração boliviana no Brasil*. Campinas: NEPO-Unicamp, 2012.

SPRANDLE, M. *Brasileiros de além-fronteira*: Paraguai. O fenômeno migratório no limiar do terceiro milênio. Petrópolis: Editora Vozes, 1998.

SILVA, S. A. da. *Bolivianos*. A presença da cultura andina. São Paulo: Companhia Editora Nacional, 2005.

Filmes

(D = documentário)

AMORIM, V. *Corações sujos* (2012)

BACK, S. *Aleluia Gretchen* (1976)

BACK, S. *Vida e sangue do polaco* (1983)

BELMONTE, J. E. *5 filmes estrangeiros* (1997)

BODANZKY, J. *Jakobine* [também conhecido como *Os Mucker*] (1978)

CURI, M. *A última estação* (2012)

FERREIRA, L.; CALDAS, P. *Baile perfumado* (1996)

FUTEMA, O. *Chá verde sobre arroz* (1998) D

FUTEMA, O. *Hia Sá Sá – Hai Yah!* (1986) D

FUTEMA, O. *Retratos do Hideko* (1980) D

GOLDMAN, H. *Jean Charles* (2009)

HAMBURGER, C. *O ano em que meus pais saíram de férias* (2006)

KANEKO, A. *Overstay* (1998) (http://www.annkaneko.com/overstay/)

KHOURI, W. H. *Noite vazia* (1964)

LAURELLI, M. *Meu Japão brasileiro* (1965)

LOPES, M. E. *Janela molhada* (2010)

MAZZAROPI, A. *Portugal... Minha saudade* (1973)

OHINATA, D. *E a paz volta a reinar na época do "Shindo Renmei"* (1956)

OKUHARA, M. J. *Yami no Ichinichi – O crime que abalou a colônia japonesa no Brasil* (2012) D

STERNHEIM, A. D. *Isei, nisei, sansei* (1970) D

YAMAZAKI, T. *Gaijin*: os caminhos da liberdade (1980)

YAMAZAKI, T. *Gaijin*: ama-me como sou (2005)

Romances

HATOUM, M. *Dois irmãos*. São Paulo: Companhia das Letras, 2000.

SCLIAR, M. *A guerra no Bom Fim*. Porto Alegre: L&PM, 2004. [Rio de Janeiro: Expressão e Cultura, 1972.]

Referências bibliográficas

A PROVÍNCIA *de São Paulo no Brazil*: emigrante, lede este folheto antes de partir. São Paulo, 1886.

ALENCASTRO, L. F.; HERING, M. L. R. Caras e modos dos migrantes e imigrantes. In: NOVAIS, F. (Org.). *História da vida privada no Brasil*. v.II. Império: a Corte e a modernidade nacional. São Paulo: Companhia das Letras, 1997.

ALIAGA-BUCHENAU, A.-I. German immigrants in Blumenau, Brazil: National Identity in Gertrud Gross-Hering's Novels. *The Latin Americanist*, v.50, n.2, p.5-22, mar. 2007.

ALIANO, D. Brazil Through Italian Eyes: The Debate over Emigration to São Paulo during the 1920s. *Altreitalie: Rivista Internazionale di Studi sulle Migrazioni Italiane nel Mondo*, p.87-107, jul.-dez. 2005.

ALMEIDA, A. T. de. *Oeste paulista*: a experiência etnográfica e cultural. Rio de Janeiro: Alba Editora, 1943.

ALMEIDA, G. de. Cosmópolis: o "ghetto". *O Estado de S. Paulo*, 31 mar. 1929, p.4.

_____. Cosmópolis: o Oriente mais próximo. *O Estado de S. Paulo*, 19 maio 1929, p.6.

ALVES, D. B. Cartas de imigrantes como fonte para o historiador: Rio de Janeiro-Turíngia (1852-1853), *Revista Brasileira de História*, v.23, n.45, p.155-84, jul. 2003.

ALVIM, Z. *Brava gente!* os Italianos em São Paulo, 1870-1920. São Paulo: Brasiliense, 1986.

AMARILIO JÚNIOR. *As vantagens da immigração Syria no Brasil*: em torno de uma polêmica entre os Srs. Herbert V. Levy e Salomão Jorge, no *"Diário de São Paulo"*. Rio de Janeiro: Off. Gr. da S. A. A Noite, 1925.

AMERICANO, J. Shindo Renmei (1946). In: _____. *São Paulo atual, 1935-1962*. São Paulo: Edições Melhoramentos, 1963.

ANDREWS, G. R. *Blacks and Whites in São Paulo, Brazil, 1888-1988*. Madison: University of Wisconsin Press, 1991. [Ed. bras.: *Negros e brancos em São Paulo, 1888-1988*. Bauru: Editora da Universidade do Sagrado Coração, 1998.]

ANDREWS, G. R. *The Afro-Argentines of Buenos Aires, 1800-1900*. Madison: The University of Wisconsin Press, 1980.

ASCOLI, N. *A immigração japoneza na Baixada do Estado do Rio de Janeiro*. Rio de Janeiro: Edição da *Revista de Língua Portuguesa*, 1924.

AVÉ-LALLEMANT, R. *Viagem pelo Norte do Brasil no ano de 1859*. Rio de Janeiro: Instituto Nacional do Livro, Ministério da Educação e Cultura, 1961.

AZEVEDO, A. *O cortiço* (1980). São Paulo: Livraria Martins, 1959. [Ed. norte-americana: *The Slum*. Trad. David Rosenthal. Nova York: Oxford University Press, 2000.]

AZEVEDO, C. M. M. de. *Onda negra, medo branco*: o negro no imaginário das elites século XIX. Rio de Janeiro: Paz e Terra, 1987.

BABHA, H. K. *The Location of Culture*. Londres: Routledge, 1994. [Ed. bras.: *O local da cultura*. Belo Horizonte: Ed. UFMG, 2010.]

BACKHEUSER, E. Comércio ambulante e ocupações de rua no Rio de Janeiro. *Revista Brasileira de Geografia*, v.6, n.1, p.14, jan.-mar. 1944.

BAILY, S. L.; RAMELLA, F. *One Family, Two Worlds*: An Italian Family's Correspondence across the Atlantic, 1901-1922. New Brunswick, NJ: Rutgers University Press, 1988.

BARMAN, R. *Brazil*: The Forging of a Nation, 1798-1852. Stanford, CA: Stanford University, Press, 1988.

BASTIDE, R.; FERNANDES, F. *Brancos e negros em São Paulo*: ensaio sociológico sobre aspectos da formação, manifestações atuais e efeitos do preconceito de cor na sociedade paulistana. 2.ed. São Paulo: Companhia Editora Nacional [1959] (Brasiliana, 305).

BAUMAN, Z. *Modernity and Ambivalence*. Ithaca: Cornell University Press, 1991. [Ed. bras.: *Modernidade e ambivalência*. Rio de Janeiro: Jorge Zahar, 1999.]

BIEHL, J. The Mucker War: A History of Violence and Silence. In: DELVECCHIO GOOD, M.-J. et al. (Eds.). *Postcolonial Disorders*. Berkeley: University of California Press, 2008. [Ed. bras.: BIEHL, J. A guerra dos imigrantes: o espírito alemão e o estranho *Mucker* no Sul do Brasil. In: _____. *Colonização e psicanálise*. Coord. Edson L. A. de Sousa. Porto Alegre: Artes e Ofícios, 1999.]

BLAKE, S. *The Vigorous Core of our Nationality*: Race and Regional Identity in Northeastern Brazil. Pittsburgh, PA: University of Pittsburgh Press, 2011.

BLETZ, M. E. *Immigration and Acculturation in Brazil and Argentina, 1890-1929*. Nova York: Palgrave Macmillan, 2010.

BLUMENBACH, J. F. *On the Natural Varieties of Mankind*: De generis humani varietate nativa. Nova York: Bergman Publishers, 1969 [1776].

BRAGA, T. *A pátria portugueza*. O território e a raça. Porto: Lello e Irmão, 1894.

BRASIL. Congresso Agrícolla. *Collecção de Documentos*. Rio de Janeiro: Typographia Nacional, 1878.

_____. Constituição Brasileira de 1824.

_____. Constituição Brasileira de 1934.

_____. Decreto 19.482, 12 dez. 1930. *Colleção das Leis da República dos Estados Unidos do Brasil de 1930*. v.II: Atos da Junta Governativa Provisória e do Governo Provisório (outubro a dezembro). Rio de Janeiro: Imprensa Nacional, 1931.

_____. Decreto-Lei 1.545, 25 ago.1939.

_____. Decreto-Lei 528, 28 jun. 1890.

_____. Directoria Geral de Estatistica, 1895.

_____. Discurso de Acylino de Leão, 18 set. 1935. Annaes da Camara dos Deputados: Sessões de 16 a 24 de setembro de 1935. v.17. Rio de Janeiro: Off. Graphica d'A Noite, 1935.

_____. Discurso do ministro Sinimbu, 8 jul. 1878. Congresso Agrícolla. *Collecção de Documentos*. Rio de Janeiro: Typ. Nacional, 1878.

_____. Ministério da Justiça e Negócios Interiores, Estrangeiros: Legislação, 1940-1949. Regulamentação do Conselho de Imigração e Colonização, 12 mar. 1948 (revisada em 30 abr. 1948). Rio de Janeiro: Serviço de Documentação, 1950. p.689.

_____. Ministério das Relações Exteriores, Sistema Consular Integrado, Atos Internacionais. Tratado de Paz, Amizade, Comércio e Navegação, 12 dez. 1828.

_____. Relatório apresentado ao Presidente da República dos Estados Unidos do Brazil pelo Ministro do Estado das Relações Exteriores Carlos Augusto de Carvalho em maio de 1895. Rio de Janeiro: Imprensa Nacional, 1895.

BRITO, J. R. de. *Cartas Economico-Politicas sobre a Agricultura, e Commercio da Bahia*. Lisboa: Imprensa Nacional, 1821.

BUCHENAU, J. *Tools of Progress*: A German Merchant Family in Mexico City, 1865-Present. Albuquerque: University of New Mexico Press, 2004.

BUECHLER, S. Sweating it in the Brazilian Garment Industry: Korean and Bolivian Immigrants and Global Economic Forces in São Paulo. *Latin American Perspectives*, v.31, n.3, p.99-119, maio 2004.

BUTLER, K. D. *Freedoms Given, Freedoms Won*: Afro-Brazilians in Post-Abolition São Paulo and Salvador. New Brunswick, NJ: Rutgers University Press, 1998.

CALVINO FILHO (Ed.). *Factos e opinões sobre a immigração japoneza*. Rio de Janeiro: [s.n], 1934.

CÂMARA CASCUDO, L. da. *Mouros, franceses e judeus* (três presenças no Brasil). Rio de Janeiro: Editora Letras e Artes, 1967.

CAMARA, A. de L.; NEIVA, A. H. Colonizações nipônica e germânica no Sul do Brasil. *Revista de Imigração e Colonização*, v.2, n.1, p.39-120, jan. 1941.

CÂNDIDO, A. *O discurso e a cidade*. São Paulo: Duas Cidades, 1993.

CHANEM, S. A. *Impressões de viagem* (Libano-Brasil). Nichteroy: Graphica Brasil, 1936.

CHAZKEL, A. The Crônica, the City, and the Invention of the Underworld: Rio de Janeiro, 1889-1922. *Estudios Interdisciplinarios de América Latina y el Caribe*, v.12, n.1, p.79-105, 2001.

COROACY, V. *O perigo japonês*. Rio de Janeiro: Jornal do Comércio, 1942.

CORREIA, V. O rei Salomão no Rio Amazonas. In: JORGE, S. *Álbum da colônia sírio--libanesa*. São Paulo: Sociedade Impressora Brasileira, 1948.

CORRIGAN, P.; SAYER, D. *The Great Arch*: English State Formation as Cultural Revolution. Oxford: Oxford University Press, 1985.

COSTA, E. V. da. *The Brazilian Empire*: Myths and Histories. Chicago: University of Chicago, 1985.

_____. *Da senzala à colônia*. São Paulo: Editora Unesp, 1998.

CRUZAMENTO da ethnia japoneza: hypóthese de que o japonez não se cruza com outra ethnia. São Paulo: Centro Nipponico de Cultura, 1934.

DAHNE, E. (Ed.). *Descriptive Memorial of the State of Rio Grande do Sul, Brazil*. Porto Alegre: The Commercial Library, 1904.

DARWIN, C. *Charles Darwin's Beagle Diary*. Ed. Richard Darwin. Cambridge: Cambridge University, Press, 1988.

DAVATZ, T. *Memórias de um colono no Brasil*. São Paulo: Martins/ Edusp, 1972.

DÁVILA, J. *Hotel Trópico*: Brazil and the Challenge of African Decolonization, 1950-1980. Durham, NC: Duke University Press, 2010. [Ed. bras.: *Hotel Trópico*: Brasil e o desafio da descolonização africana, 1950-1980. Rio de Janeiro: Paz e Terra, 2011.]

DEAN, W. *Remittances of Italian Immigrants*: From Brazil, Argentina, Uruguay and U. S. A., 1884-1914. Nova York: New York University, Ibero-American Language and Area Center, 1974.

_____. *Rio Claro*: A Brazilian Plantation System, 1820-1920. Stanford, CA: Stanford University Press, 1976. [Ed. bras.: *Rio Claro*: um sistema de grande lavoura. São Paulo: Paz e Terra, 1977.]

_____. *The Industrialization of São Paulo*. Austin: University of Texas Press, 1969. [Ed. bras.: *A industrialização de São Paulo*. São Paulo: Difusão Europeia do Livro, 1971.]

DEGLER, C. *Nem preto, nem branco*: escravidão e relações raciais no Brasil e nos Estados Unidos. Rio de Janeiro: Labor do Brasil, 1976.

DREHER, M. *Degredados de Mecklenburg-Schwerin e os primórdios da imigração alemã no Brasil*. São Leopoldo: Editora Oikos, 2010.

DREHER, M. *Igreja e germanidade*: estudo crítico da história de Igreja Evangélica de Confissão Luterana no Brasil. 2.ed. São Leopoldo: Editora Sinodal, 2003.

_____. Imigração e religião no Rio Grande do Sul do século XIX. In: GIRON, L. S.; RADÜNZ, R. (Eds.). *Imigração e cultura*. Caxias do Sul: Educs, 2007.

DUNN, B. S. *Brazil, the Home for Southerners*: or, A Practical Account of what the Author, and Others, who Visited that Country, for the Same Objects, Saw and Did while in that Empire. Nova York: G. B. Richardson etc. 1866.

ELIAS, M. J. Introdução ao estudo da imigração chinesa. *Anais do Museu Paulista*, São Paulo, v.24, p.57-70, 1970.

EMBAIXADA dos Estados Unidos em Tóquio. Relatório de Joseph C. Grew, 4 ago. 1934: 739.94/2.

ESTEVES, R. P.; KHOUDOUR-CASTÉRAS, D. A Fantastic Rain of Gold: European Migrants' Remittances and Balance of Payments Adjustment during the Gold Standard Period. *Journal of Economic History*, v.69, n.4, p.951-85, dez. 2009.

FALBEL, N. Oswaldo Boxer e o projecto de colonização de judeus no Brasil. *Jornal do Imigrante*, v.10, p.18, dez. 1987/jan. 1988.

FONT, M. *Coffee, Contention, and Change*: In the Making of Modern Brazil. Nova York: Blackwell, 1990.

FRENCH, J. *Drowning in Laws*: Labor Law and Brazilian Political Culture. Chapel Hill: University of North Carolina Press, 2004. [Ed. bras.: *Afogados em leis*: a CLT e a cultura política dos trabalhadores brasileiros. São Paulo: Editora Fundação Perseu Abramo, 2002.]

FREYRE, G. *Casa-grande e senzala*. Introdução à História da sociedade patriarcal no Brasil. 34.ed. Rio de Janeiro: Record, 1998. [Ed. norte-americana: *The masters and the Slaves*: a Study in the Development of Brazilian Civilization. 2.ed. Trad. Samuel Putnam. Berkeley: University of California Press, 1986.]

FROTA-PESSOA, O. Raça e eugenia. In: SCHWARZ, L. M.; QUEIROZ, R. da S. (Orgs). *Raça e diversidade*. São Paulo: Edusp/ Estação Ciência, 1996.

GARDINER, C. H. *Pawns in a Triangle of Hate*: The Peruvian Japanese and the United States. Seattle: University of Washington Press, 1981.

GOLDEN, T. Held in War, Latins Seek Reparations. *New York Times*, 29 ago. 1996.

GOLDSTEIN, E. L. *The price of Whiteness*: Jews, Race, and American Identity. Princeton, NJ: Princeton University Press, 2007.

GONZALEZ, N. L. *Dollar, Dove, and Eagle*: One Hundred Years of Palestinian Migration to Honduras. Ann Arbor: University of Michigan Press, 1993.

GONZÁLEZ MARTÍNEZ, E. E. O Brasil como país de destino para os migrantes espanhóis. In: FAUSTO, B. (Org.). *Fazer a América*: a imigração em massa para a América Latina. São Paulo: Edusp, 1999.

HAHNER, J. E. Jacobinos *versus* Galegos: Urban Radicals *versus* Portuguese Immigrants in Rio de Janeiro in the 1890s. *Journal of Interamerican Studies and World Affairs*, v.18, n.2, p.125-54, maio 1976.

HALL, M. M. *The Origins of Mass Immigration to Brazil, 1817-1914*. Tese de doutoramento não publicada. Columbia University, 1969.

HALLEWELL, L. *Books in Brazil*: A History of the Publishing Trade. Metuchen, NJ: The Scarecrow Press, 1982. [Ed. bras.: *O livro no Brasil* – sua história. São Paulo: Edusp, 1985.]

HANDA, T. *Memória de um imigrante japonês no Brasil*. São Paulo: T. A. Queiroz; Centro de Estudos Nipo-Brasileiros, 1980.

_____. *O imigrante japonês*: história de sua vida no Brasil. São Paulo: T. A. Queiroz; Centro de Estudos Nipo-Brasileiros, 1987.

HASHIMOTO, K. Lebanese Population Movement, 1920-1939: Towards a Study. In: HOURANI, A; SHEHADI, N. (Eds.). *The Lebanese in the World*: A Century of Emigration. Londres; Nova York: I. B. Tauris; St. Martins Press, 1992.

HERING, M. L. R. *Colonização e indústria no Vale do Itajaí*: o modelo catarinense de desenvolvimento. Blumenau: Editora da Furb, 1987.

HIRSCH, M. de. My views on Philanthropy. *North American Review*, v.153, p.2, jul. 1889.

HITTI, P. K. *Lebanon in History*: from the Earliest Times to the Present. Londres: Macmillan and Company, 1957.

HOBSBAWM, E. Peasants and Politics. *Journal of Peasant Studies*, v.1, n.1, p.4, 1973.

HOLLOWAY, T. *Immigrants on the Land*: Coffee and Society in São Paulo, 1886-1934. Chapel Hill: University of North Carolina Press, 1980. [Ed. bras.: *Imigrantes para o café*. Rio de Janeiro: Paz e Terra, 1984.]

HOURANI, A.; SHEHADI, N. (Eds.). *The Lebanese in the World*: A Century of Emigration. Londres; Nova York: I. B. Tauris; St. Martins Press, 1992.

ISSAWI, C. The Historical Background of Lebanese Emigration, 1800-1914. In: HOURANI, A.; SHEHADI, N. (Eds.). *The Lebanese in the World*: A Century of Emigration. Londres; Nova York: I. B. Tauris; St. Martins Press, 1992.

JACEGUAY, A. (Barão Artur da Motta Silva). *O dever do momento*: carta a Joaquim Nabuco. Rio de Janeiro: Typ. Levzinger, 1887.

KAIGAI KOGYO KABUSHIKI KAISHA. *Aclimação dos emigrantes japonezes*: atividades da Kaigai Kogyo Kabushiki Kaisha do Brasil. [s.l: s.n.], 1934.

KARAM, J. T. *Another Arabesque*: Syrian-Lebanese Ethnicity in Neoliberal Brazil. Philadelphia: Temple University Press, 2007. [Ed. bras.: *Um outro arabesco*. Etnicidade sírio-libanesa no Brasil neoliberal. São Paulo: Martins Fontes, 2009.]

KIYOTANI, M.; YAMASHIRO, J. Os imigrantes do Kasato Maru. In: COMISSÃO DE ELABORAÇÃO DA HISTÓRIA DOS 80 ANOS DA IMIGRAÇÃO JAPONESA NO BRASIL. *Uma epopeia moderna*: 80 anos da imigração japonesa no Brasil. São Paulo: Hucitec, 1992.

KLEIN, H. *A imigração espanhola no Brasil*. São Paulo: Editora Sumaré, 1994.

KNOWLTON, C. S. Spatial and Social Mobility of the Syrians and Lebanese in the City of São Paulo, Brazil. Tese de Ph.D. Vanderbilt University, 1955. [Ed. bras.: *Sírios e libaneses*. São Paulo: Anhembi, 1960.]

LA CAVA, G. *Italians in Brazil*: the Post-World War II Experience. Nova York: Peter Lang, 1999.

LAËRNE, C. F. Van D. *Brazil and Java*: Report on Coffee-Culture in America, Asia and Africa, to H. E. the Minister of the Colonies. Londres: W. H. Allen & Co., 1885.

LAZZAROTTO, V. A. *Pobres construtores de riqueza*: absorção da mão de obra e expansão industrial na Metalúrgica Abramo Eberle, 1905-1970. Caxias do Sul: Ed. da Universidade de Caxias do Sul, 1981.

LESSER, J.; REIN, R. Laços finais: novas abordagens sobre etnicidade e diáspora na América Latina no século XX. *Projeto História*, v.94, n.42, p.73-94, jun. 2011.

LESTSCHINSKY, J. National Groups in Polish Emigration. *Jewish Social Studies*, v.5, n.2, p.110-1, abr. 1943.

LISBOA, H. C. R. *Os chins do Tetartos*. Rio de Janeiro: Typ. da Empreza Democrática Editora, 1894.

LOBO, B. *De japonez a brasileiro*. [s.l.]: Typ. Dep. Nacional, 1932.

———. *Japonezes no Japão*: no Brasil. Rio de Janeiro: Imprensa Nacional, 1926.

LOVE, J. L. *São Paulo in the Brazilian Federation, 1889-1937*. Stanford, CA: Stanford University Press, 1980. [Ed. bras.: *A locomotiva*: São Paulo na Federação Brasileira – 1889-1937. Rio de Janeiro: Paz e Terra, 1982.]

LUCCOCK, J. *Notas sôbre o Rio de Janeiro e partes meridionais do Brasil*: tomadas durante uma estada de dez anos nesse país, de 1808 a 1818. Rio de Janeiro: Livraria Martins, 1942.

LUNGARETTI, C. Mussolini vive. Dante morreu. *Centro de Mídia Independente*. Disponível em: http://www.midiaindependente.org/pt/blue/2009/05/446746.shtml.

MACAULAY, N. *D. Pedro*: The Struggle for Liberty in Brazil and Portugal, 1798-1834. Durham, NC: Duke University Press, 1986. [Ed. bras.: *Dom Pedro I*: a luta pela liberdade no Brasil e em Portugal. Rio de Janeiro: Record, 1993.]

MACHADO, M. H. P. T. Sendo cativo nas ruas: a escravidão urbana na cidade de São Paulo. In: PORTA, P. (Org.). *História da Cidade de São Paulo*. São Paulo: Paz e Terra, 2004.

MALLET, P. O Cortiço. *Gazeta de Notícias*, 25 maio 1890.

MARAM, S. L. Labor and the Left in Brazil, 1890-1921: A Movement Aborted. *Hispanic American Historical Review*, v.57, n.2, p.254-72, maio 1977.

MARAM, S. L. The Immigrant and the Brazilian Labor Movement. In: ALDEN, D.; DEAN, W. (Eds.). *Essays Concerning the Socioeconomic History of Brazil and Portuguese India*. Gainesville: University Press of Florida, 1977.

MARGOLIS, M. L. *An Invisible Minority*: Brazilians in New York City. Gainesville: University Press of Florida, 2009.

MEADE, T.; PIRIO, G. A. In Search of the Afro-American Eldorado: Attempts by North American Blacks to Enter Brazil in the 1920's. *Luso-Brazilian Review*, v.25, n.1, p.85-110, 1988.

MENEZES E SOUZA, J. C. de. *Theses sobre colonização do Brazil*: projecto de solução para as questões sociaes, que se prendem a este dificil problema. Rio de Janeiro: Typ. Nacional, 1875.

MONSMA, Karl. Symbolic conflicts, Deadly Consequences: Fights Between Italians and Blacks in Western São Paulo 1888-1914. *Journal of Social History*, v.39, n.4, p.1123-52, verão de 2006. [Ed. bras.: MONSMA, K.; FERREIRA, L. S.; SILVA, V. F. da. Imigração e violência racial: italianos e negros no Oeste Paulista, 1888-1914. *Impulso*, Piracicaba, v.15, n.37, p.49-60, 2004.]

_____; TRUZZI; O.; CONCEIÇÃO, S. da. Solidariedade étnica, poder local e banditismo: uma quadrilha calabresa no oeste paulista, 1895-1898. *Revista Brasileira de Ciências Sociais*, v.18, n.53, p.71-96, out. 2003.

MONTHLY SUMMARY OF THE LEAGUE OF NATIONS. Protection of Minorities, v.14, n.1, p.17, jan. 1934.

MÖRNER, M.; SIMS, H. *Adventurers and Proletarians*: The Story of Migrants in Latin America. Pittsburgh, PA: University of Pittsburgh Press, 1985.

MOYA, J. C. *Cousins and Strangers*: Spanish Immigrants in Buenos Aires, 1850-1930. Berkeley: University of California Press, 1998.

NERY, F. J. de S. *Le Brésil en 1889*: avec une carte de l'empire en chromolithographie, des tableaux statistiques, des graphiques et des cartes. Paris: Syndicat franco-brésilien, 1889.

NEVES, H. *O Processo da "Shindo- Renmei" e demais associações secretas japonesas*. São Paulo: [s.n.], 1960.

NICOULIN, M. *A gênese de Nova Friburgo*: emigração e colonização suíça no Brasil (1817-1827). Nova Friburgo: Fundação Biblioteca Nacional, 1996.

NISHIMORI, F. Remessas continuam impulsionando economia: valor enviado pelos dekasseguis ao Brasil deve aumentar em 15% este ano. *International Press*, São Paulo, 11 jan. 2006. Disponível em: http://www.ipcdigital.com/br/ Noticias/Comunidade/Remessas-continuam-impulsionando-economia.

NORMANO, J. F.; GERBI, A. *The Japanese in South America*: An Introductory Survey with Special Reference to Peru. Nova York: The John Day Company, 1943.

O ESTADO DE S. PAULO. Exposição mostra *tour* de D. Pedro pelo Líbano, 24 nov. 2011.

_____. Brasil vira meca para mão de obra imigrante: regularização de estrangeiros salta de 961 mil em 2010 para 1,466 milhão até junho, 19 nov. 2011.

O ESTADO DE S. PAULO. Campeonato Sul-Americano – ligeiras considerações, 30 maio 1919, p.3.

_____. Em 10 anos, país ganha 1 milhão de moradores que se declaram amarelos, 23 jul. 2011, A20.

OBERACKER, K. H. *A contribuição teuta à formação da nação brasileira*. 2.ed. Rio de Janeiro: Editora Presença, 1968.

PAES LEME, P. D. G. A nossa lavoura, 17 out. 1877. Republicado no *Diário Oficial*, anno 17, n.165, p.6, 11 jul.1878. Rio de Janeiro: Typ. Nacional, 1878.

PAULO, H. *Aqui também é Portugal*: a colônia portuguesa do Brasil e o salazarismo. Coimbra: Quarteto, 2000.

PENTEADO, J. *Belenzinho, 1910*: retrato de uma época. São Paulo: Carrenho Editorial/ Narrativa Um, 2003 [1962].

PINHEIRO, J. P. X. *Importação de trabalhadores chins*: memória apresentada ao Ministério da Agricultura, Comércio e Obras Públicas e Imprensa por sua ordem. Rio de Janeiro: Tipografia de João Ignacio da Silva, 1869.

QUEIROZ JÚNIOR. *222 Anedotas de Getúlio Vargas: anedotário popular, irreverente e pitoresco, Getúlio no Inferno, Getúlio no Céu*. Rio de Janeiro: [s.n.], 1955.

RAMBO, A. B. *Cem anos de germanidade no Rio Grande do Sul, 1824-1924*. São Leopoldo: Editora Unisinos, 1999.

REIS, F.; FARIA, J. de. *O problema immigratorio e seus aspectos ethnicos*: na camara e fóra de camara. Rio de Janeiro: Typ. Revista dos Tribunaes, 1924.

REVISTA DE IMIGRAÇÃO E COLONIZAÇÃO. Discriminação por nacionalidade dos imigrantes entrando no Brasil no período 1884-1939. v.I, n.3, p.617-42, jul. 1940. Disponível em: http://portal.mj.gov.br/data/Pages/.

REVISTA DOS TRIBUNAIS. *Brasil e Japão*: duas civilizações que se completam. São Paulo: Empreza Graphica da *"Revista dos Tribunaes"*, 1934.

RIBEIRO, G. S. *Mata galegos:* os portugueses e os conflitos de trabalho na República Velha. São Paulo: Brasiliense, 1989.

ROCHA, C. *Zen in Brazil*: The Quest for Cosmopolitan Modernity. Honolulu: University of Hawaii Press, 2006.

ROCHE, J. *La colonisation allemande et le Rio Grande do Sul*. Paris: Institut des hautes études de l'Amérique Latine, 1959. [Ed. bras.: *A colonização alemã e o Rio Grande do Sul*. Rio de Janeiro: Globo, 1969.]

RODRIGUES, N. A realeza do Pelé. *Manchete Esportiva*, 8 mar. 1958. Republicado em: _____. *O melhor do romance, contos e crônicas*. São Paulo: Companhia da Letras, 1993.

ROEDIGER, D. R. *Working Toward Whiteness*. How America's Immigrants Became White: The Strange Journey from Ellis Island to the Suburbs. Nova York: Basic Books, 2006.

ROMERO, S. *O allemanismo no sul do Brasil, seus perigos e meios de os conjurar.* Rio de Janeiro: H. Ribeiro & Co., 1906.

_____. *A America Latina.* Porto: Livraria Chardon, 1906.

ROQUETTE-PINTO, E. *Ensaios de antropologia brasileira.* 2.ed. São Paulo: Editora Nacional, 1978 [1933].

SÃO PAULO (Prefeitura Municipal). *Catálogo das obras de arte em logradouros públicos de São Paulo*: Regional Sé. São Paulo: Dept. do Patrimônio Histórico, 1987.

SCHNEIDER, A. *Futures Lost*: Nostalgia and Identity among Italian Immigrants in Argentina. Oxford: Peter Lang, 2000.

SCHOPPE, A. *Die Auswanderer nach Brasilien oder die Hütte am Gigitonhonha; Nebst noch Andern Moralischen und Unterhaltenden Erzählungen für die Geliebte Jugend von 10 bis 14 Jahren.* 2.ed. Wesel: Bagel & Co., 1852 [1828].

SCHULTZ, K. *Tropical Versailles*: Empire, Monarchy, and the Portuguese Royal Court in Rio de Janeiro, 1808-1821. Nova York: Routledge, 2001. [Ed. bras.: *Versalhes tropical*: império, monarquia e a corte real portuguesa no Rio de Janeiro, 1808-1821. Rio de Janeiro: Civilização Brasileira, 2008.]

SCHULZ, H. L.; HAMMER, J. *The Palestinian Diaspora*: Formation of Identities and Politics of Homeland. Londres: Routledge, 2003.

SCHWARCZ, L. M. *Retrato em branco e negro*: jornais, escravos e cidadãos em São Paulo no final do século XIX. São Paulo: Companhia das Letras, 1987.

SCHWARZ, R. Nacional por subtração. In: _____. *Que horas são.* São Paulo: Companhia das Letras, 1987.

SECRETARIA DA AGRICULTURA, INDÚSTRIA E COMÉRCIO. Entradas de imigrantes pelo porto de Santos, segundo a religião, 1908-1936. *Boletim da Diretoria de Terras, Colonização e Imigração*, v.1, n.1, p.64, out. 1937.

SEIGEL, M. *Uneven Encounters*: Making Race and Nation in Brazil and the United States. Durham, NC: Duke University Press, 2009.

SEVCENKO, N. *Orfeu extático na metrópole*: São Paulo, sociedade e cultura nos frementes anos 20. São Paulo: Companhia das Letras, 1992.

SEYFERTH, G. *A colonização alemã no Vale do Itajaí-Mirim*: um estudo de desenvolvimento econômico. Porto Alegre: Editora Movimento, 1974.

SKIDMORE, T. E. *Black into White*: Race and Nationality in Brazilian Thought. Durham, NC: Duke University Press, 1993. [Ed. bras. *Preto no branco*: raça e nacionalidade no pensamento brasileiro (1870-1930). São Paulo: Companhia das Letras, 2012.]

SOBRAL, J. A. Os japonezes em S. Paulo. *Correio Paulistano*, 25 jun. 1908.

STEPAN, N. L. *The Hour of Eugenics*: Race, Gender and Nation in Latin America. Ithaca, NY: Cornell University Press, 1991. [Ed. bras.: *A hora da eugenia*: raça, gênero e nação na América Latina. Rio de Janeiro: Fiocruz, 2005.]

TAVARES BASTOS, A. C. Memoria sobre immigração. In: _____. *Os males do presente e as esperanças do futuro.* São Paulo: Comp. Editora Nacional, 1939. (Brasiliana, 151.)

_____. *O Valle do Amazonas*: a livre navegação do Amazonas, estatistica, producções, commercio, questões fiscaes do Valle do Amazonas. 2.ed. São Paulo: Comp. Editora Nacional, 1937. (Brasiliana, 106.)

TEIXEIRA, S. A. *Os recados das festas*: representações e poder no Brasil. Rio de Janeiro: Funarte, 1988.

THE JAPAN CHRONICLE. Brazil Warned for Treatment of Immigrants, 27 set. 1947.

THE JAPAN MAIL. Brazil Warned for Treatment of Immigrants, 27 set. 1947.

THORON, V. E. O. de. *Voyages des flottes de Salomon et d'Hiram en Amerique*: Position geographique de Parvaim, Ophir & Tarschisch. Paris: Imp. G. Towne, 1868.

TIGNER, J. L. The Okinawans in Latin America. *Scientific Investigations in the Ryukyu Island (SIRI) Report #7.* Washington, D.C.: Pacific Science Board, National Research Council, Department of Army, 1954.

TRAMONTINI, M. *A organização social dos imigrantes*: a colônia de São Leopoldo na Fase Pioneira, 1824-1850. São Leopoldo: Editora Unisinos, 2000.

TRENTO, A. *Do outro lado do Atlântico*: um século de imigração italiana no Brasil. São Paulo: Nobel, 1989.

U.S. DEPARTMENT OF HOMELAND SECURITY. *Yearbook of Immigration Statistics: 2009.* Washington, DC: U.S. Department of Homeland Security, Office of Immigration Statistics, 2010.

USA. *Report of the Immigration Commission, Statistical Review of Immigration, 1820-1910.* Washington, D.C.: Government Printing Office, 1911.

VELOSO, C. S. Construindo gerações. *Boletim Trimensal do Departamento Nacional da Criança*, v.4, n.19, p.41, dez. 1944.

VIANNA, H. *D. Pedro I, jornalista.* São Paulo: Melhoramentos, 1967.

VON ESCHWEGE. *Pluto Brasiliensis.* Trad. Domício de Figueiredo Murta. Belo Horizonte: Ed. Itatiaia; São Paulo: Edusp, 1979.

VON KOSERITZ, Carl. *Imagens do Brasil.* Trad. Afonso Arinos de Melo Franco. Belo Horizonte: Editora Itatiaia, 1980.

_____. *Imagens do Brasil.* São Paulo: Livraria Martins Editora, 1972.

VON TSCHUDI, J. J. *Viagem às Províncias do Rio de Janeiro e São Paulo.* São Paulo: Martins Livraria Editora, 1953 [1866].

WADE, P. *Race and Ethnicity in Latin America.* 2.ed. Londres: Pluto Press, 2010.

WALKER, M. *Germany and the emigration, 1816-1885.* Cambridge, MA: Harvard University Press, 1964.

WERNECK, L. P. de L. *Idéas sobre colonização precedidas de uma succinta exposição dos principios geraes que regem a população.* Rio de Janeiro: Eduardo e Henrique Laemmert, 1855.

XAVIER, I. R. *Projeto migratório e espaço*: os migrantes bolivianos na Região Metropolitana de São Paulo. Tese (Mestrado). Departamento de Demografia do Instituto de Filosofia e Ciências Humanas, Universidade Estadual de Campinas, Campinas, 2010.

YAMASHIRO, J. *Trajetória de duas vidas*: uma história de imigração e integração. São Paulo: Aliança Cultural Brasil-Japão/ Centro de Estudos Nipo-Brasileiros, 1996.

_____. Algumas considerações sobre o "fanatismo japonês". *Paulista Shimbun*, 29 abr. 1947.

ZERO HORA. Abraço sela a paz entre descendentes dos Mucker e anti-Mucker em Sapiranga, 24 maio 2009.

ZWEIG, S. *Brasil, um país do futuro*. Prefácio Alberto Dines. Porto Alegre: L&PM Editores, 2006.

Jornais e periódicos

A Gazeta, 20 julho 1946.

A Imigração – Orgão da Sociedade Central da Immigração, Rio de Janeiro, v.1, n.3, abr. 1884.

A Imigração – Órgão da Sociedade Central da Imigração, Rio de Janeiro, v.5, n.43, mar. 1888.

A Noite, Rio de Janeiro, 21 mar. 1925.

A Noite, Rio de Janeiro, 13 abr. 1946.

A Noite, Rio de Janeiro, 25 maio 1946.

Avanti!, 8-9 jun. 1901.

Boletim da Diretoria de Terras, Colonização e Imigração, v.1, n.1, out. 1937.

Boletim do Serviço de Imigração e Colonização, v.2, out. 1940.

Boletim do Serviço de Imigração e Colonização, v.4, dez. 1949.

Brazilian-American, 21 ago. 1926.

Correio da Manhã, Rio de Janeiro, 30 nov. 1908.

Correio da Manhã, Rio de Janeiro, 28 mar. 1934.

Correio da Manhã, 6 abr. 1946.

Correio Paulistano, 19 out. 1883.

Correio Paulistano, 30 out. 1883.

Correio Paulistano, 20 out. 1894.

Correio Paulistano, 20 jul. 1946.

Diário de Notícias, 2 abr. 1934.

Diário de São Paulo, 20 jul. 1946.

Fanfulla, 19 jun. 1908.

Folha da Manhã, São Paulo, 5 jul. 1934.

Folha da Manhã, São Paulo, 28 mar. 1935.

Folha da Noite, São Paulo, 21 mar. 1950.

Gazeta de Campinas, Viajante Chim. Republicado no *Correio Paulistano*, 26 out. 1883.

Jornal de São Paulo, 20 jul. 1946.

Jornal do Imigrante, São Paulo, v.4, n.422, set. 1981.

Monthly Summary of Leage of Nations, jan. 1934.

New York Times, 12 abr. 1942.

New York Times, 15 nov. 1942.

New York Times, 4 out. 1943.

New York Times, 29 out. 1943.

O Estado de S. Paulo, 3 maio 1928.

O Estado de S. Paulo, 4 maio 1928.

O Estado de S. Paulo, 19 maio 1929.

O Estado de S. Paulo, 19 set. 1932.

O Estado de S. Paulo, 16 dez. 1942.

O Estado de S. Paulo, 26 mar. 1946.

O Jornal, Rio de Janeiro, 22 mar. 1925.

O Paiz, Rio de Janeiro, 11 maio 1923.

Paulista Shinbun, 29 abr. 1947.

Revista Cruzeiro, Rio de Janeiro, 31 ago. 1946.

Revista de Imigração e Colonização, v.1, n.3, jul. 1940.

Revista de Imigração e Colonização, v.1, out. 1940.

The Japan Chronicle, 27 set. 1947.

The Japan Mail, 27 set. 1947.

The Osaka Mainichi, 29 maio 1934.

The Osaka Mainichi, 29 set. 1934.

The Tokyo Nichi-Nichi Shimbun, 29 maio 1934.

The Tokyo Nichi-Nichi Shinbun, 29 set. 1934.

Zero Hora, 24 maio 2009.

Documentos

Arquivo do Estado De São Paulo [AESP]

Relatório confidencial não assinado do DOPS de São Paulo, "Atividades atuais no seio da colônia japoneza sobre rearticulação do movimento fanatico-terrorista- chantagista", março 1950. Secretaria da Segurança Pública do Estado de São

Paulo – Departamento de Ordem Política e Social #108981-Ordem Política/ Shindo Remmey, v.1.

Secretaria da Agricultura – Diretoria de Terras, Colonização e Immigração, 30 junho 1908. Arquivo: Wilson, Sons and Co. Ltd., no. 121, pp. 3–7. Setor Manuscritos – Secretaria da Agricultura – Requerimentos Diversos. Ano – 1908: Maço – 38, Caixa – 39, Ordem – 7255.

Arquivo Estadual do Rio de Janeiro

Atividades nazistas no Brasil, especialmente no Distrito Federal, Minas Gerais, e Santa Catarina, Polícias Políticas, Alemão: Caixa 1, Relatório 21.5.1940 (21 maio 1940).

Arquivo Histórico Itamaraty, Rio De Janeiro [AHI-R]

Al-Shogreb-Al Aksa (Tanger), 27 agosto 1902, in 02 – Repartições Consulares Brasileiras, Tanger – Ofícios – 1900–1925–265/1/13.

Henrique Lisboa (Delegação em Tóquio) para Dionísio E. de Castro Cerqueira (Itamaraty), 1 novembro 1897: 01- Missões Diplomáticas Brasileiras, Tóquio – Ofícios – 1897–99 – 26 /232/2/1.

"Informação" de A. Alves da Fonseca, 11 junho 1921: Maço 9691/92 (629), 2,4.

Adriano de Souza Quartim (Itamaraty), Emigração de negros para o Brasil: Maço 9691/92 (629), p.4.

Carta do presidente da Associação dos Agrônomos e Médicos Veterinários do Paraná ao ministro das relações exteriores, 1º de março 1934: 15/5 6(04).0034, Lata 401, maço 6048.

Carta do presidente da Associação dos Agrônomos e Médicos Veterinários do Paraná ao ministro das relações exteriores, 1º de março 1934: 15/5 6(04).0034, Lata 401, maço 6048.

Gabriel de Andrade (Consulado Brasileiro, Chicago) ao Ministro das Relações Exteriores Octavio Mangabeira, 30 julho 1930: Maço 9691/92 (629).

Hélio Lobo para Azevedo Marques, 19 abril 1922, Carta Confidencial 80, "A proibição de imigrantes de côr preta para o Brasil": Maço 9691/92 (629), 1R.

José Daniel Colaco (cônsul) para Carlos de Carvalho (ministro das relações exteriores), 18 setembro 1895, 02 – Repartições Consulares Brasileiras, Tanger – Ofícios – 1891–1895–265/1/11.

Memorando de Raul P. do Rio Branco (Genebra) para Afrânio de Melo Franco, 20 novembro 1933: 6(04).0034 Lata 401, maço 6048.

Octavio Pacheco para Cavalcante de Lacerda, 10 março 1932: Maço 29.625/29 (1291).

Telegrama número 18, Azevedo Marques à Embaixada Brasileira em Washington, 15 março 1921, em Adriano de Souza Quartim (Itamaraty), Emigração de Negros para o Brasil: Maço 9691/92 (629), p. 1.

W. E. B. Du Bois para Washington Luís, 16 novembro 1926: Maço 9691/92 (629).

Arquivo Público do Estado do Rio de Janeiro

Tradução sem data do DOPS de um relatório do agente "Nagai" ao agente "Hayão". Como distinguir um Chinez de um Japonez, 22 fevereiro 1943. Pasta I. [*Time*, 22 dez. 1941.]

Arquivo Público Paraná, Curitiba

Objetivos e estatutos da Shindo Renmei em um relatório de João André Dias Paredes para o Major Antonio Pereira Lira (chefe da polícia estadual, Paraná), 30 abril 1949. Secretaria de Estado de Segurança Pública, Departamento da Polícia Civil, Divisão de Segurança e Informações, n. 1971, Sociedade Terrorista Japonesa.

Arquivos da Polícia Civil de São Paulo

As atividades das sociedades secretas japonesas e a ação repressiva da polícia de São Paulo, publicadas pela imprensa. *Arquivos da Polícia Civil de São Paulo*, v.12, n.2, p.523-30, 1946.

Carta de G. C. Butler a Mr. Chapman (Rio de Janeiro), 8 março 1883, "Missão especial ao Celeste Império China, 1893–1894 – Barão do Ladário", Coleção de Manuscritos – Coleção Afro-Asiática, 20, 2, 5, BN-R.

Centro de Pesquisa e Documentação de História Contemporânea do Brasil, Fundação Getúlio Vargas, Rio de Janeiro [CPDOC-RJ]

M. Miyajima (Tóquio) para Arthur Neiva, 11 novembro 1919; S. Kitsato to Arthur Neiva, 20 novembro 1919. Papers of Artur Neiva [AN] 16.11.27.

National Archives and Records Administration, Washington [NARA-W]

Tewell para o Secretário de Estado dos Estados Unidos Cordell Hull, 12 junho 1944: 832.111/319.

Do Adido Militar Sackville para o Embaixador dos Estados Unidos no Brasil, 28 dezembro 1933: 832.5593/1.

Edwin L. Neville, charge d'affaires, U.S. Embassy, Tokyo to Secretary of State, 26 fevereiro 1931: 832.52 J27/69.

Jefferson Caffery (Embaixada dos Estados Unidos, Rio de Janeiro) para o Secretário de Estado, 11 julho 1938: 732.94/4 LH.

John M. Cabot, terceiro-secretário, Embaixada dos Estados Unidos, Rio de Janeiro para o Secretário de Estado, 31 maio 934: 832.55/94.

H. Gourley para o Secretário de Estado, 3 março 1927: 894.5632/2.

Memorando Confidencial do Tenente-Coronel Harry Creswell (adido militar dos Estados Unidos em Tóquio), 1 junho 1939: 732.94/7 LH.

Memorando de Gerald A. Drew, vice-cônsul dos Estados Unidos no Brasil, para o Dr. Munroe, 27 junho 1930: 832.52 J27/68.

Telegrama de Edwin V. Morgan ao Secretário de Estado, 24 março 1926, Records of the Foreign Service Posts of the Department of State, Brazil (Rio de Janeiro Embassy), 1926 (X), 855 (immigration).

U.S. Embassy, Tokyo. Document File from Mr. Woods to Secretary of State, 22 maio 1924: 832.5594/29.

Sterndalle Bennett para Lopez Olivan (presidente da Comissão dos Assírios da Liga das Nações), 6 abril 1934: FO371/17836, E2209/l/93, PRO-L.

Tong King-Sing (Rio de Janeiro) para a Sociedade para a Promoção do Comércio e Imigração da China, 28 outubro 1883.

Entrevistas

Entrevista de Hiroshi Saito com K. Nakagawa, 10 out. 1953, Donald Pierson Papers (Box 8), Smathers Library, University of Florida.

Entrevista de Jeffrey Lesser com Masuji Kiyotani, 27 jul. 1995, Centro de Estudos Nipo-Brasileiros (São Paulo).

Sites

BRASIL. Ministério da Justiça. Disponível em: http://portal.mj.gov.br/data/Pages/MJA5F550A5ITEMIDBA915BD3AC384F6C81A1AC4AF88BE2D0PTBR-NN.htm. (Acesso em: 15 maio 2012.)

INSTITUTO BRASILEIRO DE GEOGRAFIA E ESTATÍSTICA. Disponível em: http://www.ibge.gov. br/brasil500/index2.html.

INTER-AMERICAN DEVELOPMENT BANK. Multilateral Investment Fund, Remittances to Latin America from Japan (Fact Sheet), Okinawa, Japan. April 2005. Disponível em: http://idbdocs.iadb.org/wsdocs/getdocument. aspx?docnum=546696.

JAPAN. Ministry of Health, Labor and Welfare (2011). *The Result of a Program to those Unemployed of Japanese Descent Wishing to Return to Home Country.* Disponível em: http://www.mhlw.go.jp/bunya/koyou/gaikokujin15/kikoku_shien.html.

REPUBLIC OF KOREA. Korean Ministry of Foreign Affairs and Trade. Disponível em: http://www. mofat.go.kr/ENG/countries/latinamerica/countries/20070 803/1_24583.jsp?menu=m_30_30 (Acesso em: 16 maio 2012).

U.S. CENSUS BUREAU. *United States–Selected Population Profile in the United States (Brazilian [360–364])*. 2008 American Community Survey 1-Year Estimates. Disponível em: http://factfinder.census.gov/servlet/ IPTable?_bm=y&-reg=ACS_2008_1YR_G00_S0201:519;ACS_2008_1YR_G00_S0201PR:519;ACS_2008_1YR_G00_S0201T:519;ACS_2008_1YR_G00_S0201TPR:519&-qr_name=ACS_2008_1YR_G00_S0201&-qr_name=ACS_2008_1YR_G00_S0201PR&-qr_name=ACS_2008_1YR_G00_S0201T&-qr_name=ACS_2008_1YR_G00_S0201TPR&-ds_name=ACS_2008_1YR_G00_&-TABLE_NAMEX=&-ci_type=A&-redoLog=true&-charIteration s=414&-geo_ id=01000US&-geo_id=NBSP&-format=&-_lang=en.

Índice remissivo

SOBRE O LIVRO

Formato: 16 x 23 cm
Mancha: 27,8 x 48 paicas
Tipologia: Venetian 301 BT 12,5/16
Papel: Off-White 80g/m² (miolo)
Cartão Supremo 250 g/m² (capa)
1ª edição: 2015

EQUIPE DE REALIZAÇÃO

Capa
Megaarte Design

Imagem de capa
Chegada de imigrantes a Santos, Primeira visão da cidade.
Acervo do Arquivo Público do Estado de São Paulo.

Edição de textos
Nair Hitomi Kayo (Preparação de original)
Fábio Bonillo (Revisão)

Editoração eletrônica
Sergio Gzeschnik (Diagramação)

Assistência editorial
Jennifer Rangel de França

Impressão e acabamento